ADEUS AO TRABALHO?

EDITORA AFILIADA

Dados Internacionais de Catalogação na Publicação (CIP)
(Câmara Brasileira do Livro, SP, Brasil)

Antunes, Ricardo
　　Adeus ao trabalho? : ensaio sobre as metamorfoses e a centralidade do mundo do trabalho / Ricardo Antunes. — 16. ed. — São Paulo : Cortez, 2015.

　　Bibliografia.
　　ISBN 978-85-249-2314-2

　　1. Sindicalismo 2. Sociologia industrial 3. Trabalho e classes trabalhadoras I. Título.

14-12656 CDD-306.36

Índices para catálogo sistemático:

1. Sociologia do trabalho   306.36

RICARDO ANTUNES

ADEUS AO TRABALHO?
ensaio sobre
as metamorfoses
e a centralidade do
mundo do trabalho

16ª edição
4ª reimpressão

ADEUS AO TRABALHO? Ensaio sobre as Metamorfoses e a Centralidade do Mundo do Trabalho
Ricardo Antunes

Capa: Cesar Landucci: sobre tela "Operários", 1933, de Tarsila do Amaral.
Preparação de originais: Silvana Cobucci Leite; Solange Martins
Revisão: Maria de Lourdes de Almeida
Composição: Linea Editora Ltda.
Coordenação editorial: Danilo A. Q. Morales

Texto revisto e ampliado a partir da 13ª edição em dezembro de 2008.

Nenhuma parte desta obra pode ser reproduzida ou duplicada sem autorização expressa do autor e do editor.

© 2008 by Autor

Direitos para esta edição
CORTEZ EDITORA
Rua Monte Alegre, 1074 – Perdizes
05014-001 – São Paulo – SP
Tel.: (11) 3864 0111   Fax: (11) 3864 4290
e-mail: cortez@cortezeditora.com.br
www.cortezeditora.com.br

Impresso no Brasil – abril de 2021

Assim, todos, juntos, continuavam a sua vida cotidiana, cada um a seu modo, com ou sem reflexão; tudo parecia seguir o seu rumo habitual, como em situações extremas, nas quais tudo está em jogo, e a vida continua como se nada acontecesse.

Goethe (*Afinidades eletivas*)

Sumário

Prefácio à 16ª edição 11

Nota do Autor à 13ª edição 15

Prefácio à 13ª edição
Alain Bihr 19

Nota de Octavio Ianni 23

Apresentação 25

Primeira Parte

I   Fordismo, toyotismo e acumulação flexível 31

II   As metamorfoses no mundo do trabalho 59

III   Dimensões da crise contemporânea do sindicalismo: impasses e desafios 77

IV   Qual crise da sociedade do trabalho? 93

Segunda Parte

1. A precarização estrutural do trabalho em escala global .. 123
2. Tempo de trabalho e tempo livre: por uma vida cheia de sentido *dentro* e *fora* do trabalho 131
3. Algumas teses sobre o presente (e o futuro) do trabalho: perenidade e superfluidade do trabalho 138
4. A crise vista em sua globalidade 149
5. Indivíduo, classe e gênero humano: o momento da mediação partidária 161
6. Trabalho e estranhamento 168
7. A prevalência da lógica do capital 185
8. Dimensões da crise contemporânea ou da nova (des)ordem internacional 191
9. Mundo do trabalho e sindicatos na era da reestruturação produtiva: impasses e desafios do novo sindicalismo brasileiro 197
10. Fim do trabalho? (ou as novas formas do trabalho material e imaterial) 207
11. O trabalho, a produção destrutiva e a des-realização da liberdade 213
12. A crise contemporânea e as metamorfoses no mundo do trabalho 224

APÊNDICES

Apêndice I — Os modos de ser da informalidade: rumo a uma nova era da precarização estrutural do trabalho?.................. 243

Apêndice II — A crise, o desemprego e alguns desafios atuais............................ 263

UM BREVE POSFÁCIO

Os vinte anos de *Adeus ao trabalho?*
José Paulo Netto 269

Referências 275

Sobre o Autor 283

Prefácio à 16ª edição

É com enorme felicidade que apresentamos mais esta nova edição de *Adeus ao trabalho?*, cuja 1ª edição apareceu em 1995 e que, para surpresa de todos, em menos de três semanas esgotou-se completamente.

A tese do fim do trabalho — e como consequência, da perda de relevância da classe trabalhadora —, tão em curso no pensamento vigente nos países do Norte, encontrava uma resposta dada pelo Sul do mundo.

Do Brasil para a Venezuela (duas edições), desta para a Argentina (mais duas), daí para a Colômbia e depois para a Espanha (Galícia) e desta para a Itália: foi esse o percurso vitorioso de *Adeus ao trabalho?*.

Agora, em 2015, vinte anos depois da publicação original, uma nova edição é lançada pela Cortez Editora (a 16ª, sem contar umas tantas reimpressões), ao mesmo tempo que, na Itália, o livro é publicado novamente, em edição totalmente atualizada, pela editora da Universidade Ca' Foscari de Veneza, em coleção coordenada pelos professores Pietro Basso e Fabio Perocco.

Suas tantas reedições, no Brasil e em outros países, parece validar suas teses fundamentais, pautadas sempre pela recusa das formulações eurocêntricas que propugnavam a perda de relevância e de centralidade do trabalho no capitalismo contemporâneo. A tendência crescente à precarização estrutural do trabalho em escala mundial, bem como a hipótese de que a sociedade do capital e sua lei do valor necessitam cada vez *menos* de trabalho estável e formalizado e cada vez *mais* de trabalho precarizado e desregulamentado — estruturantes em *Adeus ao Trabalho?* —, foram cabalmente confirmadas.

A ênfase na compreensão da forma contemporânea assumida pela *nova morfologia do trabalho,* como expressão do *trabalho social* em expansão nas cadeias produtivas globais; a busca de uma melhor intelecção do trabalho mais complexificado e mais intensificado em seus ritmos e processos; as mutações verificadas na era digital-informacional, bem como as novas interações entre trabalho vivo e trabalho morto, mostraram vitalidade e deram força duradoura ao livro.

Ao contrário do fim (eurocêntrico) da lei do valor, apresentávamos o esboço da *nova morfologia do trabalho,* retomada posteriormente de modo especial no livro *Os sentidos do trabalho* (editora Boitempo) e em vários outros que se seguiram, tornando ainda mais visível o novo desenho da *classe-que-vive-do-trabalho* em países como China, Índia, Brasil, México, dentre tantos outros do Sul do mundo.

Se no passado recente a temática do trabalho parecia afetar de modo intenso os países do Sul, com a exacerbação do neoliberalismo, com a financeirização da economia e em especial com a eclosão da nova e mais profunda crise estrutural a partir de 2008, essas questões chegaram também de modo devastador ao Norte do mundo — nos EUA, na Europa e também no Japão — destruindo quase tudo que socialmente se construiu ao longo do século XX.

Esta nova edição mantém a versão anterior, mas apresenta dois novos apêndices. O primeiro, com o título "Os modos de ser da informalidade", escrito especialmente a pedido do nosso querido José Paulo Netto para a revista *Praia Vermelha*, e que aqui republicamos, como uma lembrança aos(às) nossos(as) leitores(as) do serviço social. Esse ensaio retoma algumas das teses centrais de *Adeus ao trabalho?*, dentre as quais se destaca aquela que anunciava que as terceirizações, as flexibilizações e os distintos modos de ser da informalidade tenderiam, cada vez mais, a ser a regra e não mais a exceção na lógica da produção capitalista, o que só seria obstado com a confrontação aberta do trabalho.

O segundo, com o título "A crise, o desemprego e alguns desafios atuais", que foi apresentado no 3º Seminário Anual de Serviço Social organizado pela Cortez Editora e publicado também na revista *Participação* (Portugal), oferece outros elementos para melhor se compreender esse processo de precarização estrutural do trabalho, especialmente a partir da crise desencadeada em 2008 e que atinge a classe trabalhadora em escala global. Um olhar atento sobre o mundo do trabalho nos dias atuais não oferece outro cenário senão este: de um lado, o vilipêndio do trabalho, nas suas formas as mais diferenciadas; de outro, uma miríade, em escala global, de revoltas, greves e levantes impulsionados pelas forças sociais do trabalho. E foi assim que o tema do *trabalho* se reconverteu, uma vez mais, em um *tema vital*, como vitais são também as lutas contra a *destruição ambiental* e a *preservação da natureza*, que o capital de nosso tempo não faz outra coisa senão destruir.

Ricardo Antunes
Outubro de 2014

Nota do Autor à 13ª edição

Com grande satisfação apresentamos esta nova edição, 13. ed., ampliada, sob novo formato, de nosso livro *Adeus ao trabalho?* Publicado originalmente no Brasil, em 1995, sua repercussão, conforme já aludimos no prefácio à 7ª edição, foi enorme e continua, anos depois, sendo muito expressiva. Publicaram-se não somente treze edições nacionais em treze anos — em nosso caso trata-se, como parece, um número de sorte — mas ampliaram-se as também publicações no exterior, totalizando, até o presente, duas edições na Argentina, duas na Venezuela, uma na Colômbia (todas citadas no prefácio acima referido) e, mais recentemente, uma na Itália (*Addio al Lavoro?*, BFS Edizioni, 2002) e outra na Espanha, em galego, com o título *¿Adeus ao Traballo?* (Ed. Ter Razóns/A Nosa Terra, 2003). Sem falar de outra publicação em castelhano, feita pela Cortez Editora, para a *Biblioteca Latinoamericana de Servicio Social*, voltada para o público latino-americano e cuja edição foi especialmente lançada no México em 2001. Desse modo, sua acolhida foi mesmo excepcional, inimaginável quando da elaboração deste livro.

Esta edição revista e ampliada traz, como novidades, inicialmente a apresentação do cientista social francês Alain Bihr, feita especialmente para a edição italiana anteriormente referida e que reproduzimos na presente edição. Fica registrado, desde logo e uma vez mais, nosso agradecimento à Alain Bihr pela honrosa deferência, feita por um dos mais relevantes estudiosos contemporâneos do tema do trabalho.

Traz também a nota (publicada na 4. capa da edição em espanhol da Cortez Editora, acima referida) de autoria de nosso querido amigo Octavio Ianni. A sua contribuição para a teoria social crítica latino-americana é das mais relevantes, o que engrandece nosso livro. Com a perda de Octavio Ianni, fica também registrada aqui nossa modesta homenagem.

As duas notas reiteram, podemos ainda acrescentar, que nosso livro extravasou significativamente o espaço editorial brasileiro e nos inseriu no debate, não só latino-americano, mas também europeu.

O livro traz ainda três novos textos que dão continuidade temática ao *Adeus ao trabalho?* Por isso, nesta nova edição, o dividimos em duas partes. A Parte I contempla o texto original, sem alterações. A Parte II inicia-se com três textos novos, que se somam aos que constavam das edições anteriores.

O *primeiro,* versando sobre as formas contemporâneas do que venho mais recentemente denominando como a *dupla precarização estrutural do trabalho*. Tese central presente em *Adeus ao trabalho?*, onde procurávamos mostrar, no início de 1995, que tanto o processo de trabalho de base *tayloriano-fordista*, quanto aquele fundado na *flexibilização-toyotizada* — ambos exprimindo *modos de ser* do mesmo capitalismo — comportavam um processo dúplice de precarização, ainda que relativamente diferenciadas em alguns de seus elementos constitutivos.

O *segundo,* tratando do tema vital da *redução da jornada ou do tempo de trabalho*, embate central na luta entre capital e trabalho, desde a época de Marx até os dias atuais. Se considerarmos que, hoje, há desemprego em escala global e que existe, paralelamente, um maior domínio tecnocientífico capaz de reduzir em muito o *tempo* necessário para a produção de *valores de uso*, a conquista de um novo sistema de metabolismo social *para além do capital* (eliminando-se o *tempo excedente voltado para a produção de valores de troca*) tem no tema do *tempo de trabalho* e no *tempo de vida fora do trabalho* outro ponto crucial.

O *terceiro* apêndice sintetiza algumas teses sobre a *centralidade do trabalho hoje*, que se constituem num traço de continuidade entre os livros *Adeus ao trabalho?* (1995) e aqueles publicados posteriormente, com o título *Os sentidos do trabalho* (1999) e *O caracol e sua concha* (2005), ambos publicados pela Ed. Boitempo. Os leitores poderão perceber, então, a *clara continuidade* das teses apresentadas nos três ensaios, teses que são, não é exagero acrescentar, por demais atuais quando se mergulha no mundo do trabalho hoje.

Ricardo Antunes
Setembro de 2008

Prefácio à 13ª edição*

À época da difusão da internet e da suposta "nova economia", o trabalho não ocupa mais manchetes de jornal. No máximo, o conhecemos e o reconhecemos ainda sob o ângulo de sua informatização. O momento seria definitivamente da comunicação e da interação informacional, não mais do esforço prometéico de fazer-se "mestre e possuidor da natureza", segundo a fórmula cartesiana. Esta é a última versão de uma temática pós-moderna que, há quase vinte anos, tem lugar nesse final de século e de milênio sob o signo do "fim do trabalho" e do "adeus aos trabalhadores".

Com esta obra Ricardo Antunes situa-se deliberadamente na contracorrente da ideologia dominante. Sem cair nas facilidades desta última, em seu modo esquemático e pouco inclinado à argumentação, contentando-se em reiterar que sua força advém de sua repetição e de sua amplificação mediáticas, o autor nos apresenta aqui uma análise minuciosa das transformações que afetam atualmente a realidade, tanto objetiva quanto subjetiva, do trabalho.

Destas transformações, Antunes se esforça, acima de tudo, em apreender a complexidade dialética, a unidade dos movimentos

---

* Esta apresentação foi elaborada originalmente para a edição italiana, com o título *Addio al Lavoro?*, BFS Edizioni, 2002. Tradução de Henrique Amorim.

contrários e mesmo contraditórios que as caracterizam. Desproletarização do trabalho industrial em países do capitalismo central, acompanhada de uma consequente redução relativa e absoluta do tamanho da classe operária tradicional; ao mesmo tempo, mais subproletarização de uma parte do trabalho industrial e, em especial, do terciário, com o desenvolvimento da subcontratação e do trabalho precário, sem falar da "economia informal" ou da "economia subterrânea", não somente nos países periféricos. E para complicar ainda mais, em par com a informatização dos processos de trabalho que comandam o novo paradigma da fábrica fluida e flexível que tende a substituir a antiga fábrica fordista, assistimos a requalificação e, em consequência, a complexificação de uma parte do trabalho operário reduzido ao nível do trabalho simples (no sentido que Marx emprega esses diferentes termos).

Nestas condições, a ideia que ele faz predominar, não é aquela de um "fim do trabalho", mas a de uma fragmentação e de heterogeneização do mundo do trabalho e, por consequência, dos trabalhadores. Em suma, à ideologia do "fim do trabalho" Ricardo Antunes apresenta uma refutação sem dúvida definitiva, demonstrando que ela repousa sobre uma confusão entre o trabalho concreto e o trabalho abstrato (o que nos remete, mais uma vez, a Marx). Se se pode falar de "fim do trabalho", não é no sentido do fim do trabalho concreto, do fim da apropriação social da natureza, que, como dimensão antropológica fundamental, como instituição da norma social e da linguagem, é destinada a ser aquilo que sempre foi: a base sobre a qual se edifica a vida social. Justamente se pode considerar que, à medida que a produtividade do trabalho cresce no ritmo da acumulação dos meios sociais de produção, diminui a parte do "trabalho concreto" na vida dos seres humanos.

Mas é também isto que permite distinguir, nas mutações em curso, as premissas do fim do "trabalho abstrato", do trabalho reduzido à substância do valor, submetido, então, a abstração mercantil e monetária, realizando assim a célebre profecia marxiana contida em uma passagem dos *Grundrisse*. Se há uma crítica a Ricardo Antunes, é de ter indicado um caminho, mas de não tê-lo perseguido e explorado sistematicamente. Feito isso, ele esclareceria os limites e contradições do atual processo de automação industrial capitalista.

Quanto à aqueles que querem dizer adeus aos trabalhadores e à "classe-que-vive-do-trabalho" (como ele renomeia o proletariado), Ricardo Antunes mostra que eles o fizeram cedo demais. Sem dúvida, as transformações que afetam atualmente os processos de trabalho e as relações de produção têm impacto sobre os trabalhadores. Antunes mostra que tais transformações modificam as condições materiais do trabalho e de vida do proletariado, sua composição profissional ou política e sua consciência de classe. Contra aqueles que acreditam poder extrair da contradição numérica das antigas classes operárias europeias ou estadunidenses argumentos para prognosticar o desaparecimento do proletariado, Ricardo Antunes, observador atento da industrialização e do movimento sindical brasileiros, lembra que o vir a ser e o futuro do proletariado devem, a partir de agora, ser estimados com base na extensão das relações de produção capitalistas que são simultaneamente o produto, o agente e a causa de dissolução em escala mundial. Nessa escala, o proletariado está em crescimento numérico rápido e constante.

Contudo, é também a essa escala que se impõe mais do que nunca a realidade da fragmentação e da heterogeneização atual do proletariado. Por isso, a inevitável questão de saber como realizar a unidade entre os fragmentos esparsos de uma classe mundial de trabalhadores separados pela geografia e também pela história, haja vista a heterogeneidade das tradições étnicas, civilizacionais, religiosas, nacionais, políticas. Face à mundialização do capital, como mundializar o trabalho, não somente como realidade objetiva, explorada e dominada, pelo capital, mas como polo antagônico, realidade subjetiva, classe não apenas em si, mas para si?

Em definitivo, é a essa questão, que não se propõe a responder, que Ricardo Antunes, por fim, atinge. A utilidade de sua obra concentra-se em conduzir e dispor aos leitores meios para uma possível solução.

Alain Bihr

Nota de Octavio Ianni*

Este notável e atualíssimo livro de Ricardo Antunes demonstra que o capitalismo, antes de mais nada, continua sendo um modo de exploração da força de trabalho. Modificam-se as formas de organização técnica e social da produção de mercadorias, sejam materiais ou culturais, prosaicas ou virtuais.

Podem organizar-se em termos de fordismo, toyotismo e outras modalidades. Porém, está sempre na base do capitalismo a exploração da força de trabalho.

Não se trata de declarar "adeus ao trabalho", senão de reconhecer com Ricardo Antunes, que se modificam continuamente as formas de organização técnica e social do trabalho e da produção, em escala nacional e mundial. Em todos os casos, está em questão a expropriação sempre acompanhada das contradições entre o trabalho e o capital, ou seja, os trabalhadores e os proprietários dos meios de produção.

É por isso que as contradições de classe continuam sendo o principal motor da história do capitalismo, em direção ao socialismo.

---

* Esta nota foi elaborada originalmente para a quarta capa da edição espanhola de ¿*Adios al Trabajo?*, Cortez, 2001.

Apresentação

Em 1980, André Gorz publicava o seu conhecido livro com o título *Adeus ao proletariado*. Afirmativo, capturando uma tendência em curso que indicava uma significativa redução do operariado industrial nas sociedades capitalistas avançadas, o sociólogo francês *vaticinou o fim do proletariado*, com todas as consequências *teóricas e políticas* decorrentes desta formulação. O livro teve repercussão incomum, não só no universo (acadêmico e político) dos países centrais, que vivenciavam mais intensamente as tendências empíricas que Gorz procurava apreender, mas também em países de industrialização intermediária, como o Brasil, que presenciava então, no *contrafluxo do cenário europeu*, o vigoroso *ressurgimento* do *seu* movimento dos trabalhadores. Ensaio muito instigante e abusivamente problemático, *Adeus ao Proletariado* tentava questionar, na raiz, a revolução do trabalho e desse modo ajudava a desnortear ainda mais a esquerda tradicional.

Se um dos seus objetivos era instaurar um *novo patamar* para o debate, pode-se dizer que *Adeus ao proletariado é, deste ponto de vista*, um livro vitorioso. Vários textos o sucederam, cujas formulações, direta ou indiretamente, confirmavam ou infirmavam as teses de André Gorz. Só a título de um registro *parcial*, lembremos os livros ou artigos (por certo muito distintos e heterogêneos) de

Claus Offe, Benjamin Coriat, Alain Touraine, Jean Lojkine, Fergus Murray, Adam Schaff, Ernest Mandel, István Mészáros, Robert Kurz, Alain Bihr, Thomas Gounet, Frank Annunziato, David Harvey, Simon Clarke, entre tantos outros, que tematizaram acerca de dimensões e problemas que dizem respeito ao *presente* e *futuro* do mundo do trabalho.

Foi esta polêmica que inspirou diretamente este nosso ensaio, intitulado *Adeus ao trabalho?* (Ensaio sobre as Metamorfoses e a Centralidade do Mundo do Trabalho), cujo objetivo é *tentar oferecer*, com o olhar situado neste canto particular de um mundo marcado por uma *globalidade desigualmente articulada*, alguns elementos e contornos básicos presentes neste debate.

As interrogações que perseguimos são essencialmente estas: a *classe-que-vive-do-trabalho* estaria desaparecendo? A retração do operariado tradicional, fabril, da era do fordismo, acarreta *inevitavelmente* a perda de referência e de relevância do ser social que trabalha? Que repercussões estas metamorfoses tiveram (e têm) junto aos organismos de representação dos trabalhadores, dos quais os sindicatos são expressão? E, como desdobramento analítico das transformações em curso, parecem-nos inevitáveis os seguintes questionamentos: a categoria *trabalho* não é mais dotada de estatuto de centralidade, no universo da *praxis* humana existente na sociedade contemporânea? A chamada "crise da sociedade do trabalho" deve ser entendida como o fim da possibilidade da *revolução do trabalho*? O trabalho não é mais elemento *estruturante* de uma nova forma de sociabilidade humana? Não é mais *protoforma* da atividade humana, necessidade de efetivar o intercâmbio material entre o homem e a natureza?

Estas são indagações agudas, para as quais este texto pretende tão somente oferecer *algumas indicações*. Num momento histórico marcado por tantas transformações, muitas delas ainda em curso, pensamos que uma inserção neste debate, sob a forma de um ensaio, tem necessariamente caráter *preliminar* e *limitado*.

Adeus ao trabalho? faz parte de um volume mais amplo que apresentamos no concurso de Livre-Docência em Sociologia do Trabalho, junto ao Departamento de Sociologia do Instituto de Filosofia e Ciências Humanas (IFCH) da Unicamp, em abril de 1994, e que teve como banca examinadora os professores Octavio Ianni, Maurício Tragtenberg, Paulo Silveira, Sedi Hirano e Celso Frederico, de quem obtivemos inúmeras sugestões e indicações. Integra também um projeto de pesquisa que estamos desenvolvendo, com apoio do Conselho Nacional de Desenvolvimento Científico e Tecnológico (CNPq), com o título *Para Onde Vai o Mundo do Trabalho?*, onde procuramos apreender a *forma de ser* da classe trabalhadora na sociedade contemporânea e da qual este ensaio é, em verdade, um primeiro resultado.

Complementam este volume, sob a forma de *apêndice*, alguns textos que possibilitam a indicação de pontos ou questões suscitadas em *Adeus ao trabalho?* e que são retomados nestas notas. Eles têm também como "fio condutor" questões que dizem respeito à crise da sociedade do trabalho e, particularmente num deles, procuramos mostrar algumas repercussões destas mudanças na contextualidade brasileira.

Gostaria de finalizar a Apresentação deste ensaio, que trata dos dilemas e polêmicas em torno de uma *vida cheia de sentido a partir do trabalho*, tentando exprimir o sentimento que o trabalho intelectual suscita e gera. Goethe disse, certa vez: *"Se me perguntares como é a gente daqui, responder-te-ei: como em toda parte. A espécie humana é de uma desoladora uniformidade; a sua maioria trabalha durante a maior parte do tempo para ganhar a vida, e, se algumas horas lhe ficam, horas tão preciosas, são-lhe de tal forma pesadas que busca todos os meios para as ver passar. Triste destino o da humanidade!"* (Werther). O trabalho intelectual, em seu sentido profundo e verdadeiro, é *um* dos raros momentos de contraposição a esta *desoladora uniformidade*.

Não poderia deixar de expressar, aqui, meu sincero agradecimento aos alunos da área *Trabalho e Sindicalismo* do Programa de Mestrado em Sociologia e do Doutorado em Ciências Sociais do IFCH da Unicamp, com quem venho, já há alguns anos, debatendo muitas das ideias que estão presentes neste volume. Sem este diálogo constante e frutífero, este texto seguramente não teria esta conformação. Um agradecimento particular deve ser feito também a Nice, Valquiria e Baxa, pelo auxílio que deram.

PRIMEIRA PARTE

I

Fordismo, toyotismo e acumulação flexível

A década de 1980 presenciou, nos países de capitalismo avançado, profundas transformações no mundo do trabalho, nas suas formas de inserção na estrutura produtiva, nas formas de representação sindical e política. Foram tão intensas as modificações, que se pode mesmo afirmar que a *classe-que-vive-do-trabalho* sofreu a mais aguda crise deste século, que atingiu não só a sua *materialidade*, mas teve profundas repercussões na sua *subjetividade* e, no íntimo inter-relacionamento destes níveis, afetou a sua *forma de ser*.

Este texto pretende desenvolver alguns pontos de discussão em torno das dimensões e significados dessas mudanças e de algumas das consequências (teóricas e empíricas) possíveis e que são visualizáveis. Não pode ter, portanto, um caráter conclusivo, mas pretende apresentar algumas indicações que ofereçam algumas respostas a tantos questionamentos ora presentes.

Comecemos enumerando algumas das mudanças e transformações ocorridas nos anos 1980. Em uma década de grande salto tecnológico, a automação, a robótica e a microeletrônica invadiram o universo fabril, inserindo-se e desenvolvendo-se nas relações de trabalho e de produção do capital. Vive-se, no mundo da produção, um conjunto de experimentos, mais ou menos intensos, mais ou menos consolidados, mais ou menos presentes, mais ou menos tendenciais, mais ou menos embrionários. O fordismo e o taylorismo já não são únicos e mesclam-se com outros processos produtivos (neofordismo, neotaylorismo, pós-fordismo), decorrentes das experiências da "Terceira Itália", na Suécia (na região de Kalmar, do que resultou o chamado "kalmarianismo"), do Vale do Silício nos EUA, em regiões da Alemanha, entre outras, sendo em alguns casos até substituídos, como a experiência japonesa a partir do toyotismo permite constatar.

Novos processos de trabalho emergem, onde o *cronômetro* e a *produção em série* e *de massa* são "substituídos" pela flexibilização da produção, pela "especialização flexível", por novos padrões de busca de produtividade, por novas formas de adequação da produção à lógica do mercado (ver Murray, 1983; Sabel e Piore, 1984; Annunziato, 1989; Clarke, 1991; Gounet, 1991 e 1992; Harvey, 1992 e Coriat, 1992a e 1992b). Ensaiam-se modalidades de desconcentração industrial, buscam-se novos padrões de gestão da força de trabalho, dos quais os Círculos de Controle de Qualidade (CCQs), a "gestão participativa", a busca da "qualidade total", são expressões visíveis não só no mundo japonês, mas em vários países de capitalismo avançado e do Terceiro Mundo industrializado. O *toyotismo* penetra, mescla-se ou mesmo substitui o padrão fordista dominante, em várias partes do capitalismo globalizado. Vivem-se formas transitórias de produção, cujos desdobramentos são também agudos, no que diz respeito aos direitos do trabalho. Estes são desregulamentados, são flexibilizados, de modo a dotar o capital do instrumental necessário para adequar-se a sua nova fase. Direitos e conquistas históricas dos trabalhadores são substituídos e eliminados do mundo da produção. Diminui-se ou mescla-se, dependendo da intensidade, o despotismo taylorista, pela participação dentro da ordem e do universo da empresa, pelo envolvimento manipulatório, próprio da sociabilidade moldada contemporaneamente pelo sistema produtor de mercadorias.

Não é o lugar, aqui, para fazermos uma análise detalhada desse processo em curso no mundo atual. Queremos indicar, entretanto, alguns dos elementos que consideramos mais relevantes, de modo a, num momento seguinte, apontar as repercussões que essas transformações tiveram no interior do mundo do trabalho. Iniciamos, reiterando que entendemos o fordismo *fundamentalmente* como a forma pela qual a indústria e o processo de trabalho consolidaram-se ao longo deste século, cujos elementos constitutivos básicos eram dados pela produção em massa, através da linha de montagem e de produtos mais homogêneos; através do controle dos tempos e movimentos pelo cronômetro taylorista e da produção em série fordista; pela existência do trabalho parcelar e pela fragmentação das funções; pela separação entre *elaboração* e *execução* no processo de trabalho; pela existência de unidades fabris concentradas e verticalizadas e pela constituição/consolidação do *operário-massa*, do trabalhador coletivo fabril, entre outras dimensões. Menos do que um modelo de organização societal, que abrangeria igualmente esferas ampliadas da sociedade, compreendemos o fordismo como o processo de trabalho que, junto com o taylorismo, predominou na grande indústria capitalista ao longo deste século.

Atribui-se a Sabel e Piore um pioneirismo na apresentação da tese da "especialização flexível": esta seria a expressão de uma processualidade que, tendo especialmente a "Terceira Itália" como experiência concreta, teria possibilitado o advento *de uma nova forma produtiva* que articula, de um lado, um significativo desenvolvimento tecnológico e, de outro, uma desconcentração produtiva baseada em empresas médias e pequenas, "artesanais". Esta simbiose, na medida em que se expande e generaliza, supera o padrão fordista até então dominante. Esse novo paradigma produtivo expressaria também, sempre segundo os autores citados, um modelo produtivo que recusa a produção *em massa*, típico da *grande indústria* fordista, e recupera uma concepção de trabalho que, sendo mais flexível, estaria isenta da *alienação* do trabalho intrínseca à acumulação de base fordista. Um processo "artesanal", mais desconcentrado e tecnologicamente desenvolvido, produzindo para um mercado mais localizado e regional, que extingue a produção *em série*, comportando experiências bem-sucedidas também em regiões industriais nos EUA, na Alemanha e na França, entre outras áreas, inspirado num *neoproudonismo*, seria então responsável pela superação do modelo produtivo que até recentemente dominou o cenário da produção capitalista. O elemento causal da crise capitalista seria encontrado nos *excessos* do fordismo e da produção em massa, prejudiciais ao trabalho, e supressores da sua dimensão criativa (Sabel e Piore, 1984).

Muitas críticas foram feitas a esses autores mostrando, de um lado, a impossibilidade de generalização desse modelo, e, de outro, o caráter *epidérmico* dessas mudanças. Coriat, por exemplo, afirma que a hipótese implícita nesta tese, da substituição da produção baseada em *economia de escala*, é empiricamente irrealizável; como o princípio exclusivo da *especialização flexível* sustenta-se num mercado essencialmente segmentado e instável, é difícil imaginar sua generalização. Daí Coriat falar na "generalização abusiva" presente na tese da *especialização flexível* de Sabel e Piore (Coriat, 1992a, p. 151-153).

Mais aguda é a crítica de Clarke: incorporando argumentos de outros autores, alega que a tese original da *especialização flexível* não é "universalmente aplicável", traz incoerências entre seus vários elementos e não se sustenta empiricamente quando se refere à superação do *mercado de massa* e à incapacidade de esta produção adequar-se às mudanças econômicas, bem como à "suposta correlação entre a nova tecnologia e a escala e as formas sociais da produção". Reafirma a tese de que a *especialização flexível* acarretou a intensificação do trabalho e consiste em um meio de desqualificá-lo e desorganizá-lo (Clarke, 1991, p. 124-125). Sua proposição é, entretanto, mais polêmica e mesmo problemática, quando desenvolve a tese de que o fordismo é dotado de dimensão *flexível*, capaz, portanto, de assimilar todas as mudanças em curso, dentro de sua lógica: "[...] os princípios do fordismo já se demonstraram aplicáveis a uma gama extraordinariamente ampla de contextos técnicos" (idem, p. 128).

Dotado de uma concepção *ampliada* do fordismo, que o entende não somente como restrito à esfera fabril e tecnológica, mas também abrangendo as relações sociais de produção, Clarke vê a crise atual de reprodução do capital *não como uma reestruturação pós-fordista*. Em suas palavras: "[...] assim como as pressões competitivas vindas de novas formas do fordismo, mais desenvolvidas e mais flexíveis, logo forçaram Ford a introduzir os homens de Pinkerton e o Departamento de Serviço, também os especialistas flexíveis e os especialistas em nichos de mercado já estão sofrendo a pressão de competidores que conseguiram reconciliar as economias de escopo com as economias de escala". E conclui: "A crise do fordismo não é nada de novo; é apenas a mais recente manifestação da crise permanente do capitalismo" (idem, p. 150).

Outro autor também desenvolve pontos críticos à formulação que defende as positividades e o avanço da *especialização flexível*. Frank Annunziato mostra que Piore e Sabel entendem a produção artesanal como um meio necessário para a preservação do capitalismo. Referindo-se aos EUA, aqueles autores vislumbram uma "democracia americana dos pequenos proprietários" que Annunziato contesta: o fordismo domina a economia dos EUA até hoje, à medida que tem um processo de trabalho taylorizado e é dotado de uma hegemonia capitalista que penetra no interior das organizações de trabalhadores, tanto sindicais quanto nos partidos políticos (Annunziato, 1989, p. 99-100 e 106).

Merecem referência também as considerações feitas por Fergus Murray, em artigo publicado em 1983, portanto no início deste debate, onde mostra que, na última década, a tendência à descentralização da produção atingiu, na Itália, um conjunto de grandes empresas, que têm reduzido o tamanho da sua planta industrial e incentivado o *putting-out* do trabalho, em direção às pequenas unidades produtivas, artesanais, aos *domestic outworkers*. Processos correlatos vêm ocorrendo no Japão, elevando a produtividade das pequenas empresas através do avanço tecnológico, articulando, pela informática, as pequenas empresas aos grandes conglomerados. Processos com certa similaridade têm ocorrido também no sul dos EUA e Grã-Bretanha (S. Wales e Escócia). Cita também o exemplo da redução da planta industrial em curso nas unidades de produção da General Electric. Seu artigo vai tematizar essas evidências, que desafiam a tese de que a centralização progressiva e a concentração do capital acarretam necessariamente uma concentração física do espaço produtivo. Para Murray, as condições históricas e particulares podem possibilitar, como no caso italiano, o aparecimento dessas unidades produtivas menores. Lista, entre os elementos mais importantes na definição da planta industrial, o tipo do produto, as opções tecnológicas existentes, o controle do processo produtivo, as relações industriais e a legislação estatal (Murray e Fergus, 1983, p. 79-85).

O autor também mostra que a articulação entre *descentralização produtiva* e *avanço tecnológico*, na particularidade italiana — que oferece a base empírica da sua pesquisa — tem um claro sentido de combater a autonomia e coesão de setores do operariado italiano, a ponto de chegar mesmo a sugerir uma necessária reconsideração do papel do *trabalhador coletivo de massa*, tão forte na Itália dos anos 1960/70. O artigo define as várias formas de descentralização produtiva, mostrando que a fragmentação do trabalho, adicionada ao incremento tecnológico, pode possibilitar ao capital tanto uma maior exploração quanto um maior controle sobre a força de trabalho. Mostra como os sindicatos italianos, desenvolvidos no universo do *trabalhador coletivo de massa*, têm encontrado dificuldade em assimilar e incorporar essa classe trabalhadora mais segmentada e fracionada (idem, p. 79-99).

Um sugestivo esboço analítico sobre o significado e os contornos das transformações vivenciadas pelo capitalismo nos é oferecido por Harvey. Em seu entendimento, o núcleo essencial do fordismo manteve-se forte até pelo menos 1973, baseado numa produção *em massa*. Segundo esse autor, os padrões de vida para a população trabalhadora dos países capitalistas centrais mantiveram relativa estabilidade e os lucros monopólicos também eram estáveis. Porém, depois da aguda recessão instalada a partir de 1973, teve início um processo de transição no interior do processo de acumulação de capital.

Em sua síntese sobre a *acumulação flexível* nos diz que essa fase da produção é "marcada por um confronto direto com a rigidez do fordismo. Ela se apoia na flexibilidade dos processos de trabalho, dos mercados de trabalho, dos produtos e padrões de consumo. Caracteriza-se pelo surgimento de setores de produção inteiramente novos, novas maneiras de fornecimento de serviços financeiros, novos mercados e, sobretudo, taxas altamente intensificadas de inovação comercial, tecnológica e organizacional. A acumulação flexível envolve rápidas mudanças dos padrões do desenvolvimento desigual, tanto entre setores como entre regiões geográficas, criando, por exemplo, um vasto movimento no emprego no chamado "setor de serviços", bem como conjuntos industriais completamente novos em regiões até então subdesenvolvidas..." (Harvey, 1992, p. 140). Embora o autor afirme que as empresas baseadas no modelo fordista pudessem adotar as novas tecnologias e os emergentes processos de trabalho (aquilo que é muitas vezes denominado de *neofordismo*), reconhece, entretanto, que as pressões competitivas, bem como a luta pelo controle da força de trabalho, levaram ao nascimento de "formas industriais totalmente novas ou à integração do fordismo a toda uma rede de subcontratação e de deslocamento para dar maior flexibilidade diante do aumento da competição e dos riscos" (idem, p. 148).

Distanciando tanto daqueles que falam em *novos processos produtivos*, inteiramente distintos das bases fordistas (como Sabel e Piore, 1984), quanto daqueles que não veem novas e mesmo significativas transformações no interior do processo de produção de capital (como Pollert, Anna, 1988, p. 43-75), Harvey reconhece a existência de uma combinação de processos produtivos, articulando o fordismo com processos flexíveis, "artesanais", tradicionais. Em suas palavras: "a insistência de que não há nada essencialmente novo no impulso para a flexibilização e de que o capitalismo segue periodicamente esses tipos de caminhos é por certo correta (uma leitura cuidadosa de *O capital* de Marx sustenta esta afirmação). O argumento de que há um agudo perigo de se exagerar a significação das tendências de aumento da flexibilidade e da mobilidade geográfica, deixando-nos cegos para a força que os sistemas fordistas de produção implantados ainda têm, merece cuidadosa consideração. E as consequências ideológicas e políticas da super acentuação da flexibilidade no sentido estrito da técnica de produção e das relações de trabalho são sérias o bastante para nos levar a fazer sóbrias e cautelosas avaliações do grau do imperativo da flexibilidade [...]. Mas considero igualmente perigoso fingir que nada mudou, quando os fatos da desindustrialização e da transferência geográfica de fábricas, das práticas mais flexíveis de emprego do trabalho e da flexibilidade dos mercados de trabalho, da automação e da inovação de produtos olham a maioria dos trabalhadores de frente" (idem, p. 178-179).

Como consequência dessas formulações, Harvey desenvolve sua tese de que a acumulação flexível, *na medida em que ainda é uma forma própria do capitalismo*, mantém três características essenciais desse modo de produção. *Primeira*: é voltado para o crescimento; *segunda*: este crescimento em valores reais se apoia na exploração do trabalho vivo no universo da produção e, *terceira*: o capitalismo tem uma intrínseca dinâmica tecnológica e organizacional. E, particularmente no que diz respeito à segunda característica, acrescenta: "Curiosamente, o desenvolvimento de novas tecnologias gerou excedentes de força de trabalho, que tornaram o retorno de estratégias absolutas de extração de mais-valia, mais viável mesmo nos países capitalistas avançados... O retorno da superexploração em Nova York e Los Angeles, do trabalho em casa e do 'teletransporte', bem como o enorme crescimento das práticas de trabalho do setor informal por todo o mundo capitalista avançado, representa de fato uma visão bem sombria da história supostamente progressista do capitalismo. Em condições de acumulação flexível, parece que sistemas de trabalho alternativos podem existir lado a lado, no mesmo espaço, de uma maneira que permita que os empreendedores capitalistas escolham à vontade entre eles. O mesmo molde de camisa pode ser produzido por fábricas de larga escala na Índia, pelo sistema cooperativo da 'Terceira Itália', por exploradores em Nova York e Londres ou por sistemas de trabalho familiar em Hong Kong" (idem, p. 175).

A consequência dessa processualidade, quando remetida ao mundo do trabalho, foi também indicada pelo autor: o trabalho organizado foi solapado. Ocorreram altos níveis de desemprego estrutural e houve retrocesso da ação sindical. O individualismo exacerbado encontrou, também, condições sociais favoráveis, entre tantas outras consequências negativas (idem, p. 141 e 161).

Se essas experiências da acumulação flexível, a partir da experiência da "Terceira Itália" e de outras regiões, como a Suécia,[1] trouxeram tantas consequências, em tantas direções, foi, entretanto, o *toyotismo ou o modelo japonês*, que maior impacto tem causado, tanto pela revolução técnica que operou na indústria japonesa, quanto pela potencialidade de propagação que *alguns dos pontos básicos do toyotismo* têm demonstrado, expansão que hoje atinge uma escala mundial.

Não é propósito deste texto expor detalhadamente os passos que *singularizam* a experiência do *toyotismo* (ou *ohnismo*, de Ohno, engenheiro que originou o modelo na Toyota), nem mesmo suas dimensões mais *universalizantes*, que têm dotado o toyotismo de um impacto extraordinário, enquanto processo ágil e lucrativo de produção de mercadorias. O que pretendemos é oferecer alguns traços constitutivos deste novo modelo, de modo a apontar as enormes consequências que ele acarreta no interior do mundo do trabalho.

Coriat fala em quatro fases que levaram ao advento do *toyotismo*. *Primeira*: a introdução, na indústria automobilística japonesa, da experiência do ramo têxtil, dada especialmente pela necessidade de o trabalhador operar simultaneamente com várias máquinas. *Segunda*: a necessidade de a empresa responder à crise financeira, aumentando a produção sem aumentar o número de trabalhadores. *Terceira*: a importação das técnicas de gestão dos supermercados dos EUA, que deram origem ao *kanban*. Segundo os termos atribuídos a Toyoda, presidente fundador da Toyota, "o ideal seria produzir somente o necessário e fazê-lo no melhor tempo", baseando-se no modelo dos supermercados, de reposição dos produtos somente depois da sua venda. Segundo Coriat, o método *kanban* já existia desde 1962, de modo generalizado, nas partes essenciais da Toyota, embora o *toyotismo*, como modelo mais geral, tenha sua origem a partir do pós-guerra. *Quarta fase*: a expansão do método *kanban* para as empresas subcontratadas e fornecedoras (Coriat, 1992b, p. 27-30).

Coriat acrescenta ainda outros traços significativos do toyotismo: a necessidade de atender a um mercado interno que solicita produtos diferenciados e pedidos pequenos, dadas as condições limitadas do pós-guerra no Japão. Diz o autor: "Nestas condições, a competência e a competitividade determinaram-se *a partir da capacidade para satisfazer rapidamente pedidos pequenos e variados*. Assim nasce, pois, o ohnismo: no universo de pressões inéditas e originais, quando comparadas com aquelas que originaram o fordismo" (idem, p. 33-34). Era necessário também superar o caráter caótico da produção na Toyota, denominado jocosamente de método *DEKANSHO* (devido a um longo período de preparação, para posterior produção, à maneira dos estudantes de filosofia que dormiam durante um semestre para depois estudar intensamente Descartes, Kant e Schopenhauer). Como exemplo dessa limitação produtiva basta dizer que, em 1955, a indústria automobilística japonesa produziu 69 mil unidades, enquanto os EUA produziram 9,2 milhões, a Alemanha 909 mil e a França 725 mil (idem, p. 35 e 31).

Por fim, havia que enfrentar o combativo sindicalismo japonês, responsável por uma atuação marcada por muitos confrontos grevistas, e que se constituía num entrave à expansão do toyotismo. Em 1950, houve um expressivo movimento grevista contra um processo de demissões em massa na Toyota (entre 1600 a 2 mil trabalhadores). A longa greve dos metalúrgicos foi derrotada pela Toyota. Foi, nessa nova contextualidade, a primeira derrota do sindicalismo combativo no Japão. Em 1952/1953, desencadeou-se uma nova luta sindical em várias empresas, contra a racionalização do trabalho e por aumentos salariais, que teve a duração de 55 dias e onde o sindicalismo foi novamente derrotado (Coriat, 1992b, p. 36; Gounet, 1991a, p. 42). É importante lembrar que a Nissan, neste conflito, recorreu ao *lockout*, como forma de desmoralizar a greve (Gounet, 1991, p. 42). Após a repressão que se abateu sobre os principais líderes sindicais, as empresas aproveitaram a desestruturação do sindicalismo combativo e criaram o que se constituiu no *traço distintivo do sindicalismo japonês da era toyotista: o sindicalismo de empresa, o sindicato-casa*, atado ao ideário e ao universo patronal.

No ano seguinte, 1954, esse mesmo sindicato foi considerado ainda pouco cooperativo, sendo por isso dissolvido e substituído por um novo sindicato inserido no "espírito Toyota", na "Família Toyota". A campanha reivindicatória tornou-se, então, nesse ano, movida pelo lema: "Proteger nossa empresa para defender a vida!..." (conforme Coriat, 1992b, p. 37). *Essa foi a condição essencial para o sucesso capitalista da empresa japonesa* e, em particular, da Toyota. Combinando repressão com cooptação, o *sindicalismo de empresa* teve, como contrapartida à sua subordinação patronal, a obtenção do emprego vitalício para uma parcela dos trabalhadores das grandes empresas (cerca de 30% da população trabalhadora) e também ganhos salariais decorrentes da produtividade. Os sindicatos têm, como é o caso da Nissan, papel relevante na "meritocracia" da empresa, na medida em que opinam (com possibilidade de veto) sobre a ascensão funcional dos trabalhadores (Gounet, 1992, p. 67). Coriat diz, referindo-se também ao sindicalismo japonês, que em várias situações a passagem pelo sindicato é uma condição para ascender a funções de responsabilidade, sobretudo em matéria de administração de pessoal (Coriat, 1992b, p. 70), o que vincula ainda mais o sindicato à hierarquia das empresas.

Parece desnecessário lembrar que essas práticas subordinam os trabalhadores ao universo empresarial, criando as condições para a implantação duradoura do *sindicalismo de envolvimento*, em essência um sindicalismo *manipulado* e *cooptado*.[2] Foi a partir destes condicionantes históricos que se gestou o modelo japonês, que aqui estamos chamando de *toyotismo*.

Seus traços constitutivos básicos podem ser assim resumidos: ao contrário do fordismo, a produção sob o toyotismo é voltada e conduzida diretamente pela demanda. A produção é variada, diversificada e pronta para suprir o consumo. É este quem determina o que será produzido, e não o contrário, como se procede na produção *em série* e *de massa* do fordismo. Desse modo, a produção sustenta-se na existência do *estoque mínimo*. O melhor aproveitamento possível do tempo de produção (incluindo-se também o transporte, o controle de qualidade e o estoque), é garantido pelo *just in time*. O *kanban*, placas que são utilizadas para a reposição das peças, é fundamental, à medida que se inverte o processo: é do final, após a venda, que se inicia a reposição de estoques, e o *kanban* é a senha utilizada que alude à necessidade de reposição das peças/produtos. Daí o fato de, em sua origem, o *kanban* estar associado ao modelo de funcionamento dos supermercados, que repõem os produtos, nas prateleiras, depois da venda (Gounet, 1992, p. 40; Coriat, 1992b, p. 43-45).

Para atender às exigências *mais individualizadas* de mercado, no melhor tempo e com melhor "qualidade", é preciso que a produção se sustente num processo produtivo flexível, que permita a um operário operar com várias máquinas (em média cinco máquinas, na Toyota), rompendo-se com a relação um homem/uma máquina que fundamenta o fordismo. E a chamada "polivalência" do trabalhador japonês, que mais do que expressão e exemplo de uma maior qualificação, estampa a capacidade do trabalhador em operar com várias máquinas, combinando "várias tarefas simples" (conforme o interessante depoimento do ex-líder sindical japonês, Ben Watanabe, 1993a, p. 9). Coriat fala em *desespecialização e polivalência* dos operários profissionais e qualificados, transformando-os em *trabalhadores multifuncionais* (Coriat, 1992b, p. 41).

Do mesmo modo, o trabalho passa a ser realizado em equipe, rompendo-se com o caráter parcelar típico do fordismo (Gounet, 1992, p. 40). Uma equipe de trabalhadores opera frente a um sistema de máquinas automatizadas. Além da flexibilidade do aparato produtivo, é preciso também a flexibilização da organização do trabalho. Deve haver agilidade na adaptação do maquinário e dos instrumentos para que novos produtos sejam elaborados. Neste ponto encontra-se mais uma nítida diferença frente à rigidez do fordismo. Gounet nos diz que esta é uma das maiores dificuldades para a expansão ampliada do toyotismo junto às estruturas produtivas já existentes e resistentes a essa flexibilização (idem, p. 40). Ao contrário da verticalização fordista, de que são exemplo as fábricas dos EUA, onde ocorreu uma *integração vertical*, à medida que as montadoras ampliaram as áreas de atuação produtiva, no toyotismo tem-se uma *horizontalização*, reduzindo-se o âmbito de produção da montadora e estendendo-se às subcontratadas, às "terceiras", a produção de elementos básicos, que no fordismo são atributos das montadoras. Essa *horizontalização* acarreta também, no toyotismo, a expansão desses métodos e procedimentos para toda a rede de fornecedores. Desse modo, *kanban, just in time*, flexibilização, terceirização, subcontratação, CCQ, controle de qualidade total, eliminação do desperdício, "gerência participativa", sindicalismo de empresa, entre tantos outros elementos, propagam-se intensamente.

Gounet nos mostra ainda que o sistema toyotista supõe uma *intensificação da exploração do trabalho*, quer pelo fato de que os operários atuam simultaneamente com várias máquinas diversificadas, quer através do sistema de luzes (verde = funcionamento normal; laranja = intensidade máxima, e vermelha = há problemas, deve-se reter a produção) que possibilitam ao capital intensificar — sem estrangular — o ritmo produtivo do trabalho. As luzes devem alternar sempre entre o verde e o laranja, de modo a atingir um ritmo intenso de trabalho e produção (Gounet, 1991, p. 41). A diminuição da "porosidade" no trabalho é aqui ainda maior do que no fordismo. Este traço do toyotismo possibilita forte crítica de Gounet a Coriat: este, diz Gounet, reconhece que o sistema de luzes permite um melhor controle da direção sobre os operários, mas omite o principal: que esse método serve para elevar continuamente a velocidade da cadeia produtiva. Ao permanecer oscilando entre o verde e o laranja, a direção pode descobrir os problemas antecipadamente e suprimi-los de modo a acelerar a cadência até que o próximo problema ou dificuldade apareçam (Gounet, 1992, p. 66).

Outro ponto essencial do toyotismo é que, para a efetiva flexibilização do aparato produtivo, é também imprescindível a flexibilização dos trabalhadores. Direitos flexíveis, de modo a dispor desta força de trabalho em função direta das necessidades do mercado consumidor. O toyotismo estrutura-se a partir de um número mínimo de trabalhadores, ampliando-os, através de horas extras, trabalhadores temporários ou subcontratação, dependendo das condições de mercado. O ponto de partida básico é um número reduzido de trabalhadores e a realização de horas extras. Isto explica por que um operário da Toyota trabalha aproximadamente 2.300 horas, em média, por ano, enquanto, na Bélgica (Ford-Genk, General Motors-Anvers, Volkswagen-Forest, Renault-Vilvorde e Volvo-Gand), trabalha entre 1.550 e 1.650 horas por ano (dados da ABVVLIMBURG, Bélgica, junho de 1990, citado por Gounet, 1991, p. 41). Outra expressão do modelo japonês, está estampada nestes dados comparativos, calculados pelo *Massachusetts Institute of Technology*, que, em 1987, estimou o número necessário de horas por homem, para fabricar um veículo: "19 horas no arquipélago; 26,5 horas em média nos EUA; 22,6 horas nas melhores fábricas europeias e 35,6 horas em média na Europa, quase duas vezes mais que no Extremo Oriente" (cf. Krafcik, J., citado por Gounet, 1991, p. 42 e 50).

Com o que Gounet sintetiza: "O toyotismo é uma resposta à crise do fordismo dos anos 1970. Em vez do trabalho desqualificado, o operário torna-se polivalente. Ao invés da linha individualizada, ele se integra em uma equipe. Ao invés de produzir veículos em massa para pessoas que não conhece, ele fabrica um elemento para a 'satisfação' da equipe que está na sequência da sua linha". E conclui, não sem um toque de ironia: "Em síntese, com o toyotismo, parece desaparecer o trabalho repetitivo, ultrassimples, desmotivante e embrutecedor. Finalmente, estamos na fase do enriquecimento das tarefas, da satisfação do consumidor, do controle de qualidade" (Gounet, 1991, p. 43).

É sugestivo o depoimento de Ben Watanabe, que durante trinta anos atuou no movimento sindical japonês: "O CCQ foi desenvolvido no Japão por gerentes de empresas, a partir dos anos 1950, junto com o toyotismo. No sistema Toyota, os engenheiros do chão da fábrica deixam de ter um papel estratégico e a produção é controlada por grupos de trabalhadores. A empresa investe muito em treinamento, participação e sugestões para melhorar a qualidade e a produtividade. O controle de qualidade é apenas uma parte do CCQ". Neste, entretanto, "inclui-se um outro elemento: a eliminação da organização autônoma dos trabalhadores" (Watanabe, 1993, p. 5). "A Toyota trabalha com grupos de oito trabalhadores... Se apenas um deles falha, o grupo perde o aumento, portanto este último garante a produtividade assumindo o papel que antes era da chefia. O mesmo tipo de controle é feito sobre o absenteísmo" (idem, p. 5).

Sobre a diversidade do sindicalismo no Japão acrescenta: no cume da pirâmide existem sindicatos por empresa, que têm garantidas altas taxas de sindicalização, "mas nos níveis mais baixos os trabalhadores não têm quase nenhuma organização. O número de sindicalizados não ultrapassa 5% do total" (idem, p. 8). Essa diversidade foi apontada também por Coriat, ao incorporar a formulação de outro autor: "O sindicalismo no Japão, embora dominado pela forma do sindicato de empresa, deve ser apreendido como um *continuum* que vai dos sindicatos fortemente burocratizados e que organizam centenas de milhares de assalariados, até a 'sociedade' de uma pequena empresa que se transforma, de maneira episódica, em negociador coletivo" (Nohara, citado por Coriat, 1992b, p. 71).

Sobre o emprego vitalício, é também interessante o depoimento de Watanabe: esse sistema "começou em 1961. Para obter dos trabalhadores o compromisso com o aumento da qualidade e produtividade, os empresários ofereciam esta vantagem. No início, ninguém acreditava na estabilidade, que só passou a ser implantada, de fato, em 1965. No entanto, esta prática foi adotada apenas nas grandes empresas, atingindo, aproximadamente, 30% dos trabalhadores japoneses". Acrescenta que essa experiência "é muito curta e, atualmente, está diante de uma perspectiva de crise. A recessão econômica, iniciada há dois anos, levou a Organização Nacional das Empresas a sugerir que os gerentes repensassem a estabilidade vitalícia até a próxima negociação. É necessário lembrar também que a instituição do emprego vitalício está altamente ligada à estrutura salarial, que correspondeu à necessidade das empresas de garantir a permanência dos trabalhadores na mesma fábrica, no final dos anos 1950, fase inicial do desenvolvimento do toyotismo" (Watanabe, 1993, p. 10-11). "Com a aposentadoria aos 55 anos, o trabalhador é transferido para um emprego menos remunerado em empresas de menor porte e prestígio" (Watanabe, B., 1993a, p. 4-11 e 1993b, p. 3).

E há também, no universo do emprego vitalício, com todas as singularidades do modelo japonês — bem como suas enormes limitações — uma outra decorrência das condições de trabalho no arquipélago: o *karoshi*, termo que se refere à *morte súbita no trabalho*, provocada pelo ritmo e intensidade, que decorrem da busca incessante do aumento da produtividade (Watanabe, 1993b, p. 3).

Se na concretude japonesa, onde se gestou e se desenvolveu, esse modelo tem estes contornos básicos, sua expansão, em escala mundial e sob formas menos "puras" e mais híbridas, tem sido também avassaladora. À exceção do emprego vitalício, o modelo japonês, de um modo ou de outro, mais ou menos "adaptado", mais ou menos (des)caracterizado, tem demonstrado enorme potencial universalizante, com consequências as mais negativas para o mundo do trabalho em escala ampliada, tanto em países da Europa Ocidental, quanto no continente americano (Norte e Sul), sem falar, naturalmente, dos recentes "tigres asiáticos" que se expandiram na esteira do modelo japonês.

Coriat sugere que, em um universo internacionalizado, se as "lições" japonesas são copiadas em todas as partes, é porque correspondem à fase atual de um capitalismo, que se caracteriza pelo crescimento da concorrência, pela diferenciação e pela qualidade, condições originais da constituição do método *ohniano*. Como Coriat acrescenta que "nem tudo é negativo" e que não se deve "pensar ao contrário" do modelo japonês, sua proposição vai no sentido de incorporar, *sob uma variante social-democrática*, "toda a democracia nas relações de trabalho", fundada então "em bases renovadas e muito mais sólidas e dinâmicas, pois poderá conseguir conjugar eficácia econômica e equidade" (Coriat, 1992b, p. 146-147). As contradições e paradoxos que apresenta são secundárias e mesmo fenomênicas, porque se inserem na ótica da positividade, que acaba por predominar em sua análise do toyotismo. Os traços críticos que apresenta são diluídos, e a eles se sobrepõem os traços de vantagens do modelo japonês. Sua conclusão é límpida: "Para a empresa ocidental, o desafio, em verdade o único, é o que consiste em [...] passar do envolvimento incitado ao envolvimento negociado..." Assim, "a prática já antiga da codeterminação de tipo alemã ou sueca em mais de um aspecto tem sabido abrir-se para permitir a estes novos acordos dinâmicos 'de tipo japonês', onde a qualificação, a formação e os mercados internos estão sistematicamente construídos como base da produtividade e da qualidade... Seria um último paradoxo, e em verdade magnífico, se a lição japonesa, ao 'transferir-se' para a velha Europa, pudesse traduzir-se finalmente em uma maior... democracia" (Coriat, 1992b, p. 156-157).

Cremos, ao contrário, que a introdução e expansão do toyotismo na "velha Europa" tenderá a enfraquecer ainda mais o que se conseguiu preservar do *Welfare State*, uma vez que o modelo japonês está muito mais sintonizado com a lógica neoliberal do que com uma concepção verdadeiramente social-democrática. O risco maior que visualizamos dessa *ocidentalização* do toyotismo é o de que, com a retração dos governos da social-democracia europeia, bem como a sua subordinação a vários pontos da agenda neoliberal, tenderia a haver um encolhimento ainda maior dos fundos públicos, acarretando maior redução das conquistas sociais válidas para o *conjunto* da população, tanto aquela que trabalha quanto a que não encontra emprego. Não é difícil concluir que a "vantagem japonesa", dada por um "ganho salarial, decorrente da produtividade", que beneficia uma parcela minoritária da classe trabalhadora no próprio Japão,[3] dar-se-ia reduzindo ainda mais as condições da população trabalhadora que depende dos fundos sociais. Menos do que *social-democratização* do toyotismo, teríamos uma *toyotização* descaracterizadora e desorganizadora da social-democracia.

Naturalmente, formulações como a de Coriat, que defendem a introdução do toyotismo na Europa, inserem-se na busca de uma saída para a atual crise do capitalismo, visualizando em *seu interior* uma nova forma de organização do trabalho, uma nova forma de regulação e um novo ordenamento social pactuado entre capital, trabalho e Estado. Concepção que se sustenta, portanto, na convivência e na colaboração entre as classes sociais, relação esta concebida como cooperativa. Isto supõe, evidentemente, a incorporação e aceitação, por parte dos trabalhadores, da política concorrencial e de competitividade, formulada pelo capital, que passa a fornecer o ideário dos trabalhadores. O que é o "espírito Toyota", a "família Toyota", "a Nissan, fábrica da nova era", o "sindicato-casa", senão a expressão mais límpida e cristalina deste mundo do trabalho que deve viver o sonho do capital?

A consequência mais evidente é o distanciamento pleno de qualquer alternativa *para além do capital*, à medida que se adota e postula uma ótica do mercado, da produtividade, das empresas, não levando sequer em conta, com a devida seriedade, entre tantos outros elementos tão graves e prementes como, por exemplo, a questão do *desemprego estrutural*, que atualmente esparrama-se por todo o mundo, em dimensões impressionantes, e que não poupa nem mesmo o Japão, que nunca contou com excesso de força de trabalho. Desemprego este que é o resultado dessas transformações no processo produtivo, e que encontra no modelo japonês, no *toyotismo*, aquele que tem causado maior impacto, na ordem mundializada e globalizada do capital. Por isso não temos dúvida em enfatizar que a *ocidentalização* do toyotismo (eliminados os traços *singulares* da história, cultura, tradições que caracterizam o *Oriente* japonês) conformaria em verdade uma decisiva aquisição do capital *contra* o trabalho.

Pelo que pudemos expor e indicar nas páginas anteriores, julgamos pertinente afirmar que a "substituição" do fordismo pelo toyotismo não deve ser entendida, o que nos parece óbvio, como um *novo modo de organização societária*, livre das mazelas do sistema produtor de mercadorias e, o que é menos evidente e mais polêmico, mas também nos parece claro, não deve nem mesmo ser concebido como um avanço em relação ao capitalismo da era fordista e taylorista. Neste universo, a questão que nos parece mais pertinente é aquela que interroga em que medida a produção capitalista realizada pelo modelo toyotista se diferencia essencialmente ou não das *várias formas* existentes de fordismo. Queremos aqui tão somente enfatizar que a referida diminuição entre *elaboração* e *execução*, entre *concepção* e *produção*, que constantemente se atribui ao toyotismo, *só é possível porque se realiza no universo estrito e rigorosamente concebido do sistema produtor de mercadorias, do processo de criação e valorização do capital.*

Deste modo, embora reconheçamos que o *estranhamento* do trabalho, que decorre do modelo toyotista, tem elementos singulares — dados pela própria diminuição das hierarquias, pela redução do despotismo fabril, pela maior "participação" do trabalhador na *concepção* do processo produtivo —, é de todo relevante enfatizar que essas *singularidades* não suprimem o *estranhamento* da era toyotista. A *desidentidade* entre *indivíduo* e *gênero humano*, constatada por Marx nos *Manuscritos*, encontra-se presente e até mesmo intensificada em muitos segmentos da classe trabalhadora japonesa — e não estamos mencionando aqui as consequências nefastas da *toyotização*, em franco processo de expansão em tantos outros contingentes de trabalhadores em diversos países. A subsunção do ideário do trabalhador àquele veiculado pelo capital, a sujeição do *ser que trabalha* ao "espírito" Toyota, à "família" Toyota, é de muito maior intensidade, é *qualitativamente* distinta daquela existente na era do fordismo. Esta era movida centralmente por uma lógica mais *despótica*; aquela, a do toyotismo, é mais *consensual*, mais *envolvente*, mais *participativa*, em verdade mais *manipulatória*.

Se Gramsci fez indicações tão significativas acerca da concepção *integral* do fordismo, do "novo tipo humano", em consonância com o "novo tipo de trabalho e de produção", o toyotismo por certo aprofundou esta *integralidade* (ver Gramsci, 1976, p. 382). O *estranhamento* próprio do toyotismo é aquele dado pelo "envolvimento cooptado", que possibilita ao capital apropriar-se do *saber* e do *fazer* do trabalho.[4] Este, na lógica da integração toyotista, deve *pensar* e *agir* para o capital, para a produtividade, sob a *aparência* da eliminação efetiva do fosso existente entre *elaboração* e *execução* no processo de trabalho. Aparência porque a concepção efetiva dos produtos, a decisão do *que* e de *como* produzir não pertence aos trabalhadores. O resultado do processo de trabalho corporificado no produto permanece *alheio* e *estranho* ao produtor, preservando, sob todos os aspectos, o *fetichismo* da mercadoria. A existência de uma *atividade autodeterminada*, em *todas* as fases do processo produtivo, é uma absoluta impossibilidade sob o toyotismo, porque seu comando permanece movido pela lógica do sistema produtor de mercadorias. *Por isso pensamos que se possa dizer que, no universo da empresa da era da produção japonesa, vivencia-se um processo de estranhamento do ser social que trabalha, que tendencialmente se aproxima do limite.* Neste preciso sentido é um *estranhamento pós-fordista*.

Essas transformações, presentes ou em curso, em maior ou menor escala, dependendo de inúmeras condições econômicas, sociais, políticas, culturais etc., dos diversos países onde são vivenciadas, afetam diretamente o operariado industrial tradicional, acarretando metamorfoses no *ser* do trabalho. A crise atinge também intensamente, como se evidencia, o universo da consciência, da subjetividade do trabalho, das suas formas de representação. Os sindicatos estão aturdidos e exercitando uma prática que raramente foi tão defensiva. Distanciam-se crescentemente do *sindicalismo e dos movimentos sociais classistas* dos anos 1960/70, que propugnavam pelo *controle social* da produção, aderindo ao acrítico *sindicalismo de participação* e de negociação, que em geral aceita a ordem do capital e do mercado, só questionando aspectos fenomênicos desta mesma ordem. Abandonam as perspectivas que se inseriam em ações mais globais que visavam a emancipação do trabalho, a luta pelo socialismo e pela emancipação do gênero humano, operando uma aceitação também acrítica da social-democratização, ou o que é ainda mais perverso, debatendo no universo da agenda e do ideário neoliberal. A brutal defensiva dos sindicatos frente a onda privatista é expressão do que estamos nos referindo.

A derrocada do Leste Europeu, do (neo)stalinismo e da esquerda tradicional — que o ideário da ordem chamou de "fim do socialismo" — também tiveram forte repercussão nos organismos de representação dos trabalhadores, que se veem ainda mais na defensiva. A esquerda tem sido incapaz, até o presente, de mostrar, para amplos contingentes sociais, que o desmoronamento do Leste Europeu não significou o fim do socialismo, mas sim o esgotamento de uma tentativa (cabalmente derrotada) de construção de uma sociedade que não conseguiu ir *além do capital* (para usar a expressão de István Mészáros, 1982 e 1993) e que por isso não pode constituir-se nem mesmo enquanto *sociedade socialista*.[5]

Os sindicatos operaram um intenso caminho de institucionalização e de crescente distanciamento dos movimentos autônomos de classe. Distanciam-se da ação, desenvolvida pelo *sindicalismo classista* e *pelos movimentos sociais anticapitalistas*, que visavam o controle social da produção, ação esta tão intensa em décadas anteriores, e subordinam-se à participação dentro da ordem. Tramam seus movimentos dentro dos valores fornecidos pela sociabilidade do mercado e do capital. O mundo do trabalho não encontra, em suas tendências dominantes, especialmente nos seus órgãos de representação sindicais, disposição de luta com traços anticapitalistas. As diversas formas de resistência de classe encontram barreiras na ausência de direções dotadas de uma consciência *para além do capital*. Enfim, foi uma década crítica, repetimos, responsável pela mais aguda crise vivenciada pelo mundo do trabalho neste "século perdido". Século que começou com a eclosão de uma revolução que, na sua origem, em 1917, parecia capaz de iniciar o ciclo de desmontagem do capitalismo, e que está prestes a terminar de maneira mais que sombria, para aqueles que são críticos do capital.

Esta contextualidade, cujos problemas mais agudos aqui somente aludimos, repercutiu (e ainda repercute) criticamente no mundo do trabalho e, mais particularmente, no universo operário. Quais foram as consequências mais evidentes e que merecem maior reflexão? A classe operária estaria desaparecendo? (Gorz, 1982 e 1990) A retração do operariado industrial estável, nos países avançados, acarreta *inevitavelmente* a perda de referência e de relevância da *classe-que-vive-do-trabalho*? A categoria *trabalho* não é mais dotada do estatuto de *centralidade*, para o entendimento da atividade humana, da *práxis* humana, nesta fase do capitalismo? (Offe, 1989; Habermas, 1987). A chamada crise da "sociedade do trabalho" deve ser entendida como o fim da possibilidade da *revolução do trabalho*? (Kurz, 1992). O *trabalho* não é mais, para lembrar Lukács, *protoforma* da atividade dos seres sociais ou, para recordar Marx, necessidade natural e eterna de efetivar o intercâmbio material entre o homem e a natureza? (Lukács, 1981; Marx, 1971, p. 50).

As indagações são agudas e as respostas são também de enorme complexidade. O objetivo deste livro, no próximo capítulo, é procurar indicar alguns elementos *preliminares* que estão presentes na contemporaneidade do mundo do trabalho e que repercutem tão diretamente no *movimento* dos trabalhadores, em sua consciência de classe, em sua *subjetividade*.

NOTAS

1. Dentre as experiências de flexibilização produtiva, Gorz, ao referir-se ao funcionamento da Volvo de Uddevalla, na Suécia, diz: "Os operários desta fábrica estão organizados em equipes de dez pessoas, mulheres e homens, e cada equipe assegura por completo a montagem e a operação de acabamento de um veículo. Cada um conhece vários ofícios, e as diferentes tarefas são assumidas por turno, o mesmo ocorrendo com as funções de chefe de equipe. Os componentes da equipe podem se organizar entre si para tomar, por turno, descansos suplementares, e o plano, que normalmente é de doze veículos por equipe, por semana, pode cumprir-se de maneira muito flexível: o volume de produção pode variar segundo os dias e inclusive segundo as semanas, mas sempre se mantém a média semanal de doze automóveis... A oficina de Uddevalla é uma fábrica de montagem e de acabamento. Os operários podem sentir-se responsáveis pela qualidade da montagem, mas nem a qualidade dos elementos e dos grupos, nem a concepção dos veículos, nem a decisão de produzir automóveis dependem deles. Por conseguinte, o produto final de seu trabalho lhes segue sendo — em grande parte — alheio, como também se apresenta alheio aos trabalhadores que controlam a produção robotizada de motores, caixas de câmbio, suportes etc... Ainda quando acessam a um alto grau de autonomia, de soberania sobre o trabalho, permanecem alienados porque não possuem a possibilidade de controlar, de estabelecer e de autodeterminar os objetivos de suas atividades. Seguem a serviço de objetivos que não puderam eleger e dos quais, na maioria dos casos, nem sequer têm conhecimento" (Gorz, 1990b, p. 29). Sobre a experiência sueca ver também C. Berggren, 1989, p. 171-203.

2. Não é esse o entendimento de Coriat, que vê na relação sindicato e empresa "um jogo de contrapartidas sutis e essenciais". "Trata-se de *um conjunto de contrapartidas implícitas ou explícitas* dadas aos sindicatos e aos trabalhadores das grandes empresas 'em troca' de seu envolvimento na produção." O *sindicalismo cooperativo* "tem-se mostrado historicamente capaz de garantir melhorias contínuas e substanciais nas condições de vida dos assalariados" (Coriat, 1992b, p. 37-38 e 71). Gounet faz uma aguda crítica às teses de Coriat (e também a Lipietz), como se pode ver em seu longo

ensaio "Penser à L'enver... le capitalisme", em *Etudes Marxistes*, n. 14, maio 1992, Bélgica, volume que tem um *dossier* dedicado ao toyotismo. Frank Annunziato faz uma sugestiva alusão à particularidade japonesa, no que diz respeito à relação entre capital e trabalho: "O capitalista japonês, como encarnação do senhor feudal, garante a estabilidade do trabalho, obtendo em troca, por parte dos trabalhadores, encarnação do servo feudal, lealdade e obediência" (Annunziato, 1989, p. 133). Se esta é uma tendência forte de parcela da classe trabalhadora japonesa, é importante lembrar que há resistência por parte de segmentos de trabalhadores e do sindicalismo: "Até recentemente os sindicatos trabalhavam na mesma perspectiva que as empresas. Como não foram consultados sobre a transferência das fábricas para outros países, os sindicatos começam a se opor, pelo menos verbalmente, à política empresarial, pois entendem que ela coloca o direito à estabilidade em jogo" (Watanabe, 1993, p. 13).

3. Veja-se o depoimento de Watanabe: "Mesmo tendo os salários (calculados em dólares) mais altos do mundo no setor automobilístico, os trabalhadores japoneses não conseguem comprar uma casa decente sem um empréstimo. São as empresas que, depois de um certo período de serviço (entre 10 e 15 anos), oferecem empréstimos com juros abaixo do mercado, o que também deixa o trabalhador atrelado à empresa" (Watanabe, 1993a, p. 11). As condições japonesas, no que dizem respeito ao conjunto da classe trabalhadora, são assim retratadas por Robert Kurz: "A esse respeito o Japão distingue-se em todo caso das condições ocidentais, porque nunca chegou a superar efetivamente em suas estruturas internas as condições do Terceiro Mundo. A pobreza dos idosos é em parte de uma brutalidade desconhecida na Europa, os salários e o nível de vida das massas de trabalhadores ocupados nas indústrias fornecedoras das empresas multinacionais são muitas vezes indignos de seres humanos, e a infraestrutura encontra-se no nível europeu dos anos 1950; apartamentos sem banheiro e com latrina no pátio constituem antes a regra do que a exceção..." (Kurz, 1992, p. 148).

4. Sobre o *estranhamento*, ver nossa discussão em "Trabalho e estranhamento" neste volume.

5. Ver, neste volume, nosso texto "A prevalência do lógica do capital".

II

As metamorfoses no mundo do trabalho

Observa-se, no universo do mundo do trabalho no capitalismo contemporâneo, uma múltipla processualidade: de um lado verificou-se uma *desproletarização do trabalho industrial, fabril*, nos países de capitalismo avançado, com maior ou menor repercussão em áreas industrializadas do Terceiro Mundo. Em outras palavras, houve uma diminuição da classe operária industrial tradicional. Mas, paralelamente, efetivou-se uma expressiva expansão do trabalho assalariado, a partir da enorme ampliação do assalariamento no setor de serviços; verificou-se uma significativa heterogeneização do trabalho, expressa também através da crescente incorporação do contingente feminino no mundo operário; vivencia-se também uma *subproletarização* intensificada, presente na expansão do trabalho parcial, temporário, precário, subcontratado, "terceirizado", que marca a *sociedade dual* no capitalismo avançado, da qual os *gastarbeiters* na Alemanha e o *lavoro nero* na Itália são exemplos do enorme contingente de trabalho imigrante que se dirige para o chamado Primeiro Mundo, em busca do que ainda permanece do *Welfare State*, invertendo o fluxo migratório de décadas anteriores, que era do centro para a periferia.

O mais brutal resultado dessas transformações é a expansão, sem precedentes na era moderna, do *desemprego estrutural*, que atinge o mundo em escala global. Pode-se dizer, de maneira sintética, que há uma *processualidade contraditória* que, de um lado, reduz o operariado industrial e fabril; de outro, aumenta o subproletariado, o trabalho *precário* e o assalariamento no setor de serviços. Incorpora o trabalho feminino e exclui os mais jovens e os mais velhos. Há, portanto, um processo de maior *heterogeneização, fragmentação e complexificação* da classe trabalhadora.

Vamos procurar, nas páginas que seguem, dar alguns exemplos deste múltiplo e contraditório processo, em curso no mundo do trabalho. Faremos isso fornecendo alguns dados somente com o objetivo de ilustrar estas tendências.

Comecemos pela questão da desproletarização do trabalho fabril, industrial. Na França, em 1962, o contingente operário era de 7,488 milhões. Em 1975, esse número chegou a 8,118 milhões e em 1989 reduziu-se para 7,121 milhões. Enquanto em 1962 ele representava 39% da população ativa, em 1989 esse índice baixou para 29,6% (dados extraídos notadamente de *Economie et Statistiques*, L'INSEE, in Bihr, 1990; ver também Bihr, 1991, p. 87-108).

Frank Annunziato, referindo-se às oscilações na força de trabalho nos EUA, transcreve os seguintes dados (em milhares):

Indústria	1980	1986	Variação (%)
Agricultura	3.426	2.917	–14,8
Mineração	1.027	724	–29,5
Construção	4.346	4.906	+12,8
Manufatura	20.286	18.994	–6,3
Transporte e serviço público	5.146	5.719	+11,1
Grande comércio	5.275	5.735	+8,7
Pequeno comércio	15.035	17.845	+18,6
Finanças, seguros e bens imobiliários	5.159	6.297	+22,0
Governamental	16.241	16.711	+2,8
Serviços	11.390	22.531	+97,8

Fonte: *Statistical Abstract of the United States*, 1988, publicada pelo Departamento de Comércio dos EUA, em Annunziato, 1989, p. 107.

Os dados evidenciam, de um lado, a retração dos trabalhadores da indústria manufatureira (e também da mineração e dos trabalhadores agrícolas). De outro lado, tem-se o crescimento explosivo do setor de serviços que, segundo o autor, inclui tanto a "indústria de serviços" quanto o pequeno e grande comércio, as finanças, os seguros, o setor de bens imóveis, a hotelaria, os restaurantes, os serviços pessoais, de negócios, de divertimentos, da saúde, os serviços legais e gerais (Annunziato, 1989, p. 107).

A diminuição do operariado industrial também se efetivou na Itália, onde pouco mais de um milhão de postos de trabalho foram eliminados, havendo uma redução da ocupação dos trabalhadores na indústria, de 40% em 1980, para pouco mais de 30%, em 1990 (Stuppini, 1991, p. 50).

Outro autor, num ensaio mais prospectivo, e sem a preocupação da demonstração empírica, procura indicar algumas tendências em curso, decorrentes da revolução tecnológica: lembra que projeções do empresariado japonês apontam como objetivo "eliminar completamente o trabalho manual da indústria japonesa até o final do século. Ainda que possa haver nisto certo ufanismo, a exposição deste objetivo deve ser levada a sério" (Schaff, 1990, p. 28).

Em relação ao Canadá, transcreve informações do *Science Council of Canada Report* (n. 33, 1982) "que prevê a moderada taxa de 25% de trabalhadores que perderão seu emprego até o final do século em consequência da automação". E, referindo-se às previsões norte-americanas, alerta para o fato de que "serão eliminados 35 milhões de empregos até o final do século em consequência da automação" (Schaff, 1990, p. 28).

Pode-se dizer que nos principais países industrializados da Europa Ocidental, os efetivos de trabalhadores ocupados na indústria representavam cerca de 40% da população ativa no começo dos anos 1940. Hoje, sua proporção se situa próxima dos 30%. Calcula-se que baixará a 20% ou 25% no começo do próximo século (Gorz, 1990a e 1990b).

Esses dados e tendências evidenciam uma nítida redução do proletariado fabril, industrial, manual, especialmente nos países de capitalismo avançado, quer em decorrência do quadro recessivo, quer em função da automação, da robótica e da microeletrônica, gerando uma monumental taxa de desemprego estrutural.

Paralelamente a essa tendência, há outra também extremamente significativa, dada pela *subproletarização* do trabalho, presente nas formas de trabalho precário, parcial, temporário, subcontratado, "terceirizado", vinculados à "economia informal", entre tantas modalidades existentes. Como diz Alain Bihr (1991, p. 89), essas diversas categorias de trabalhadores têm em comum a precariedade do emprego e da remuneração; a desregulamentação das condições de trabalho em relação às normas legais vigentes ou acordadas e a consequente regressão dos direitos sociais, bem como a ausência de proteção e expressão sindicais, configurando uma tendência à individualização extrema da relação salarial.

A título de exemplo: na França, enquanto houve uma redução de 501 mil empregos por tempo completo, entre 1982 e 1988 deu-se, no mesmo período, o aumento de 111 mil empregos em *tempo parcial* (Bihr, 1990). Em outro estudo, o mesmo autor acrescenta que essa forma de trabalho "atípica" não para de se desenvolver depois da crise: entre 1982 e 1986, o número de assalariados em tempo parcial aumentou em 21,35% (Birh, 1991, p. 88-89). Em 1988, diz outra autora, 23,2% dos assalariados da Comunidade Econômica Europeia eram empregados em tempo parcial ou em trabalho temporário (Stuppini, 1991, p. 51). Na mesma direção segue este relato: "A atual tendência dos mercados de trabalho é reduzir o número de trabalhadores 'centrais' e empregar cada vez mais uma força de trabalho que entra facilmente e é demitida sem custos... Na Inglaterra, os 'trabalhadores flexíveis' aumentaram em 16%, alcançando 8,1 milhões entre 1981 e 1985, enquanto os empregos permanentes caíram em 6%, ficando em 15,6 milhões... Mais ou menos no mesmo período, cerca de um terço dos dez milhões de novos empregos criados nos EUA estavam na categoria 'temporário'" (Harvey, 1992, p. 144).

André Gorz acrescenta que aproximadamente 35 a 50% da população trabalhadora britânica, francesa, alemã e norte-americana encontra-se desempregada ou desenvolvendo trabalhos precários, parciais, que Gorz denominou de "proletariado pós-industrial", expondo a dimensão real daquilo que alguns chamam de *sociedade dual* (Gorz, 1990, p. 42 e 1990a).

Ou seja, enquanto vários países de capitalismo avançado viram decrescer os empregos em tempo completo, paralelamente assistiram a um aumento das formas de subproletarização, através da expansão dos trabalhadores parciais, precários, temporários, subcontratados etc. Segundo Helena Hirata, 20% das mulheres no Japão, em 1980, trabalhavam em tempo parcial, em condições precárias. "Se as estatísticas oficiais contavam 2,560 milhões de assalariadas em tempo parcial em 1980, três anos depois a revista *Economisto*, de Tóquio, estimava em 5 milhões o conjunto das assalariadas trabalhando em tempo parcial" (Hirata, 1986, p. 9).

Desse incremento da força de trabalho, um contingente expressivo é composto por mulheres, o que caracteriza outro *traço marcante* das transformações em curso no interior da classe trabalhadora. Esta não é "exclusivamente" masculina, mas convive, sim, com um enorme contingente de mulheres, não só em setores como o têxtil, onde tradicionalmente sempre foi expressiva a presença feminina, mas em novos ramos, como a indústria microeletrônica, sem falar do setor de serviços. Essa mudança na estrutura produtiva e no mercado de trabalho possibilitou também a incorporação e o aumento da exploração da força de trabalho das mulheres em ocupações de tempo parcial, em trabalhos "domésticos" subordinados ao capital (veja-se o exemplo da Benetton), de tal modo que, na Itália, aproximadamente um milhão de postos de trabalho, criados nos anos 1980, majoritariamente no setor de serviços, mas com repercussões também nas fábricas, foram ocupados por mulheres (Stuppini, 1991, p. 50). Do volume de empregos em tempo parcial gerados na França entre 1982 e 1986, mais de 80% foram preenchidos pela força de trabalho feminina (Bihr, 1991, p. 89). Isso permite dizer que esse contingente tem aumentado em praticamente todos os países e, apesar das diferenças nacionais, a presença feminina representa mais de 40% do total da força de trabalho em muitos países capitalistas avançados (Harvey, 1992, p. 146 e Freeman, 1986, p. 5).

A presença feminina no mundo do trabalho nos permite acrescentar que, se a consciência de classe é uma articulação complexa, comportando identidades e heterogeneidades, entre *singularidades* que vivem uma situação particular no processo produtivo e na vida social, na esfera da *materialidade* e da *subjetividade*, tanto a contradição entre o *indivíduo* e *sua classe*, quanto aquela que advém da relação entre *classe* e *gênero*, tornaram-se ainda mais agudas na era contemporânea. A *classe-que-vive-do-trabalho* é tanto masculina quanto feminina. É, portanto, também por isso, mais diversa, heterogênea e complexificada. Desse modo, uma crítica do capital, enquanto relação social, deve necessariamente apreender a dimensão de exploração presente nas relações capital/trabalho e também aquelas opressivas presentes na relação homem/mulher, de modo que a luta pela constituição do *gênero-para-si-mesmo* possibilite também a emancipação do gênero mulher.[1]

Além da desproletarização relativa do trabalho industrial, da incorporação do trabalho feminino, da subproletarização do trabalho, através do trabalho parcial, temporário, tem-se, como outra variante deste múltiplo quadro, um intenso processo de assalariamento dos setores médios, decorrentes da expansão do setor de serviços. Vimos que, no caso dos EUA, a expansão do setor de serviços — no sentido amplo em que é definido pelo censo realizado pelo Departamento de Comércio daquele país — foi de 97,8% no período de 1980/1986, sendo responsável por mais de 60% de todas as ocupações (não incluído o setor governamental) (Annunziato, 1989, p. 107).

Na Itália, "contemporaneamente cresce a ocupação no setor terciário e no de serviços, que hoje ultrapassa 60% do total das ocupações" (Stuppini, 1991, p. 50). Sabe-se que essa tendência atinge praticamente todos os países centrais.

Isso permite indicar que "nas pesquisas sobre a estrutura e as tendências de desenvolvimento das sociedades ocidentais altamente industrializadas encontramos, de modo cada vez mais frequente, sua caracterização como 'sociedade de serviços'. Isso se refere ao crescimento absoluto e relativo do 'setor terciário', isto é, do 'setor de serviços'" (Offe, Berger, 1991, p. 11). Deve-se afirmar, entretanto, que a constatação do crescimento desse setor não nos deve levar à aceitação da tese das sociedades *pós-industriais, pós-capitalistas*, uma vez que se mantém, "pelo menos indiretamente, o caráter improdutivo, no sentido da produção global capitalista, da maioria dos serviços. Pois não se trata de setores com acumulação de capital autônomo; ao contrário, o setor de serviços permanece dependente da acumulação industrial propriamente dita e, com isso, da capacidade das indústrias correspondentes de realizar mais-valia nos mercados mundiais. Somente quando essa capacidade se mantém para toda a economia nacional em conjunto, os serviços industriais e não industriais (relativos a pessoas) podem sobreviver, e expandir-se" (Kurz, 1992, p. 209).

Por fim, há ainda uma outra consequência muito importante, no interior da classe trabalhadora, que tem uma dupla direção: paralelamente à redução *quantitativa* do operariado industrial tradicional dá-se uma alteração *qualitativa* na *forma de ser* do trabalho, que de um lado impulsiona para uma maior *qualificação* do trabalho e, de outro, para uma maior *desqualificação*. Comecemos pela primeira. A redução da dimensão *variável* do capital, em decorrência do crescimento da sua dimensão *constante* — ou, em outras palavras, a substituição do *trabalho vivo* pelo *trabalho morto* — oferece, como tendência, nas unidades produtivas mais avançadas, a possibilidade de o trabalhador aproximar-se do que Marx (1972, p. 228) chamou de "supervisor e regulador do processo de produção". Porém, a plena efetivação dessa tendência está impossibilitada pela própria lógica do capital. É elucidativa esta longa citação de Marx, onde aparece a referência que fizemos acima:

"O intercâmbio de trabalho vivo por trabalho objetivado [...] é o último desenvolvimento da *relação de valor* e da produção fundada no valor. O suposto desta produção é, e segue sendo, a magnitude de tempo imediato de trabalho, a quantidade de trabalho empregado como fator decisivo na produção da riqueza. À medida, entretanto, que a grande indústria se desenvolve, a criação da riqueza efetiva torna-se menos dependente do tempo de trabalho e da quantidade de trabalho empregados, do que frente aos agentes postos em movimento durante o tempo de trabalho, que por sua vez — *us powerful effectiveness* — não guarda relação alguma com o tempo de trabalho imediato que custa sua produção, mas que depende mais do estado geral da ciência e do progresso da tecnologia, ou da aplicação desta ciência à produção. [...] A riqueza efetiva se manifesta melhor — e isto o revela a grande indústria — na enorme desproporção entre o tempo de trabalho empregado e seu produto, assim como na desproporção qualitativa entre trabalho, reduzido a uma pura abstração, e o poderio do progresso de produção vigiado por aquele. O trabalho já não aparece tanto como encerrado no processo de produção, senão que, melhor, o homem se comporta como supervisor e regulador em relação ao processo de produção mesmo. O trabalhador já não introduz o objeto natural modificado, como um anel intermediário entre a coisa e ele, mas insere o processo natural que transforma em industrial, como meio entre si mesmo e a natureza inorgânica, a qual domina. Apresenta-se ao lado do processo de produção, em lugar de ser seu agente principal. Nessa transformação, o que aparece como pilar fundamental da produção e da riqueza não é nem o trabalho imediato executado pelo homem nem o tempo que este trabalha, senão a apropriação de sua própria força produtiva geral, sua compreensão da natureza e seu domínio da mesma graças à sua existência como corpo social; em uma palavra, o desenvolvimento do indivíduo social. O *roubo do tempo de trabalho alheio, sobre o qual se funda a riqueza atual*, aparece como uma base miserável comparado com este fundamento, recém-desenvolvido, criado pela grande indústria. Logo que o trabalho, em sua forma imediata, tiver deixado de ser a grande fonte de riqueza, o tempo de trabalho deixa, e tem de deixar, de ser sua medida e, portanto, o valor de troca (deixa de ser a medida) do valor de uso. O *sobretrabalho da massa* deixou de ser condição para o desenvolvimento da riqueza social, assim como o *não trabalho de uns poucos* deixa de ser a condição para o desenvolvimento dos poderes gerais do intelecto humano. Com isso se desmorona a produção fundada no valor de troca... Desenvolvimento livre das individualidades e, por conseguinte, tem-se a não redução do tempo de trabalho necessário com vistas a criar sobre trabalho, mas, em geral, redução do trabalho necessário da sociedade a um mínimo, ao qual corresponde então a formação artística, científica etc., dos indivíduos graças ao tempo que se torna livre e aos meios criados para todos" (idem, p. 227-229).

Evidencia-se, entretanto, que essa *abstração* era uma impossibilidade na sociedade capitalista. Como o próprio Marx esclarece, na sequência do texto: "O capital mesmo é a contradição em processo, (pelo fato de) que tende a reduzir a um mínimo de tempo de trabalho, enquanto, por outro lado, converte o tempo de trabalho em única medida e fonte de riqueza. Diminui, pois, o tempo de trabalho na forma de tempo de trabalho necessário, para aumentá-lo na forma de trabalho excedente; põe, portanto, em medida crescente, o trabalho excedente como condição — *question de vie et de mort* — do (trabalho) necessário. Por um lado desperta para a vida todos os poderes da ciência e da natureza, assim como da cooperação e do intercâmbio social, para fazer com que a criação da riqueza seja (relativamente) independente do tempo de trabalho empregado por ela. Por outro lado, mensura com o tempo de trabalho estas gigantescas forças sociais criadas desse modo e as reduz aos limites requeridos para que o valor já criado se conserve como valor. As forças produtivas e as relações sociais — umas e outras, aspectos diversos do desenvolvimento do indivíduo social — aparecem frente ao capital unicamente como meios para produzir, fundando-se em sua mesquinha base. De fato, todavia, constituem as condições materiais para fazer saltar esta base pelos ares" (idem, p. 229).

Portanto, a tendência apontada por Marx — *cuja efetivação plena supõe a ruptura em relação à lógica do capital* — deixa evidenciado que, enquanto perdurar o modo de produção capitalista, não pode se concretizar a eliminação do trabalho como fonte criadora de valor, mas, isto sim, uma mudança no interior do processo de trabalho, que decorre do avanço científico e tecnológico e que se configura pelo peso crescente da dimensão mais *qualificada* do trabalho, pela *intelectualização do trabalho social*. A citação que segue é elucidativa: "... com o desenvolvimento da *subsunção real do trabalho ao capital* ou do *modo de produção especificamente capitalista*, não é o operário industrial, mas uma crescente *capacidade de trabalho socialmente combinada* que se converte no *agente real* do processo de trabalho total, e como as diversas capacidades de trabalho que cooperam e formam a máquina produtiva total participam de maneira muito diferente no processo imediato da formação de mercadorias, ou melhor, dos produtos — este trabalha mais com as mãos, aquele trabalha mais com a cabeça, um como diretor (*manager*), engenheiro (*engineer*), técnico etc., outro, como capataz (*overloocker*), um outro como operário manual direto, ou inclusive como simples ajudante —, temos que mais e mais funções da capacidade de trabalho se incluem no conceito imediato de *trabalho produtivo*, e seus agentes no conceito de *trabalhadores produtivos*, diretamente explorados pelo capital e *subordinados* em geral a seu processo de valorização e produção. Se se considera o *trabalhador coletivo*, de que a oficina consiste, sua *atividade combinada* se realiza materialmente (*materialiter*) e de maneira direta num *produto total* que, ao mesmo tempo, é um *volume total de mercadorias*; é absolutamente indiferente que a função de tal ou qual trabalhador — simples elo desse trabalho coletivo — esteja mais próxima ou mais distante do trabalho manual direto" (Marx, 1978, p. 71-72).

O caso da fábrica automatizada japonesa Fujitsu Fanuc, um dos exemplos de avanço tecnológico, é elucidativo. Mais de quatrocentos robôs fabricam, durante as 24 horas do dia, outros robôs. Os operários, quase quatrocentos, trabalham durante o dia. Com métodos tradicionais seriam necessários cerca de 4 mil operários para se obter a mesma produção. Em média, a cada mês, oito robôs são quebrados, e a tarefa dos operários consiste basicamente em prevenir e reparar aqueles que foram danificados, o que traz um volume de trabalho descontínuo e imprevisível. Existem ainda 1.700 pessoas nos trabalhos de pesquisa, administração e comercialização da empresa (Gorz, 1990b, p. 28). Embora seja um exemplo de um país e de uma fábrica *singulares*, permite constatar, por um lado, que nem mesmo neste exemplo não houve a eliminação do trabalho, mas sim um processo de *intelectualização* de uma parcela da classe trabalhadora. Mas, nesse exemplo *atípico*, o trabalhador já não transforma objetos materiais diretamente, mas supervisiona o processo produtivo em máquinas computadorizadas, programa-as e repara os robôs em caso de necessidade (idem, ibidem).

Supor a generalização dessa tendência sob o capitalismo contemporâneo — nele incluído o enorme contingente de trabalhadores do Terceiro Mundo — seria um enorme despropósito e acarretaria como consequência inevitável a própria destruição da economia de mercado, pela incapacidade de integralização do processo de acumulação de capital. Não sendo nem consumidores, nem assalariados, os robôs não poderiam participar do mercado. A simples sobrevivência da economia capitalista estaria, desse modo, comprometida (ver Mandel, 1986, p. 16-17).

Também tematizando sobre a *tendência* em direção a uma maior qualificação ou intelectualização do trabalho, outro autor desenvolve a tese de que a imagem do trabalhador manual não mais permite dar conta do novo trabalho operário nas indústrias. Este converteu-se, em vários ramos mais qualificados, o que se constata, por exemplo, na figura do operador vigilante, do técnico de manutenção, do programador, do controlador de qualidade, do técnico da divisão de pesquisa, do engenheiro encarregado da coordenação técnica e da gestão da produção. As antigas clivagens estariam sendo questionadas pela necessária cooperação entre os trabalhadores (Lojkine, 1990, p. 30-31).

Há, portanto, mutações no universo da classe trabalhadora, que varia de ramo para ramo, de setor para setor etc. Desqualificou-se em vários ramos, diminuiu em outros, como no mineiro, metalúrgico e construção naval, praticamente desapareceu em setores que foram inteiramente informatizados, como nos gráficos, e requalificou-se em outros, como na siderurgia, onde se pode presenciar "a formação de um segmento particular de 'operários-técnicos' de alta responsabilidade, portadores de características profissionais e referências culturais sensivelmente diversas do restante do pessoal operário. Eles se encontram, por exemplo, nos postos de coordenação nas cabines de operação a nível de altos-fornos, aciaria, vaza contínua... Observa-se fenômeno similar na indústria automobilística, com a criação dos 'coordenadores-técnicos' encarregados de assegurar os reparos e a manutenção de instalações altamente automatizadas, assistidos por profissionais de nível inferior e de especialidades diferentes" (idem, p. 32).

Paralelamente a esta tendência se acrescenta outra, dada pela *desqualificação* de inúmeros setores operários, atingidos por uma gama diversa de transformações que levaram, de um lado, à *desespecialização* do operário industrial oriundo do fordismo e, por outro, à massa de trabalhadores que oscila entre os temporários (que não têm nenhuma garantia no emprego), aos parciais (integrados precariamente às empresas),[2] aos subcontratados, terceirizados (embora se saiba que há, também, terceirização em segmentos ultraqualificados), aos trabalhadores da "economia informal", enfim, a este enorme contingente que chega até a faixa de 50% da população trabalhadora dos países avançados, quando nele se incluem também os desempregados, que alguns chamam de *proletariado pós-industrial* e que preferimos denominar de *subproletariado* moderno.

No que se refere à *desespecialização* dos operários profissionais, em decorrência da criação dos "trabalhadores multifuncionais", introduzidos pelo toyotismo, é relevante lembrar que esse processo também significou um ataque ao saber profissional dos operários qualificados, a fim de diminuir seu poder sobre a produção e aumentar a intensidade do trabalho. Os trabalhadores qualificados enfrentaram esse movimento de *desespecialização* como um ataque à sua profissão e qualificação, bem como ao poder de negociação que a qualificação lhes conferia, realizando inclusive greves contra esta tendência (Coriat, 1992b, p. 41).[3] Já nos referimos, anteriormente, ao caráter restrito da *polivalência* introduzida pelo modelo japonês.

A segmentação da classe trabalhadora se intensificou de tal modo que é possível indicar que, no *centro* do processo produtivo encontra-se o grupo de trabalhadores, em processo de retração em escala mundial, mas que permanece em tempo integral dentro das fábricas, com maior segurança no trabalho e mais inserido na empresa. Com algumas vantagens que decorrem desta "maior integração", esse segmento é mais adaptável, flexível e geograficamente móvel. "Os custos potenciais de dispensa temporária de empregados do grupo central em época de dificuldade podem, no entanto, levar a empresa a subcontratar, mesmo para funções de alto nível (que vão dos projetos à propaganda e à administração financeira), mantendo o grupo central de gerentes relativamente pequeno" (Harvey, 1992, p. 144).

A *periferia* da força de trabalho compreende dois subgrupos diferenciados: o primeiro consiste em "empregados em tempo integral com habilidades facilmente disponíveis no mercado de trabalho, como pessoal do setor financeiro, secretárias, pessoal das áreas de trabalho rotineiro e de trabalho manual menos especializado". Esse subgrupo tende a se caracterizar por uma alta rotatividade no trabalho. O segundo grupo situado na *periferia* "oferece uma flexibilidade numérica ainda maior e inclui empregados em tempo parcial, empregados casuais, pessoal com contrato por tempo determinado, temporários, subcontratação e treinados com subsídio público, tendo ainda menos segurança de emprego do que o primeiro grupo periférico". Este segmento tem crescido significativamente nos últimos anos (conforme classificação do *Institute of Personnel Management*, in Harvey, 1992, p. 144).

Evidencia-se, portanto, que ao mesmo tempo em que se visualiza uma tendência para a *qualificação* do trabalho, desenvolve-se também *intensamente* um nítido processo de *desqualificação* dos trabalhadores, que acaba configurando um processo contraditório que *superqualifica* em vários ramos produtivos e *desqualifica* em outros.[4]

Estes elementos que apresentamos nos permitem indicar que não há uma tendência generalizante e uníssona, quando se pensa no mundo do trabalho. Há, isto sim, como procuramos indicar, uma processualidade contraditória e multiforme. Complexificou-se, fragmentou-se e heterogeneizou-se ainda mais a *classe-que-vive-do-trabalho*. Pode-se constatar, portanto, de um lado, um efetivo processo de *intelectualização do trabalho manual*. De outro, e em sentido radicalmente inverso, uma *desqualificação* e mesmo *subproletarização* intensificadas, presentes no trabalho precário, informal, temporário, parcial, subcontratado etc. Se é possível dizer que a primeira tendência — a *intelectualização do trabalho manual* — é, em tese, mais coerente e compatível com o enorme avanço tecnológico, a segunda — a *desqualificação* — mostra-se também plenamente sintonizada com o modo de produção capitalista, em sua *lógica destrutiva* e com sua *taxa de uso decrescente* de bens e serviços (Mészáros, 1989, p. 17). Vimos também que houve uma significativa incorporação do trabalho feminino no mundo produtivo, além da expressiva expansão e ampliação da classe trabalhadora, através do assalariamento do setor de serviços. Tudo isso nos permite concluir que nem o operariado desaparecerá tão rapidamente e, *o que é fundamental*, não é possível perspectivar, nem mesmo num universo distante, nenhuma possibilidade de eliminação da *classe-que-vive-do-trabalho*.

NOTAS

1. "Em um mundo desalienado, não dominado pela tendência à apropriação, os indivíduos deixarão de constituir-se como seres particulares. A personalidade individual, até o presente uma exceção, se converterá em típica da sociedade. As normas morais não serão impostas de fora, a uma pessoa fechada em seu particularismo. Os indivíduos serão capazes de... humanizar seus impulsos ao invés de reprimi-los... serão capazes de humanizar suas emoções... Ao fazer nossa opção frente aos conflitos sociais, optamos simultaneamente por um futuro determinado das relações entre os sexos. Elegemos relações entre indivíduos livres e iguais, relações que, em todos os aspectos da vida humana, realizem-se desprovidas de qualquer tendência à apropriação e se caracterizem por sua riqueza, sua profundidade e sinceridade" (Heller, "El Futuro de las Relaciones entre los Sexos"; texto de 1969, publicado também em 1982, p. 65-66. Ver também Hirata, 1986, p. 12).

2. Ver Birh, 1991, p. 88-89.

3. Com o desenvolvimento da *automatização* "...reproduz-se um movimento [...] a saber, a desqualificação de certas tarefas 'superqualificadas' nascidas no momento anterior da desqualificação-superqualificação do trabalho. Trata-se assim principalmente do trabalho de manutenção e do trabalho de fabricação das máquinas-ferramentas" (Freyssenet, 1989, p. 78).

4. Veja-se a conclusão de Michel Freyssenet: "...não há um movimento generalizado de desqualificação ou um movimento de aumento geral de qualificação, mas um movimento contraditório de *desqualificação do trabalho de alguns pela* 'superqualificação' *do trabalho de outros*, isto é, uma polarização das qualificações requeridas que resulta de uma forma particular de divisão do trabalho, que se caracteriza por uma modificação da repartição social da 'inteligência' da produção. Uma parte dessa 'inteligência' é 'incorporada' às máquinas e a outra parte é distribuída entre um grande número de trabalhadores, graças à atividade de um número restrito de pessoas encarregadas da tarefa (impossível) de pensar previamente a totalidade do processo de trabalho..." (Freyssenet, 1989, p. 75).

III

Dimensões da crise contemporânea do sindicalismo:

impasses e desafios

Gostaríamos de discutir agora as *repercussões que essas metamorfoses tiveram junto ao movimento dos trabalhadores*. Começamos por levantar as seguintes questões: as inúmeras e significativas mudanças no mundo do trabalho acarretaram quais consequências no universo da subjetividade, da consciência do ser social que trabalha? Mais particularmente, que resultados essas transformações tiveram nas *ações de classe* dos trabalhadores, em seus órgãos de representação e mediação, como os sindicatos, que presenciam uma reconhecida situação crítica? Quais as evidências, dimensões e significados mais agudos dessa *crise contemporânea dos sindicatos*? Estes demonstram vitalidade para ir além de uma ação marcadamente defensiva e, desse modo, recuperar o significado mais expressivo da ação sindical?[1]

Iniciaremos esta discussão, que diz respeito à *crise contemporânea dos sindicatos*, respondendo às seguintes questões: 1) Quais são os contornos e dimensões essenciais desta crise? 2) Por que se pode efetivamente dizer que há uma *crise do sindicalismo*? 3) Frente a essa situação, quais são os principais desafios do movimento sindical?

Analisamos detalhadamente, na primeira parte deste livro, as metamorfoses em curso no mundo do trabalho. Vimos que elas afetaram a *forma de ser* da classe trabalhadora, tornando-a mais heterogênea, fragmentada e complexificada. Essas transformações afetaram também intensamente os organismos sindicais em escala mundial. Como expressão mais evidente dessa crise pode-se destacar uma nítida *tendência de diminuição das taxas de sindicalização*, especialmente na década de 1980.

Comecemos a discussão deste ponto pela apresentação dos níveis ou taxas de sindicalização, em ordem crescente, encontradas em vários países capitalistas:

Taxa de Sindicalização: 1988*

França: 12%	Reino Unido: 41,5%
Espanha: 16%	Austrália: 42%
Estados Unidos: 16,8%	Áustria: 45,7%
Turquia: 18,8%	Luxemburgo: 49,7%
Grécia: 25%	Nova Zelândia: 50,5%
Países Baixos: 25%	Irlanda: 52,4%
Suíça: 26%	Bélgica: 53%
Japão: 26,8%	Noruega: 55,1%
Portugal: 30%**	Finlândia: 71%
Alemanha: 33,8%	Dinamarca: 73,2%
Canadá: 34,6%	Holanda: 78,3%
Itália: 39,6%	Suécia: 85,3%

* Com as exceções de Holanda, 1989; Irlanda, 1987; Luxemburgo, 1989; Nova Zelândia, 1990; Espanha, 1985; Suíça, 1987; Turquia, 1987.
** As taxas referentes a Portugal e Grécia são por estimativa.[2]

Em outro estudo sobre o fenômeno da dessindicalização, elaborado também por J. Visser, são detalhadas as informações que corroboram as tendências recentes das taxas de sindicalização: diz o autor que, entre 1980/1990, na maioria dos países capitalistas ocidentais industrializados, a taxa de sindicalização, isto é, a relação entre o número de sindicalizados e a população assalariada, tem decrescido. A Europa Ocidental em seu conjunto, excluída a Espanha, Portugal e Grécia, reduziu de 41% em 1980 para 34% em 1989. Incorporando-se àqueles três países acima citados, as taxas seriam ainda menores. Pode-se lembrar, para efeito de comparação, o Japão, cuja taxa caiu de 30% para 25%, no mesmo período, e os Estados Unidos, cuja redução foi de 23% para 16% (Visser, 1993, p. 18-19). Na Espanha, França, Grã-Bretanha, Países Baixos e, em menor medida, na Itália, Irlanda, Grécia e Portugal, houve forte queda nas taxas de sindicalização, bem como uma queda absoluta do número de membros (de que foram exemplos a Espanha, França e Grã-Bretanha). Houve um ligeiro recuo, principalmente na segunda metade da década, na Bélgica, Luxemburgo, Alemanha Ocidental, Áustria e Dinamarca. Na Finlândia, Noruega e Suécia o sindicalismo viu aumentar os seus efetivos durante os anos 1980, mas uma mudança também começou a se verificar a partir de 1988 (idem, p. 19). O autor afirma ainda que um decréscimo dessa intensidade, nas taxas de sindicalização, não encontra similar em nenhum momento da história sindical do pós-guerra (idem, ibidem).

Essa tendência à dessindicalização não deve ser confundida, entretanto, com uma uniformização do sindicalismo: na Suécia, por exemplo, mais de 80% dos assalariados são sindicalizados. Junto com a Bélgica e a Áustria, compreende o campo dos países com maiores índices de sindicalização. A Itália, a Grã-Bretanha e a Alemanha formam um grupo de países intermediários, e a França, a Espanha e os EUA estão na retaguarda, seguidos pelo Japão, Países Baixos e Suíça (idem, p. 24).[3]

Um outro elemento decisivo no desenvolvimento e expansão da crise sindical é encontrado no fosso existente entre os trabalhadores "estáveis", de um lado, e aqueles que resultam do trabalho precarizado etc., de outro. Com o aumento desse abismo social no interior da própria classe trabalhadora, reduz-se fortemente o poder sindical, historicamente vinculado aos trabalhadores "estáveis" e, até agora, incapaz de aglutinar os trabalhadores parciais, temporários, precários, da economia informal etc. Com isso, começa a desmoronar o *sindicalismo vertical*, herança do fordismo e mais vinculado à categoria profissional, mais corporativo. Este tem se mostrado impossibilitado de atuar como um *sindicalismo mais horizontalizado*, dotado de uma abrangência maior e que privilegie as esferas intercategoriais, interprofissionais, por certo um tipo de sindicalismo mais capacitado para aglutinar o *conjunto* dos trabalhadores, desde os "estáveis" até os precários, vinculados à economia informal etc. (ver Bihr, 1991, p. 106).

A fragmentação, heterogeneização e complexificação da *classe-que-vive-do-trabalho* questiona na *raiz* o sindicalismo tradicional e dificulta também a organização sindical de outros segmentos que compreendem a classe trabalhadora. Como diz Visser, o sindicalismo tem encontrado dificuldade para incorporar as mulheres, os empregados de escritório, os que trabalham no setor de serviços mercantis, os empregados de pequenas empresas e os trabalhadores em tempo parcial. No que diz respeito às mulheres, com exceção de alguns países como Suécia, Dinamarca e Finlândia, presenciam-se as menores taxas de sindicalização. Também os trabalhadores não manuais, mais intelectualizados, ainda estão a reboque dos trabalhadores manuais, mesmo que as diferenças tenham se atenuado, especialmente nos países escandinavos. Os assalariados da indústria ainda filiam-se com mais intensidade aos sindicatos, do que os trabalhadores do comércio, do setor hoteleiro ou de serviços financeiros privados (Visser, 1992, p. 21-22). Trabalhadores em pequenos estabelecimentos, trabalhadores parciais, os imigrantes, os empregados em tempo parcial ou por tempo determinado, as mulheres, os jovens etc., parecem compor um quadro diverso que acaba por dificultar um aumento das taxas de sindicalização. As mulheres, por exemplo, participam com mais intensidade do mercado de trabalho como trabalhadoras em tempo parcial, temporário etc. Isso talvez *ajude* a entender as reduzidas taxas de sindicalização no universo feminino. Em relação às reduzidas taxas de sindicalização dos trabalhadores mais jovens, lembra ainda Visser que é difícil afirmar se elas exprimem um fenômeno temporário ou o prenúncio de uma nova tendência entre os trabalhadores (idem, p. 23).

Paralelamente a esse processo que impulsiona a dessindicalização, tem-se presenciado importantes avanços na organização sindical dos assalariados médios. Na Inglaterra, onde os sindicatos têm recorrido à fusão como forma de resistir à avalanche neoliberal, houve recentemente um exemplo significativo de união orgânica de vários sindicatos do setor público que criaram a mais forte entidade sindical do país — denominada *Unison* — com cerca de um milhão e quatrocentos mil filiados (*El Pais*, 24 jan. 1993; 5). Sabe-se que entre 1979/1985, o número de membros filiados ao Trade Union Congress (TUC), central sindical inglesa, confirmando a tendência que acima desenvolvemos, declinou de 12,2 milhões para 9,5 milhões, uma queda de 22%. Se levarmos em conta o total dos sindicalizados, vinculados ou não ao TUC, a perda, durante o mesmo período, foi de 13,5 milhões para 11 milhões, ou seja, de 18,5% (Kelly, 1987, p. 10). Neste contexto, o avanço do sindicalismo dos assalariados médios é expressivo: "Considerando-se apenas o setor privado, em meados da década de 1980, os não manuais representavam, na Áustria, 22% de todos os sindicalizados; na Dinamarca, 24%; na Alemanha, 18%; na Holanda, 16%; na Noruega, 17%; na Suécia, 23%; na Suíça, 25%".

Na Alemanha, atualmente, de cada três sindicalizados, um é de 'classe média', enquanto na Noruega e na Holanda estima-se que a metade dos trabalhadores sindicalizados não exerça uma profissão manual. Na França, onde a crise do sindicalismo é especialmente forte, a proporção de não manuais (setores privado e público) entre os sindicalizados é superior a 50%. Na Noruega, é de 48%, na Grã-Bretanha, de 40%, de 36% na Suécia, de 35% na Áustria, de 32% na Dinamarca, de 20% na Itália" (Rodrigues, 1993b, p. 3). Essa expansão do sindicalismo de empregados dos setores público e privado, entretanto, como alerta Leôncio Martins Rodrigues, não foi, na maior parte dos países, suficiente para compensar, em termos de taxa de sindicalização, o declínio do sindicalismo dos trabalhadores manuais (idem, ibidem).

Uma outra consequência dessas transformações no âmbito sindical foi a intensificação da tendência *neocorporativa*, que procura preservar os interesses do operariado estável, vinculado aos sindicatos, contra os segmentos que compreendem o trabalho precário, terceirizado, parcial etc., o que denominamos *subproletariado*. Não se trata de um corporativismo estatal, mais próximo de países como Brasil, México, Argentina, mas de um corporativismo societal, atado quase que exclusivamente ao universo categorial, cada vez mais *excludente e parcializado*, que se intensifica frente ao processo de fragmentação dos trabalhadores, em vez de procurar novas formas de organização sindical que articule amplos e diferenciados setores que hoje compreendem a classe trabalhadora. Tem-se, como alerta Alain Bihr (1991, p. 107), um risco crescente de ampliação dessa modalidade de corporativismo.

Essas transformações também afetaram as ações e práticas de greves, que tiveram sua eficácia em alguma medida reduzida em decorrência da fragmentação e heterogeneização dos trabalhadores. Ao longo da década de 1980 pôde-se constatar uma diminuição dos movimentos grevistas nos países capitalistas avançados, que por certo advém das dificuldades de aglutinar, numa mesma empresa, os operários "estáveis" e aqueles "terceirizados", que trabalham por empreitada, ou os trabalhadores imigrantes, segmentos que não contam, em grande parte, nem mesmo com a presença de representação sindical. Tudo isso dificulta ainda mais as possibilidades do desenvolvimento e consolidação de uma *consciência de classe* dos trabalhadores, fundada em um sentimento de *pertencimento de classe*, aumentando consequentemente os riscos de expansão de movimentos xenofóbicos, corporativistas, racistas, paternalistas, no interior do próprio mundo do trabalho (ver Bihr, 1991, p. 107-108).

Esse quadro complexificado, de múltiplas tendências e direções, afetou agudamente o movimento sindical, originando a *crise mais intensa* em toda a sua história, atingindo, especialmente na década de 1980, os países de capitalismo avançado, e posteriormente, dada a dimensão globalizada e mundializada dessas transformações, em fins daquela década e na viragem da década de 1990, também os países do Terceiro Mundo, particularmente aqueles dotados de uma industrialização significativa, como é o caso do Brasil, México, entre tantos outros. Crise sindical que se defronta com uma contextualidade que tem, em síntese, as seguintes tendências:

1) Uma crescente individualização das relações de trabalho, deslocando o eixo das relações entre capital e trabalho da esfera nacional para os ramos de atividade econômica e destes para o universo *micro*, para o local de trabalho, para a empresa e, dentro desta, para uma relação cada vez mais *individualizada*. Esta tendência se constitui num elemento essencialmente nefasto do sindicalismo de empresa, do "sindicato-casa", que se originou na Toyota e hoje se expande mundialmente.

2) Uma fortíssima corrente no sentido de desregulamentar e flexibilizar *ao limite* o mercado de trabalho, atingindo duramente conquistas históricas do movimento sindical que tem sido, até o presente, incapaz de impedir tais transformações.

3) O esgotamento dos modelos sindicais vigentes nos países avançados que optaram, nessa última década, em boa medida, pelo *sindicalismo de participação* e que agora contabilizam prejuízos de brutal envergadura — dos quais o mais evidente é o desemprego estrutural que ameaça implodir os próprios sindicatos. O que (re)obriga o movimento sindical, em escala global, a novamente lutar, sob formas mais ousadas e em alguns casos mais radicalizadas, como várias greves dos anos 1990 nos têm mostrado, pela preservação de alguns direitos sociais e pela *redução da jornada de trabalho* como caminho possível, no plano da imediatidade, visando diminuir o desemprego estrutural. Quando mencionamos o esgotamento dos modelos sindicais vigentes nos países avançados, pensamos nas suas variantes mais conhecidas, sintetizadas por Freyssinet (1993, p. 12-14), a saber:

a) o modelo anglo-saxão (acompanhado com similaridades pelo modelo norte-americano) que se caracteriza por uma ação governamental de inspiração neoliberal e ultraconservadora, por um patronato hostil, que visualiza o enfraquecimento ou mesmo a eliminação dos sindicatos. Os direitos são crescentemente reduzidos e a negociação cada vez mais fragmentada.

b) o modelo alemão, considerado dual porque baseado, por um lado, na contratação coletiva de trabalho relacionada com os respectivos ramos profissionais e, de outro, na conquista e exercício de direitos, limitados mas reais, na gestão das empresas. Este modelo, ainda segundo Freyssinet, supõe a presença tripartite: Estado, patronato e sindicatos que, apesar de suas diferenças e enfrentamentos, estão de acordo em manter estáveis as regras do jogo.

c) o modelo japonês, fundamentado no sindicalismo de empresa, *participacionista*, que adere à cultura e ao projeto das empresas, obtendo em troca certas garantias de estabilidade quanto a empregos e salários, bem como a consulta nos assuntos que dizem respeito à organização do trabalho.[4]

Se é verdade que, nos limites desta generalização, o modelo alemão é aquele menos desfavorável aos trabalhadores dos países centrais, merecendo por isso uma atração maior por parte deles, é nítido também que, no que diz respeito ao capital, as opções preferenciais variam entre o modelo inglês e o japonês (idem, p. 13-14). Cremos, entretanto, que com a crise do *Welfare State* e a desmontagem das conquistas sociais da fase social-democrática, não é difícil perceber o impasse em que se encontra esta variante sindical. A *via participacionista*, que vincula e subordina a ação sindical aos condicionantes impostos pelas classes dominantes — à medida que se atém às reivindicações mais imediatas e dentro desse universo pactuado com o capital — tem obtido resultados extremamente débeis e mesmo negativos, quando se pensa no *conjunto da classe-que-vive-do-trabalho*.

É por esse motivo que começam a ganhar maior expressão movimentos sindicais alternativos, que questionam a ação eminentemente *defensiva*, praticada pelo sindicalismo tradicional, que se limita à ação dentro da Ordem. Só a título de exemplo, pode-se citar os *Cobas* (*Comitati di Base*), que começaram a despontar a partir de meados da década de 1980 na Itália, em setores vinculados ao ensino público, aos controladores de voo, aos ferroviários e mesmo em alguns núcleos do operariado industrial, e que têm questionado fortemente os acordos realizados pelas centrais sindicais tradicionais, especialmente a CGIL, de tendência ex-comunista, que em geral têm pautado sua ação dentro de uma política sindical moderada.[5]

4) Uma tendência crescente de *burocratização* e *institucionalização* das entidades sindicais, que se *distanciam dos movimentos sociais autônomos*, optando por uma alternativa de atuação cada vez mais integrada à *institucionalidade*, ganhando, com isso, "legitimidade" e estatuto de moderação, pelo distanciamento cada vez maior de ações anticapitalistas e a consequente perda de radicalidade social. Constituíram-se

e consolidaram-se enquanto *organismos defensivos* e, por isso, têm se mostrado incapacitados para desenvolver e desencadear uma ação *para além do capital* (Mészáros, 1993, p. 20-21 e 1987, p. 114 ss.).[6]

5) Junto ao culto do individualismo exacerbado e da resignação social, o capital amplia enormemente — por métodos mais ideológicos e manipulatórios do que *diretamente* repressivos, estes preservados somente para os momentos estritamente necessários — sua ação isoladora e coibidora dos movimentos de esquerda, especialmente aqueles que ensaiam práticas dotadas de dimensão anticapitalista. É lugar-comum, hoje, em qualquer parte da sociedade produtora de mercadorias, um clima de *adversidade* e *hostilidade* contra a esquerda, contra o sindicalismo combativo e os movimentos sociais de inspiração socialista.

Se essas são as tendências em curso, queremos concluir esta parte do nosso livro, sobre as dimensões atuais da crise sindical, indicando *alguns* dos enormes desafios que marcam *o conjunto do movimento sindical* em escala global, neste final do século XX, e que podemos resumir nos seguintes termos:

1) Os sindicatos serão capazes de romper com a enorme barreira social que separa os trabalhadores "estáveis", mais "integrados" ao processo produtivo e que se encontram em processo de redução, em relação àqueles trabalhadores em tempo parcial, precário, "terceirizados", subempregados da economia informal, em significativa expansão no processo produtivo contemporâneo? Serão capazes de *organizar sindicalmente os desorganizados* e com isso reverter as taxas de dessindicalização, presentes nas principais sociedades capitalistas?

2) Serão capazes de romper com o *novo corporativismo*, que defende exclusivamente suas respectivas categorias profissionais, abandonando ou diminuindo fortemente seus conteúdos mais acentuadamente classistas? Trata-se aqui, como indicamos anteriormente,

de um *corporativismo societal*, excludente, parcializador e que *preserva* e mesmo *intensifica* o caráter fragmentado e heterogêneo da classe trabalhadora. Serão capazes de repudiar enfaticamente as manifestações de seus setores mais atrasados — que por vezes se aproximam dos movimentos xenófobos, ultranacionalistas e racistas, responsáveis por ações contra os trabalhadores imigrantes, oriundos do Segundo e do Terceiro Mundo — e, ao contrário, tecer formas de ação solidárias e classistas, capazes de aglutinar esses contingentes de trabalhadores praticamente excluídos até mesmo da representação sindical?

3) Serão capazes de reverter a tendência, desenvolvida a partir do *toyotismo* e hoje avançando em escala global, que consiste em reduzir o sindicato ao âmbito exclusivamente fabril, ao chamado *sindicalismo de empresa, o sindicalismo de envolvimento*, mais vulnerável e subordinado ao comando patronal? Como já pudemos mostrar, o principal espaço de atuação das relações profissionais transferiu-se dos âmbitos nacionais para os ramos de atividades e destes para as empresas e locais de trabalho. Do mesmo modo, essa realocação do poder e das iniciativas para o universo das empresas deu-se em prejuízo dos sindicatos e dos órgãos públicos, conforme reconhece o próprio Relatório Anual da OCDE (op. cit., 1992). Serão capazes os sindicatos de barrar esta tendência do capital, em *reduzir o sindicalismo ao universo da empresa, microcósmico, que individualiza e personaliza a relação capital e trabalho*? Conseguirão (re)organizar comissões de fábricas, comitês de empresas, organizações autônomas nos locais de trabalho, capazes de obstar a tendência à cooptação dos trabalhadores?

4) Serão capazes de estruturar um *sindicalismo horizontalizado*, melhor preparado para incorporar o conjunto da *classe-que-vive-do-trabalho*, superando, desse modo, o *sindicalismo verticalizado* que predominou na era do fordismo e que vem se mostrando incapaz de aglutinar tanto os novos contingentes de assalariados quanto aqueles que se encontram *sem trabalho*?

5) Serão capazes de romper com a tendência crescente da excessiva *institucionalização e burocratização*, que tão fortemente tem marcado o movimento sindical em escala global e que o distancia das suas bases sociais, aumentando ainda mais o fosso entre as instituições sindicais e os movimentos sociais autônomos?

6) Serão capazes os sindicatos, respeitadas as suas especificidades, de avançar para além de uma ação acentuadamente *defensiva* e com isso *auxiliar* na busca de um projeto mais ambicioso, que caminhe na direção da emancipação dos trabalhadores? Que resgate ações no sentido de buscar o *controle social da produção*, em vez de perderem-se *exclusivamente* no campo de ações imediatas e fenomênicas, que não questionam sequer minimamente a ordem do capital e do sistema produtor de mercadorias?

A essas interrogações podemos acrescentar aquelas que são *específicas* do movimento sindical dos países industrializados e intermediários da América Latina, como Brasil, México, Argentina, Venezuela, Chile, bem como dos países asiáticos de industrialização recente como a Coreia, Hong Kong, Taiwan, Cingapura etc., entre tantos outros: serão capazes de obstar a generalização dessa *crise sindical* que já os atinge, em maior ou menor intensidade? O sindicalismo mais combativo, presente em vários desses países, será capaz de participar e auxiliar na elaboração de um *modelo econômico alternativo*, com claros traços anticapitalistas que, ao mesmo tempo, se fundamente em um avanço tecnológico com bases reais, nacionais, verdadeiras, e que não seja regido por uma lógica de um sistema produtor de mercadorias, destrutivo e excludente, responsável pelas explosivas taxas de desemprego estrutural que hoje estão presentes em escala global? São, como se pode ver, alguns desafios fundamentais, que por certo definirão o futuro dos sindicatos neste final do século XX.

Desse modo, expondo esses desafios que entendemos mais prementes para o movimento sindical, procuramos oferecer um quadro analítico da *crise dos sindicatos*, presente em escala mundial. Os caminhos a serem trilhados pelos sindicatos serão capazes, por certo, de evitar e impedir o seu desaparecimento, enquanto organismos representativos dos trabalhadores, ao menos num espaço de tempo ainda visível. Mas, se estas ações serão capazes de *obstar* estas tendências de enfraquecimento e desgaste crescentes dos organismos sindicais, esta já é uma pergunta para a qual as possíveis respostas ainda não estão claramente delineadas.

NOTAS

1. Além dessas questões, poderíamos acrescentar aquelas que remetem aos países subordinados: frente às mudanças no processo de trabalho em vários países avançados, que repercussões e consequências são percebidas em países como o Brasil? Que mediações analíticas são imprescindíveis, quando se pensa a realidade do mundo do trabalho nos países de capitalismo avançado e seus paralelos e desdobramentos em países como o Brasil? A particularidade da nossa classe trabalhadora aponta para caminhos confluentes ou distintos daqueles que estão sendo trilhados pelo mundo do trabalho dos países centrais? Seguiremos no fluxo ou no contrafluxo das tendências do capitalismo avançado? Estas questões que remetem ao caso brasileiro, procuramos respondê-las, em alguma medida, no ensaio "Mundo do Trabalho e Sindicatos na Era da Reestruturação Produtiva: Impasses e Desafios do Novo Sindicalismo Brasileiro", presente neste volume e no livro *O novo sindicalismo*. São Paulo: Scritta, 1991.

2. *Fonte*: Évolution du Taux de Syndicalisation. In: *Rapport Annuel*, OCDE, cap. 4, 1992, elaborado por Jelle Visser e revisado pelo secretariado da OCDE.

3. O artigo "Syndicalisme et Désyndicalisation", de J. Visser, in *Le Mouvement Social* n. 162, jan./mar. 1993, França, Éditions Ouvrières, volume com

o título *Syndicats D'Europe* (organizado por Jacques Froyssinet) traz uma análise detalhada da crise sindical dos países avançados, tematizando vários aspectos, como as mudanças no interior do movimento sindical, a expansão da força de trabalho feminina, a emergência de novos setores, como o de serviços, as especificidades nacionais que dificultam as generalizações, a perda de poder dos sindicatos, as suas opções entre atuar como movimentos sociais ou como organismos institucionalizados, além de explorar várias hipóteses acerca das causas da dessindicalização. É importante lembrar que, para Visser (1993, p. 27-28), *as taxas de sindicalização são um ponto de partida útil no estudo do sindicalismo, mas não podem ser tomadas como elementos indispensáveis, quando se trata de apreender o significado real da atuação sindical, marcado por muitas diferenças entre realidades aparentemente próximas.* Sobre a crise dos sindicatos pode-se consultar também o *dossiê* organizado pelo jornal *El Pais*, de 24 jan.1993, p. 1-8, que traz uma boa radiografia da crise sindical europeia. Ver também R. Freeman, "Pueden Sobrivivir los Sindicatos en la Era Postindustrial?", op. cit., particularmente sobre as tendências em curso no sindicalismo norte-americano, e J. Kelly, *Labour and the Unions*, Verso (Londres, Nova York, 1987), sobre as tendências do sindicalismo inglês. Ver também os artigos de Leôncio M. Rodrigues, 1993a, "a crise do sindicalismo no Primeiro Mundo", *Folha de S.Paulo*, 22 mar. 1993, p. 3 e 1993b, "A sindicalização da classe média", *Folha de S.Paulo*, 24 maio 93, p. 3.

4. Conforme Jacques Freyssinet, in "Syndicalismes en Europe", op. cit., 1993. Neste mesmo volume, Jelle Visser, discutindo os possíveis caminhos sindicais a partir da Unificação Europeia, oferece a seguinte conceituação: o "modelo sociocorporativista alemão, o liberal-voluntarista inglês e o paternalista-estatal francês" (Visser, 1993, p. 24).

5. Informações detalhadas e uma análise crítica sobre os Cobas podem ser encontradas em Bordogna, L. "'Arcipelago Cobas': Frammentazione della rappresentanza e conflitti di Lavoro". In: *Política in Italia*. Bologna: Ed. Mulino, 1988. p. 257-292.

6. João Bernardo levou ao limite esta crítica, mostrando, não sem boa dose de razão, que os sindicatos tornaram-se também grandes empresas capitalistas, atuando, enquanto tal, sob uma lógica que em nada difere das empresas privadas. Conforme J. Bernardo (*Capital, sindicatos, gestores*. São Paulo: Ed. Vértice, 1987).

IV

Qual crise da sociedade do trabalho?

O que tratamos anteriormente nos permite indicar algumas "teses", de modo a oferecer conclusões em relação aos temas que desenvolvemos ao longo deste livro.[1]

Primeira tese:

Ao contrário daqueles autores que defendem a perda da centralidade da categoria *trabalho* na sociedade contemporânea, as tendências em curso, quer em direção a uma maior intelectualização do trabalho fabril ou ao incremento do trabalho qualificado, quer em direção à desqualificação ou à sua subproletarização, não permitem concluir pela perda desta centralidade no universo de uma *sociedade produtora de mercadorias*. Ainda que presenciando uma redução quantitativa (com repercussões qualitativas) no mundo produtivo, o *trabalho abstrato* cumpre papel decisivo na criação de valores de troca. As mercadorias geradas no mundo do capital resultam da atividade (manual e/ou intelectual) que decorre do trabalho humano em interação com os meios de produção. A "diminuição do fator subjetivo do processo de trabalho em relação aos seus fatores objetivos" ou "o aumento crescente do capital constante em relação ao variável" reduz relativamente, mas não elimina, o papel do *trabalho coletivo* na produção de valores de troca (Marx, 1975, p. 723-724). Os produtos criados pela Toyota, Benetton ou

Volvo, por exemplo, não são outra coisa senão *mercadoria* que resultam da interação entre *trabalho vivo* e *trabalho morto*, capital variável e capital constante. Mesmo num processo produtivo, tecnologicamente avançado (onde se pudesse presenciar o predomínio de atividades mais intelectualizadas, mais qualificadas), ainda assim a criação de valores de troca seria resultado dessa *articulação* entre os trabalhos *vivo* e *morto*. Parece difícil imaginar diferentemente quando se considera o sistema produtor de mercadorias em escala global. A redução do tempo físico de trabalho no processo produtivo, bem como a redução do trabalho manual direto e a ampliação do trabalho mais intelectualizado *não negam a lei do valor*, quando se considera a *totalidade do trabalho, a capacidade de trabalho socialmente combinada, o trabalhador coletivo* como expressão de múltiplas *atividades combinadas*.

Quando se tematiza a crise da sociedade do trabalho, parece-nos decisivo recuperar a distinção marxiana feita entre trabalho *concreto* e *abstrato*: "Todo trabalho é, de um lado, dispêndio de força humana de trabalho, no sentido fisiológico, e, nessa qualidade de trabalho humano igual ou abstrato, cria o valor das mercadorias. Todo trabalho, por outro lado, é dispêndio de força humana de trabalho, sob forma especial, para um determinado fim, e, nessa qualidade de trabalho útil e concreto, produz valores-de-uso" (Marx, 1971, p. 54). De um lado, tem-se o caráter *útil* do trabalho, relação de intercâmbio entre os homens e a natureza, condição para a produção de *coisas socialmente úteis e necessárias*. É o momento em que se efetiva o *trabalho concreto*, o trabalho em sua dimensão qualitativa. Deixando de lado o caráter útil do trabalho, sua dimensão *concreta*, resta-lhe apenas ser dispêndio de força humana produtiva, física ou intelectual, socialmente determinada. Aqui aflora sua dimensão *abstrata*, onde "desvanecem-se... as diferentes formas de trabalho concreto" e onde "elas não mais se distinguem uma das outras, mas reduzem-se, todas, a uma única espécie de trabalho, o trabalho humano abstrato" (idem, p. 45).

Sabe-se que, no universo da sociabilidade produtora de mercadorias, cuja finalidade básica é a criação de valores de troca, o valor de uso das coisas é minimizado, reduzido e subsumido ao seu valor de troca. Mantém-se somente enquanto condição *necessária* para a integralização do processo de valorização do capital, do sistema produtor de mercadorias.[2] Do que resulta que a dimensão *concreta* do trabalho é também inteiramente subordinada à sua dimensão *abstrata*. Portanto, quando se fala da crise da sociedade do trabalho, é absolutamente necessário qualificar de que dimensão se está tratando: se é uma crise da sociedade do trabalho *abstrato* (como sugere Robert Kurz, 1992) ou se se trata da crise do trabalho também em sua dimensão *concreta*, enquanto elemento estruturante do intercâmbio social entre os homens e a natureza (como sugerem Offe, 1989; Gorz, 1982 e 1990 e Habermas, 1987, entre tantos outros).

No primeiro caso, da crise da sociedade do trabalho *abstrato*, há uma diferenciação que nos parece decisiva e que em geral tem sido negligenciada. *A questão essencial aqui é: a sociedade contemporânea é ou não predominantemente movida pela lógica do capital, pelo sistema produtor de mercadorias?* Se a resposta for afirmativa, a crise do trabalho *abstrato* somente poderá ser entendida, em termos marxianos, como a *redução* do trabalho vivo e a ampliação do trabalho morto. Neste ponto estamos de acordo com Kurz ao dizer que: "A *sociedade do trabalho* como conceito ontológico seria uma tautologia, pois, na história até agora transcorrida, a vida social, quaisquer que sejam suas formas modificadas, apenas podia ser uma vida que incluísse o trabalho. Somente as ideias ingênuas do paraíso e do conto do país das maravilhas fantasiavam uma sociedade sem trabalho" (Kurz, 1992, p. 26).

Nesta vertente, entretanto, é possível constatar pelo menos duas maneiras bastante distintas de compreensão da chamada *crise da sociedade do trabalho abstrato*: aquela que acha que o ser que trabalha não desempenha mais o papel estruturante na criação de valores de troca, na criação de mercadorias — com a qual já manifestamos nossa discordância — e aquela que critica a sociedade do trabalho abstrato pelo fato de que este assume a forma de trabalho *estranhado, fetichizado* e, portanto, *desrealizador* e *desefetivador* da atividade humana autônoma. Neste segundo sentido, que apreende a essencialidade do capitalismo, reconhece-se o papel central da classe trabalhadora na criação de valores de troca — naturalmente incorporando toda a discussão que fizemos na primeira parte deste livro —, mas o faz enfatizando que essa *forma de ser* do trabalho, sob o reino das mercadorias é, como Marx demonstrou desde os *Manuscritos de 1844*, essencialmente nefasta para o ser social que busca a *omnilateralidade* e que sob a forma do trabalho *estranhado* vivencia a *unilateralidade*. Nesta concepção recusa-se agudamente o *culto do trabalho assalariado*, tão fortemente idealizado por inúmeras vertentes do marxismo neste século XX. Mais *fetichizada* do que em épocas anteriores, a sociabilidade contemporânea, portanto, reafirma e intensifica a lógica destrutiva do sistema produtor de mercadorias e a consequente vigência do trabalho *estranhado*.

A outra variante crítica, que nega o caráter capitalista da sociedade contemporânea defende, em grande parte de seus formuladores, a recusa do papel central do trabalho, tanto na sua dimensão *abstrata*, que cria valores de troca — pois estes já não seriam mais decisivos hoje — quanto na negação do papel que o trabalho *concreto* tem na estruturação de um mundo emancipado e em uma vida cheia de sentido. Quer pela sua qualificação como sociedade de serviços, pós-industrial e pós-capitalista, quer pela vigência de uma lógica institucional tripartite, vivenciada pela ação pactuada entre o capital, os trabalhadores e o Estado, essa sociedade contemporânea, menos mercantil e mais contratualista, não mais seria regida centralmente pela lógica do capital, mas pela busca da alteridade dos sujeitos sociais, pela vigência de relações de civilidade fundadas na cidadania, pela expansão crescente de "zonas de não mercadorias", ou ainda pela disputa dos fundos públicos.[3]

Habermas faz a síntese mais articulada desta tese: "A utopia da sociedade do trabalho perdeu sua força persuasiva... Acima de tudo, a utopia perdeu seu ponto de referência na realidade: a força estruturadora e socializadora do trabalho abstrato. Claus Offe compilou convincentes 'indicações da força objetivamente decrescente de fatores como trabalho, produção e lucro na determinação da constituição e do desenvolvimento da sociedade em geral'". E, depois de referir-se favoravelmente à obra de Gorz, acrescenta: "Coração da utopia, a emancipação do trabalho heterônomo apresentou-se, porém, sob outra forma no projeto socioestatal. As condições da vida emancipada e digna do homem já não devem resultar diretamente de uma reviravolta nas condições de trabalho, isto é, de uma transformação do trabalho heterônomo em autoatividade" (Habermas, 1987, p. 106-107). Embora Habermas se refira à dimensão *abstrata* do trabalho, evidencia-se, nessa vertente interpretativa, que o trabalho não tem mais potencialidade estruturante nem no universo da sociedade contemporânea, como trabalho *abstrato*, nem como fundamento de uma "utopia da sociedade do trabalho", como trabalho *concreto*, pois "os acentos utópicos deslocaram-se do conceito de trabalho para o conceito de comunicação" (idem, p. 114).[4]

Cremos que sem a devida incorporação desta distinção entre trabalho *concreto* e *abstrato*, quando se diz *adeus ao trabalho*, comete-se um forte equívoco analítico, pois considera-se de maneira *una* um fenômeno que tem *dupla* dimensão. A lembrança de A. Heller é sugestiva, quando afirma que o trabalho tem que ser apreendido em seu duplo aspecto: como execução de um trabalho que é *parte da vida cotidiana* e como *atividade* de trabalho, como uma objetivação diretamente genérica. Marx, diz a autora, serve-se de dois termos distintos para melhor caracterizar esta dimensão dupla do trabalho: *work* e *labour*. O primeiro (*work*) realiza-se como expressão do trabalho *concreto*, que cria valores socialmente úteis. O segundo (*labour*) expressa a execução cotidiana do trabalho, convertendo-se em sinônimo de trabalho alienado (Heller, 1977, p. 119-127). O trabalho entendido enquanto *work* expressa então uma atividade genérico-social que transcende a vida cotidiana. É a dimensão voltada para a produção de valores de uso. É o momento da prevalência do trabalho *concreto*. Em contrapartida o *labour* exprime a realização da atividade cotidiana, que sob o capitalismo assume a forma de atividade *estranhada, fetichizada*. A desconsideração desta dupla dimensão presente no trabalho possibilita que a crise da sociedade do trabalho *abstrato* seja entendida equivocamente como a crise da sociedade do trabalho concreto.

A superação da sociedade do trabalho abstrato, nos termos que estamos aqui sugerindo, requer como condição o reconhecimento do papel central do trabalho assalariado, da *classe-que-vive-do-trabalho* como sujeito potencialmente capaz, objetiva e subjetivamente, de caminhar para além do capital.[5] *Portanto, trata-se de uma crise da sociedade do trabalho abstrato cuja superação tem na classe trabalhadora, mesmo fragmentada, heterogeneizada e complexificada, o seu polo central.* E há, como já indicamos anteriormente, outra consequência equívoca quando se desconsidera a dupla dimensão do ato laborativo: aquela que rechaça o papel do trabalho como *protoforma* da atividade humana emancipada. Nega-se o papel do trabalho *concreto* como momento *primeiro* de efetivação de uma individualidade omnilateral, condição sem a qual não se realiza a dimensão do *gênero-para-si*.

Aqui aflora uma questão instigante: a superação da sociedade do trabalho abstrato (para usarmos uma vez mais essa expressão) e o seu trânsito para uma sociedade emancipada, fundada no trabalho concreto, supõe a redução da jornada de trabalho e a ampliação do tempo livre, *ao mesmo tempo em que supõe também uma transformação radical do trabalho estranhado em um trabalho social que seja fonte e base para a emancipação humana, para uma consciência omnilateral*. Em outras palavras, a recusa radical do trabalho abstrato não deve levar à recusa da possibilidade de conceber o trabalho concreto como dimensão primária, originária, ponto de partida para a realização das necessidades humanas e sociais. É a não aceitação desta tese que leva tantos autores, Gorz à frente, a imaginar um trabalho *sempre heterônomo*, restando praticamente a luta pelo tempo liberado. Seria a realização, esta sim utópica e romântica, do *trabalho que avilta e do tempo (fora do trabalho) que libera*. Esta concepção acaba desconsiderando a dimensão totalizante e abrangente do capital, que engloba desde a esfera da produção até o consumo, desde o plano da materialidade ao mundo das idealidades.[6]

Entendemos que a ação efetivamente capaz de possibilitar o salto *para além do capital* será aquela que incorpore as reivindicações presentes na cotidianidade do mundo do trabalho, como a redução *radical* da jornada de trabalho e a busca do "tempo livre" sob o capitalismo, *desde que esta ação esteja indissoluvelmente articulada com o fim da sociedade do trabalho abstrato e a sua conversão em uma sociedade criadora de coisas verdadeiramente úteis*. Este seria o ponto de partida *para uma organização societária que caminhe para a realização do reino das necessidades (esfera onde o trabalho se insere) e deste para o reino da liberdade (esfera onde o trabalho deixa de ser determinado, como disse Marx, pela necessidade e pela utilidade exteriormente imposta),*[7] *condição para um projeto fundamentado na associação livre dos indivíduos tornados efetivamente sociais*, momento de identidade entre o indivíduo e o gênero humano.

É por isso que quando o movimento de classe dos trabalhadores se restringe e se atém *exclusivamente* à luta pela redução da jornada de trabalho, configura-se uma ação extremamente defensiva e insuficiente. Limitada a si mesma, esta ação situa-se no interior da sociedade produtora de mercadorias. É imprescindível articular estas ações mais imediatas com um projeto global e alternativo de organização societária, fundamentado numa lógica onde a produção de valores de troca não encontre *nenhuma* possibilidade de se constituir no elemento estruturante.

A saída possível é, portanto, a "adoção generalizada e a utilização criativa do *tempo disponível* como o princípio orientador da reprodução societária... Do ponto de vista do trabalho, é perfeitamente possível divisar o tempo disponível como a condição que preenche algumas funções positivas vitais na vida/atividade dos produtores associados (finalidades que só ele pode preencher), uma vez que a unidade perdida entre necessidade e produção é reconstituída em um nível qualitativo superior a quanto já tenha existido no relacionamento histórico entre o 'caracol e a sua concha'" (o trabalhador e os meios de produção) (Mészáros, 1989a, p. 38-39). O *tempo disponível*, do ponto de vista do trabalho voltado para a produção de coisas socialmente úteis e necessárias, propiciará a eliminação de todo o *trabalho excedente* acumulado pelo capital e voltado para a produção destrutiva de valores de troca. Desse modo, o *tempo disponível* controlado pelo trabalho e voltado para a produção de valores de uso — e tendo como consequência o resgate da dimensão *concreta* do trabalho e a dissolução da sua dimensão *abstrata* — poderá instaurar uma lógica societária radicalmente diferente da sociedade produtora de mercadorias. E será capaz de, uma vez mais, evidenciar o papel fundante do *trabalho criativo* — que suprime a distinção entre trabalho manual/trabalho intelectual que fundamenta a divisão social do trabalho sob o capital — e por isso capaz de se constituir em *protoforma* de uma atividade humana emancipada.

Segunda tese:

Enquanto criador de *valores de uso*, coisas úteis, forma de intercâmbio entre o ser social e a natureza, não parece plausível conceber-se, no universo da sociabilidade humana, a extinção do trabalho social. Se é possível visualizar a eliminação da sociedade do trabalho *abstrato* — ação esta naturalmente articulada com o fim da sociedade produtora de mercadorias —, é algo ontologicamente distinto supor ou conceber o fim do *trabalho* como atividade útil, como atividade vital, como elemento fundante, *protoforma* de uma atividade humana. Em outras palavras: uma coisa é conceber, *com a eliminação do capitalismo*, também o fim do *trabalho abstrato*, do trabalho *estranhado*; outra, muito distinta, é conceber a eliminação, no universo da sociabilidade humana, do *trabalho concreto*, que cria coisas socialmente úteis, e que, ao fazê-lo, (auto)transforma o seu próprio criador. Uma vez que se conceba o trabalho desprovido dessa sua *dupla* dimensão, resta identificá-lo como sinônimo de *trabalho abstrato, trabalho estranhado* e *fetichizado*.[8] A consequência que disto decorre é, então, na melhor das hipóteses, imaginar uma sociedade do *tempo livre*, com algum sentido, mas que conviva com as formas existentes de trabalho *estranhado* e *fetichizado*.

Esta *segunda tese* — um desdobramento da anterior — é, portanto, decorrência da desconsideração acerca do duplo caráter do trabalho, presente em muitos dos críticos da chamada sociedade do trabalho. Isso porque "o trabalho, como criador de valores de uso, como trabalho útil, é indispensável à existência do homem — quaisquer que sejam as formas de sociedade —, é necessidade natural e eterna de efetivar o intercâmbio material entre o homem e a natureza, e, portanto, de manter a vida humana" (Marx, 1971, p. 50).[9] Nesta dimensão genérica, o trabalho tem um significado essencial no universo da sociabilidade humana. Não é outro o sentido dado por Lukács (1981, p. 14): "Somente o trabalho tem em sua essência ontológica um declarado caráter intermediário: é em sua essência uma inter-relação entre o homem (sociedade) e natureza, seja inorgânica [...] ou orgânica, inter-relação que [...] antes de tudo distingue a passagem, no homem que trabalha, do ser meramente biológico àquele tornado social".

O trabalho é, por isso, considerado como "modelo", "fenômeno originário", *protoforma* do ser social (idem, p. 14). O simples fato de que no trabalho se realiza uma posição teleológica, o configura como uma experiência elementar da vida cotidiana, tornando-se desse modo um componente inseparável dos seres sociais. O que permite a Lukács afirmar que *a gênese do ser social, sua separação frente à sua própria base originária e também o seu vir-a-ser, estão fundadas no trabalho, isto é, na contínua realização de posições teleológicas* (idem, p. 19 e 24).

Neste plano genérico, entendido enquanto *work*, como criador de coisas úteis, como autoatividade humana, o trabalho tem um estatuto ontológico central na *práxis social*: "Com justa razão se pode designar o homem que trabalha... como um ser que dá respostas. Com efeito, é inegável que toda atividade laborativa surge como solução de resposta ao carecimento que a provoca. [...] O homem torna-se um ser que dá respostas precisamente à medida que [...] ele generaliza, transformando em perguntas seus próprios carecimentos e suas possibilidades de satisfazê-los; e quando, em sua resposta ao carecimento que a provoca, funda e enriquece a própria atividade com tais mediações, frequentemente bastante articuladas. De modo que não apenas a resposta, mas também a pergunta é um produto imediato da consciência que guia a atividade; todavia, isso não anula o fato de que o ato de responder é o elemento ontologicamente primário nesse complexo dinâmico. Tão somente o carecimento material, enquanto motor do processo de reprodução individual ou social, põe efetivamente em movimento o complexo do trabalho... Só quando o trabalho for efetiva e completamente dominado pela humanidade e, portanto, só quando ele tiver em si a possibilidade de ser 'não apenas meio de vida', mas 'o primeiro carecimento da vida', só quando a humanidade tiver superado qualquer caráter coercitivo em sua própria autoprodução, só então terá sido aberto o caminho social da atividade humana como fim autônomo" (Lukács, 1978, p. 5 e 16).

Aqui transparece uma vez mais a fragilidade maior dos críticos da sociedade do trabalho: a desconsideração da dimensão essencial do trabalho concreto como fundamento (na medida em que se insere na esfera das necessidades) capaz de possibilitar a base material sobre a qual as demais esferas da atividade humana podem se desenvolver. Em verdade, essa concepção fundamenta-se no reconhecimento e na aceitação de que o trabalho, regido pela lógica do capital e das mercadorias, é inevitável ou até mesmo inelimináivel, do que resulta que o trabalho humano não pode converter-se numa verdadeira autoatividade.

É importante reafirmar que o trabalho, entendido como *protoforma* da atividade humana, não poderá jamais ser confundido como o *momento único ou totalizante*; ao contrário, o que aqui estamos procurando reter é que a esfera do trabalho concreto é *ponto de partida* sob o qual se poderá instaurar uma nova sociedade. O momento da omnilateralidade humana (que tem como formas mais elevadas a arte, a ética, a filosofia, a ciência etc.) transcende evidentemente em muito a esfera do trabalho (a realização das necessidades), mas deve encontrar neste plano a sua base de sustentação.

Nesse sentido, a automação, a robótica, a microeletrônica, enfim, a chamada revolução tecnológica tem um evidente significado emancipador, *desde que não seja regida pela lógica destrutiva do sistema produtor de mercadorias, mas sim pela sociedade do tempo disponível e da produção de bens socialmente úteis e necessários*. Na síntese oferecida por Mandel (1986, p. 17-18): "Marx opõe o potencial emancipador da automação e da robótica, sua capacidade de aumentar grandemente o tempo livre para o ser humano, que se refere ao tempo para o florescimento da personalidade humana em sua totalidade, frente às suas tendências opressivas sob o capitalismo". E acrescenta: "Numa sociedade de classes, a apropriação do sobreproduto social por uma minoria significa a *possibilidade de ampliar o tempo livre somente para esta minoria* e, consequentemente, a reprodução sempre mais ampliada da sociedade entre aqueles que administram e acumulam conhecimentos e aqueles que produzem sem ter acesso aos conhecimentos, ou com um acesso muito limitado aos mesmos. Numa sociedade sem classes, a apropriação e o controle do sobreproduto social pelos produtores associados significará, ao contrário, uma redução radical do tempo de trabalho (do trabalho necessário) *para todos*, um aumento radical do tempo livre *para todos* e, portanto, a desaparição da divisão social do trabalho entre administradores e produtores, entre aqueles e aquelas que têm acesso a todos os conhecimentos e aqueles e aquelas que estão separados da maior parte do saber".

Os críticos da sociedade do trabalho, com honrosas exceções, "constatam empiricamente" a perda de relevância do trabalho *abstrato* na sociedade moderna, convertida em sociedade "pós-industrial" e de "serviços" e, consequentemente, deduzem e generalizam, a partir daquela constatação, o "fim da utopia da sociedade do trabalho" em seu sentido amplo e genérico.[10] Procuramos aqui indicar, no contraponto que estamos sugerindo, que estas formulações padecem de enormes limitações (que resultam em grande medida do abandono de categorias analíticas de origem marxiana), de que é o maior exemplo a desconsideração da dupla dimensão presente no trabalho (enquanto *work* e *labour*, enquanto trabalho *concreto* e trabalho *abstrato*). Quando a defesa da sociedade do mercado e do capital não é claramente explicitada nestas formulações, resta a proposição utópica e romântica do *tempo livre* no interior de uma sociedade fetichizada, como se fosse possível vivenciar uma *vida absolutamente sem sentido* no trabalho e *cheia de sentido fora dele*. Ou, repetindo o que dissemos anteriormente, tentando compatibilizar *trabalho aviltado* com *tempo liberado*.[11]

Terceira tese:

Embora *heterogeneizado, complexificado e fragmentado*, as possibilidades de uma efetiva emancipação humana ainda podem encontrar concretude e viabilidade social a partir das revoltas e rebeliões que se originam *centralmente* no mundo do trabalho; um processo de emancipação simultaneamente *do* trabalho e *pelo* trabalho. Esta não *exclui* nem *suprime* outras formas de rebeldia e contestação. Mas, vivendo numa sociedade que produz mercadorias, valores de troca, as revoltas do trabalho têm estatuto de centralidade. Todo o amplo leque de assalariados que compreendem o setor de serviços, os trabalhadores "terceirizados", os trabalhadores do mercado informal, os "trabalhadores domésticos", os desempregados, os subempregados etc., que padecem enormemente da desmontagem social operada pelo capitalismo em sua lógica destrutiva, podem (e devem) somar-se aos trabalhadores diretamente produtivos e por isso, atuando enquanto *classe*, constituem-se no segmento social dotado de maior potencialidade *anticapitalista*.

Em síntese, a luta da *classe-que-vive-do-trabalho* é central quando se trata de transformações que caminham em sentido contrário à lógica da acumulação de capital e do sistema produtor de mercadorias. Outras modalidades de luta social (como a ecológica, a feminista, a dos negros, dos homossexuais, dos jovens etc.) são, como o mundo contemporâneo tem mostrado em abundância, de grande significado, na busca de uma individualidade e de uma sociabilidade dotada de sentido. Mas, quando o *eixo* é a *resistência e o confronto à lógica do capital* e à *sociedade produtora de mercadorias*, o centro desta ação encontra maior *radicalidade* quando se desenvolve e se amplia no interior das classes trabalhadoras, ainda que reconhecendo que esta empreitada é muito mais complexa e difícil que no passado, quando a sua fragmentação e heterogeneidade não tinham a intensidade encontrada no período recente.

O elemento central que sustenta nossa formulação é, portanto, a reafirmação da vigência do sistema produtor de mercadorias em escala global: por isso, como diz Mészáros (1987, p. 51-52), a "compreensão do desenvolvimento e da autorreprodução do modo de produção capitalista é completamente impossível sem o conceito de capital social *total*, que por si só é capaz de explicar muitos mistérios da 'commodity society' — desde a 'taxa média de lucro' até as leis que governam a expansão e concentração do capital. Do mesmo modo, é completamente impossível compreender os múltiplos e agudos problemas do trabalho, tanto nacionalmente diferenciado como socialmente estratificado, sem que se tenha presente o necessário quadro analítico apropriado: a saber, o irreconciliável antagonismo entre o capital social *total* e a *totalidade* do trabalho.

Este antagonismo fundamental, desnecessário dizer, é inevitavelmente modificado em função de:

a) circunstâncias socioeconômicas locais;

b) posição relativa de cada país na estrutura global da produção de capital;

c) maturidade relativa do desenvolvimento sócio-histórico global".[12]

Portanto, ainda que resultando de uma atividade laborativa heterogênea, socialmente combinada e globalmente articulada, a *totalidade do trabalho* cumpre papel central no processo de criação de valores de troca. Se a este elemento central adicionarmos outros polos de contradição decorrentes do próprio processo de produção do capital — como os enormes contingentes de desempregados, que resultam das explosivas taxas de desemprego estrutural vigentes em escala global — encontraremos neste universo, *dado pelo conjunto dos seres sociais que dependem da venda da sua força de trabalho*, grande parte das possibilidades de ação *para além do capital*. Por isso, não concordamos com as teses que propugnam o desaparecimento das ações de classe, bem como a perda da sua potencialidade anticapitalista. A revolução de nossos dias é, desse modo, uma revolução *no* e *do* trabalho. É uma revolução *no* trabalho na medida em que deve necessariamente *abolir* o trabalho abstrato, o trabalho assalariado, a condição de sujeito-mercadoria, e instaurar uma sociedade fundada na autoatividade humana, no trabalho concreto que gera coisas socialmente úteis, no trabalho social emancipado. Mas é também uma revolução *do* trabalho, uma vez que encontra no amplo leque de indivíduos (homens e mulheres) que compreendem a classe trabalhadora, o *sujeito coletivo* capaz de impulsionar ações dotadas de um sentido emancipador.

Quarta tese:

Essa heterogeneização, complexificação e fragmentação da *classe-que-vive-do-trabalho* não caminha no sentido da sua extinção; ao contrário de um *adeus ao trabalho ou à classe trabalhadora*, a discussão que nos parece pertinente é aquela que reconhece, de um lado, a *possibilidade* da emancipação *do* e *pelo* trabalho, como um *ponto de partida* decisivo para a busca da omnilateralidade humana. De outro lado, coloca-se um desafio enorme, dado pela existência de um ser social complexificado, que abarca desde os setores dotados de maior qualificação, representados por aqueles que se beneficiaram com o avanço tecnológico e que vivenciaram uma maior intelectualização do seu trabalho, até aqueles que fazem parte do trabalho precário, parcial, "terceirizado", participantes da "economia informal", da *subclasse* dos trabalhadores. Não cremos que esta heterogeneidade *impossibilite* uma atuação conjunta destes segmentos sociais enquanto *classe*, ainda que a aproximação, articulação e unificação destes estratos que compõem a classe trabalhadora sejam, não é demais repetir, um desafio de muito maior envergadura do que aquele imaginado pela esquerda socialista.[13]

Do enunciado acima decorre outra questão instigante e de enorme importância: nos embates desencadeados pelos trabalhadores e aqueles socialmente excluídos, que o mundo tem presenciado e que são dotados de alguma dimensão anticapitalista, é possível detectar maior *potencialidade* e mesmo *centralidade* nos estratos mais qualificados da classe trabalhadora, naqueles que vivenciam uma situação mais "estável" e consequentemente maior participação no processo de criação de valor? Ou, pelo contrário, o polo mais fértil da ação anticapitalista encontra-se exatamente naqueles segmentos sociais mais excluídos, nos estratos mais subproletarizados?

Não cremos que esta questão possa ser hoje plenamente respondida. As metamorfoses foram (e estão sendo) de tal intensidade que qualquer resposta seria prematura. O que nos parece mais evidente é enfatizar, desde logo, a necessidade imperiosa de que esses segmentos que compõem a heterogênea classe trabalhadora aceitem o desafio de buscar os mecanismos necessários, capazes de possibilitar a confluência e aglutinação *de classe*, contra todas as tendências à individualização das relações de trabalho, à exacerbação do neocorporativismo, ao acirramento das contradições no interior do mundo do trabalho etc.

É possível, entretanto, fazer uma segunda consideração sobre essa questão: aqueles segmentos mais qualificados, mais intelectualizados, que se desenvolveram junto com o avanço tecnológico, pelo papel central que exercem no processo de criação de valores de troca, poderiam estar dotados, ao menos objetivamente, de maior potencialidade anticapitalista.[14] Mas, contraditoriamente, esses setores mais qualificados são exatamente aqueles que têm vivenciado, subjetivamente, maior envolvimento "integracionista" por parte do capital, da qual a tentativa de manipulação elaborada pelo *toyotismo* é a melhor expressão, ou têm sido responsáveis, muitas vezes, por ações que se pautam por concepções de inspiração *neocorporativa*.

Em contrapartida, o enorme leque de trabalhadores precários, parciais, temporários etc., que denominamos *subproletariado*, juntamente com o enorme contingente de desempregados, pelo seu maior distanciamento (ou mesmo exclusão) do processo de criação de valores teria, no plano da materialidade, um papel de menor relevo nas lutas anticapitalistas. Porém, sua condição de despossuído e excluído o coloca potencialmente como um sujeito social capaz de assumir ações mais ousadas, *uma vez que estes segmentos sociais não têm mais nada a perder* no universo da sociabilidade do capital. Sua subjetividade poderia ser, portanto, mais propensa à rebeldia. As recentes greves e as explosões sociais, presenciadas pelos países capitalistas avançados, mesclam elementos desses dois polos da "sociedade dual". Por isso entendemos que a superação do capital somente poderá resultar de uma empreitada que *aglutine* e *articule* o *conjunto* dos segmentos que compreendem a *classe-que-vive-do-trabalho*.

O não reconhecimento desse ponto constitui, em nosso entendimento, outro equívoco de Gorz. Sua ênfase em ver no universo da *não classe dos não trabalhadores* o polo potencialmente capaz de transformar a sociedade tem, por um lado, o mérito de localizar nesse segmento social potencialidades anticapitalistas. Mas tem como contraponto negativo o fato de conceber os trabalhadores produtivos como quase irreversivelmente *integrados* à ordem do capital, perdendo a possibilidade de vê-los enquanto sujeitos capazes de lutar por uma vida emancipada. Esta caracterização padece também do equívoco conceitual de denominar como *não classe dos não trabalhadores* um segmento importante e crescente da *classe trabalhadora*.[15] Pelo que desenvolvemos anteriormente, a *heterogeneidade, fragmentação e complexificação* efetivam-se no interior do mundo do trabalho, nele incluído desde os trabalhadores produtivos, "estáveis", até o conjunto dos trabalhadores precários, daqueles que vivenciam o desemprego estrutural etc. É este conjunto de segmentos, que dependem da venda da sua força de trabalho, que configura a *totalidade do trabalho social*, a classe trabalhadora e o mundo do trabalho.

Quinta tese:

O capitalismo, em qualquer das suas variantes contemporâneas, da experiência sueca à japonesa, da alemã à norte-americana, como pudemos indicar anteriormente, não foi capaz de eliminar as múltiplas formas e manifestações do *estranhamento*, mas, em muitos casos, deu-se inclusive um processo de intensificação e maior interiorização, na medida em que se *minimizou* a dimensão mais explicitamente despótica, intrínseca ao fordismo, em benefício do "envolvimento manipulatório" da era do toyotismo ou do modelo japonês. Se o *estranhamento* é entendido como a existência de barreiras sociais que se opõem ao desenvolvimento da individualidade em direção à omnilateralidade humana, o capitalismo dos nossos dias, ao mesmo tempo em que, com o avanço tecnológico, potencializou as capacidades humanas, fez emergir crescentemente o fenômeno social do *estranhamento*, na medida em que esse desenvolvimento das capacidades humanas não produz necessariamente o desenvolvimento de uma individualidade cheia de sentido, mas, ao contrário, "pode desfigurar, aviltar etc., a personalidade humana"... Isto porque, ao mesmo tempo em que o desenvolvimento tecnológico pode provocar "diretamente um crescimento da capacidade humana", pode também "neste processo sacrificar os indivíduos (e até mesmo classes inteiras)" (Lukács, 1981, p. 562).

A presença do "Terceiro Mundo" no coração do "Primeiro Mundo", através da brutal exclusão social, das explosivas taxas de desemprego estrutural, da eliminação de inúmeras profissões no interior do mundo do trabalho em decorrência do incremento tecnológico voltado *exclusivamente para a criação de valores de troca*, são apenas alguns dos exemplos mais gritantes e diretos das barreiras sociais que obstam, sob o capitalismo, a busca de uma vida cheia de sentido e dotada de dimensão emancipada para o ser social que trabalha. Evidencia-se, portanto, que o *estranhamento* é um fenômeno exclusivamente *histórico-social*, que em cada momento da história se apresenta de formas sempre diversas, e que por isso não pode ser jamais considerada como uma *condition humaine*, como um traço natural do ser social (Lukács, 1981, p. 559). Nas palavras do filósofo húngaro (idem, p. 585): "[...] não existe um estranhamento como categoria geral ou, tanto menos, supra-histórica, antropológica. O estranhamento tem sempre características histórico-sociais, em cada formação e em cada período aparece *ex novo*, posto em marcha pelas forças sociais realmente operantes".

No que diz respeito ao *estranhamento* no mundo da produção, ao estranhamento *econômico*, ao processo de fetichização do trabalho e da sua consciência, mantém-se a enorme distância entre o produtor e o resultado do seu trabalho, o produto, que se lhe defronta como algo estranho, alheio, como coisa. Esse *estranhamento* permanece também no próprio processo laborativo, em maior ou menor intensidade. A *desidentidade* entre o *indivíduo* que trabalha e a sua dimensão de *gênero humano* também não foi eliminada. Mais do que isso, as diversas manifestações de *estranhamento* atingiram, além do espaço da produção, ainda mais intensamente a esfera do *consumo*, a esfera da vida *fora* do trabalho, fazendo do *tempo livre*, em boa medida, *um tempo também sujeito aos valores do sistema produtor de mercadorias. O ser social que trabalha deve somente ter o necessário para viver, mas deve ser constantemente induzido a querer viver para ter ou sonhar com novos produtos.*

Paralelamente a essa *indução* para o consumo, opera-se, em verdade, uma enorme *redução* das necessidades, na medida em que a "forma de expressão mais significativa do empobrecimento das necessidades é sua *redução* e *homogeneização*. Ambas caracterizam tanto as classes dominantes como a classe trabalhadora, porém *de modo desigual...* Para as classes dominantes esse ter é *possessão* efetiva... A necessidade de *ter* do trabalhador, pelo contrário, diz respeito à sua mera sobrevivência: vive para manter-se... O trabalhador deve privar-se de toda necessidade para poder satisfazer uma só, manter-se vivo" (Heller, 1978, p. 64-65).

De modo que, ao contrário daqueles que defendem a perda de sentido e de significado do fenômeno social do *estranhamento*, quando se pensa na subjetividade da *classe-que-vive-do-trabalho* na sociedade contemporânea, cremos, como esperamos ter indicado anteriormente, que as mudanças em curso no processo de trabalho, apesar de algumas alterações *epidérmicas*, não eliminaram os condicionantes básicos desse fenômeno social, o que faz com que as ações desencadeadas no mundo do trabalho, contra as diversas manifestações do *estranhamento*, tenham ainda enorme relevância no universo da sociabilidade contemporânea.

Portanto, para concluir este texto, é necessário assinalar que, ao contrário das formulações que preconizam o fim das lutas sociais entre as classes, é possível reconhecer a persistência dos antagonismos entre o *capital social total* e a *totalidade do trabalho*, ainda que particularizados pelos inúmeros elementos que caracterizam a região, país, economia, sociedade, cultura, gênero, sua inserção na estrutura produtiva global etc. Dado o caráter mundializado e globalizado do capital, torna-se necessário apreender também as particularidades e singularidades presentes nos confrontos entre as classes sociais, tanto nos países avançados quanto naqueles que não estão diretamente no centro do sistema — do qual faz parte uma gama significativa de países intermediários e industrializados, como o Brasil. Isso se configura como um projeto de pesquisa de longa duração, da qual este ensaio, onde procuramos apreender algumas tendências e metamorfoses em curso no mundo do trabalho, é um primeiro resultado.

NOTAS

1. Como este livro é resultado de uma pesquisa em andamento, torna-se evidente que, apesar do caráter predominantemente afirmativo destas "teses", elas estão sujeitas a revisões e reelaborações.

2. Foi explorando esta tendência que István Mészáros desenvolveu a tese acerca da *taxa de uso decrescente* no capitalismo: "O capital não trata *valor-de-uso* (que corresponde diretamente à necessidade) e *valor-de-troca* meramente como dimensões separadas, mas de uma maneira que subordina radicalmente o primeiro ao último. Devidamente situado no tempo e no espaço, isto representa uma inovação radical, que abre horizontes anteriormente inimagináveis para o desenvolvimento econômico. Uma inovação baseada na constatação prática de que qualquer mercadoria pode estar constantemente em uso, num extremo da escala, ou ainda nunca ser usada, no outro extremo das possíveis taxas de uso, sem perder por isso sua utilidade no que tange às exigências expansionistas do modo de produção capitalista" (Mészáros, 1989a, p. 22-23).

3. Pelo que formulamos anteriormente, também não podemos concordar com um autor sempre criativo e instigante como Francisco de Oliveira, quando afirma — apesar das inúmeras diferenças com autores acima citados, das quais o reconhecimento da vigência das lutas de classes por certo não é secundário — que o padrão de financiamentos públicos do *Welfare State* "operou uma verdadeira 'revolução copernicana' nos fundamentos da categoria do valor como nervo central tanto da reprodução do capital quanto da força de trabalho. No fundo, levado às últimas consequências, o padrão de financiamento público 'implodiu' o valor como único pressuposto da reprodução ampliada do capital, desfazendo-o parcialmente enquanto medida da atividade econômica e da sociabilidade em geral" (Oliveira, 1988, p. 13-14). O que aqui nos parece relevante é qual deles — o valor ou o fundo público — tem estatuto fundante na sociabilidade contemporânea, no processo de reprodução do capital. A crise do *Welfare State*, a avalanche neoliberal e a dimensão global e mundializada do capital parecem confirmar a prevalência do valor como o elemento estruturante da sociabilidade produtora de mercadorias e o fundo público como sendo o seu regulador/contraponto *e não o seu substituto*, o que faz uma enorme diferença. Essa

formulação de Francisco de Oliveira, feita de maneira embrionária, avançou, em texto posterior, para a "elaboração teórico-conceitual" de "um modo social-democrata de produção" que articula valor e antivalor (Oliveira, 1993, p. 136-143).

4. De maneira mais empírica, mas em consonância com o essencial desta tese, diz A. Touraine (1989, p. 10-11): "Os problemas do trabalho não desaparecem, mas são englobados num conjunto mais amplo. Enquanto tais, eles deixaram de representar um papel central. É inútil procurar indícios de uma renovação revolucionária propriamente operária. Nos lugares onde aparentemente é o mais combativo, como na Itália e na França, o movimento operário, através dos conflitos e das crises que podem ser violentas, obtém pouco a pouco uma ampliação dos direitos e da capacidade de negociação, portanto, uma certa institucionalização dos conflitos do trabalho... Este deixa de ser um personagem central da história social à medida que nos aproximamos da sociedade pós-industrial". E Gorz (1990, p. 42), sintonizado com Touraine, acrescenta que outros antagonismos sociais vieram a sobrepor-se àquele desencadeado pelo capital e trabalho, que acabou sendo relativizado e mesmo superado pelo "conflito básico" entre a "megamáquina burocrático-industrial" e a população.

5. Este nos parece um dos equívocos de que padece o instigante livro de R. Kurz, que reconhece a sociedade como produtora de mercadorias, mas que acaba acreditando na tese da extinção da classe trabalhadora como agente capaz de impulsionar essas transformações. Ver, a respeito, nosso texto "A Crise Vista em sua Globalidade", neste volume, onde discutimos mais detalhadamente as principais teses presentes naquele livro.

6. Tratando do trabalho intelectual e artístico sob o capitalismo, Berman, talvez de maneira muito direta e suprimindo várias *mediações*, mas por certo retendo o essencial, assim descreve os condicionantes presentes naquelas modalidades de trabalho: estes intelectuais "só escreverão livros, pintarão quadros, descobrirão leis físicas ou históricas, salvarão vidas, se alguém munido de capital estiver disposto a remunerá-los. Mas as pressões da sociedade burguesa são tão fortes que ninguém os remunerará sem o correspondente retorno — isto é, sem que o seu trabalho não colabore, de algum modo, para 'incrementar o capital'. Eles precisam 'vender peça por peça' a um empregador desejoso de lhes explorar os cérebros com vistas à obten-

ção de lucro. Eles precisam esquematizar-se e apressar-se sob uma luz favoravelmente lucrativa; precisam competir (não raro de forma brutal e sem escrúpulos) pelo privilégio de serem comprados, apenas para poder prosseguir em seu trabalho. Assim que o trabalho é executado, eles se veem, tal como qualquer outro trabalhador, separados do produto do seu esforço. Seus bens e serviços são postos à venda e são 'as vicissitudes da competição e as flutuações de mercado', mais do que qualquer intrínseca verdade, beleza ou valor... que determina seu destino" (Berman, 1987, p. 113-114).

7. Marx (1971, p. 942).

8. Dessa limitação analítica não escapa André Gorz: "No sentido em que entendemos atualmente, o *trabalho* nem sempre existiu: apareceu com os capitalistas e os proletários". Desse entendimento decorre que "'Trabalho' (que como se sabe, vem de *tripalium*, aparelho dotado de três estacas cujo acionamento torturava o operador) — hoje em dia designa praticamente apenas uma atividade assalariada. Os termos 'trabalho' e 'emprego' tornaram-se equivalentes..." (Gorz, 1982, p. 9).

9. Esta concepção, essencial para Marx, reaparece quase literalmente no capítulo V de *O capital*, onde discute o processo de trabalho. O que nos faz discordar de Agnes Heller, em texto do início dos anos 1980, já marcado por uma nítida ruptura com o Lukács da maturidade, e também operando uma *releitura* de elementos fundamentais da formulação marxiana, ao atribuir à formulação de *O capital* e seus estudos preparatórios a prevalência de um "paradigma da produção" que se diferencia do "paradigma do trabalho", este presente nos *Manuscritos de 1844* (Heller, 1981, p. 103-105).

10. Embora próximo de Habermas e Gorz, naquilo que diz respeito à perda da centralidade do mundo do trabalho na sociedade contemporânea, Robert Kurz tem frente a eles uma significativa diferença, à medida que enfatiza, como mostramos anteriormente, o fim da sociedade do trabalho *abstrato* (Kurz, 1992). Para Offe "[...] pode-se falar de uma crise da sociedade do trabalho à medida que se acumulam indícios de que o trabalho remunerado formal perdeu sua qualidade subjetiva de centro organizador das atividades humanas, da autoestima e das referências sociais, assim como das orientações morais. [...] a qualidade do trabalhador torna-se imprópria para a fundamentação da identidade — e assim também para o enquadramento sociológico uniforme dos interesses e da consciência — daqueles

que *são* trabalhadores" (Offe, 1989, p. 7-8). Neste caso, o universo conceitual é muito diferente daquele utilizado por Robert Kurz.

11. Ou, de acordo com uma fórmula *híbrida*, no limite também subordinada à lógica dada pela racionalidade econômica do capital, onde o "socialismo deve ser concebido como uma ligação da racionalidade capitalista dentro de uma estrutura democraticamente planejada, que deve servir para alcançar certos objetivos democraticamente determinados..." (Gorz, 1990, p. 46).

12. Essa intensificação das contradições sociais é apontada também por Octavio Ianni, quando afirma "... que sob o capitalismo global as contradições sociais globalizam-se, isto é, generalizam-se mais do que nunca. Desdobram-se seus componentes sociais, econômicos, políticos e culturais pelos quatro cantos do mundo. O que era desenvolvimento desigual e combinado no âmbito de cada sociedade nacional e no de cada sistema imperialista, sob o capitalismo mundial universaliza-se. As desigualdades, tensões e contradições generalizam-se em âmbito regional, nacional, continental e mundial, compreendendo classes sociais, grupos étnicos, minorias, culturas, religiões e outras expressões do caleidoscópio global. As mais diferentes manifestações de diversidade são transformadas em desigualdades, marcas, estigmas, formas de alienação, condições de protesto, base das lutas pela emancipação... Assim, a questão social, que alguns setores de países dominantes imaginavam superada, ressurge com outros dados, outras cores, novos significados" (Ianni, 1992, p. 143-144).

13. A esse respeito, ver as considerações de Mészáros acerca da fragmentação do trabalho em decorrência da divisão social do trabalho sob o capital, em "The division of labor and the post-capitalist State", particularmente o item "The division of labor" (Mészáros, 1987, p. 99-101).

14. Serge Mallet (1973, p. 29), há duas décadas, desenvolveu a tese de que, por encontrar-se no centro do complexo produtivo mais avançado, a *nova classe operária* seria levada a apreender antes que os segmentos tradicionais da classe trabalhadora, os polos de contradição do sistema.

15. Para André Gorz, a *não classe dos não trabalhadores* "é portadora do futuro: a abolição do trabalho não tem outro sujeito social possível que não essa não classe". Ou, conforme outra passagem: "O reino da liberdade não resultará jamais dos processos materiais: só pode ser instaurado pelo ato

fundador da liberdade que, reivindicando-se como subjetividade absoluta, toma a si mesma como fim supremo de cada indivíduo. Apenas a não classe dos não produtores é capaz desse ato fundador: pois apenas ela encarna, ao mesmo tempo, a superação do produtivismo, a recusa da ética da acumulação e a dissolução de todas as classes" (Gorz, 1982, p. 16 e 93). Para quem escreveu um capítulo sobre "o proletariado segundo São Marx", as citações que fizemos acima dão também uma amostra de que Gorz não se pautou, nem um pouco, pela ausência de enorme dose de religiosidade, ao caracterizar as possibilidades de ação da "não classe dos não trabalhadores".

Segunda Parte

1

A precarização estrutural do trabalho em escala global

Já se tornou lugar-comum dizer que a classe trabalhadora vem sofrendo profundas mutações, tanto nos países centrais como no Brasil. Sabemos que um amplo contingente da força humana disponível para o trabalho, em escala global, ou se encontra exercendo trabalhos parciais, precários, temporários, ou já vivenciava a barbárie do desemprego. Mais de um bilhão de homens e mulheres padecem as vicissitudes do trabalho precarizado, instável, temporário, terceirizado, quase virtual, e dentre eles centenas de milhões têm seu cotidiano moldado pelo desemprego estrutural. Se contabilizados ainda os dados da Índia e China, a conta se avoluma ainda mais.

Há, então, um movimento pendular que caracteriza a classe trabalhadora: por um lado, cada vez *menos* homens e mulheres *trabalham muito*, em ritmo e intensidade que se assemelham à fase pretérita do capitalismo, na gênese da Revolução Industrial, configurando uma redução do trabalho estável, herança da fase industrial que conformou o capitalismo do século XX. No entanto, como não podem eliminar *completamente* o trabalho vivo, os capitais conseguem reduzi-lo em várias áreas e ampliá-lo em outras, como se vê pela crescente apropriação da dimensão cognitiva do trabalho. Aqui encontramos, então, o traço de *perenidade* do trabalho (Antunes, 2005).

No outro lado do pêndulo, cada vez *mais* homens e mulheres trabalhadores encontram *menos trabalho*, esparramando-se pelo mundo em busca de qualquer labor, configurando uma crescente tendência de precarização do trabalho em escala global, que vai dos EUA ao Japão, da Alemanha ao México, da Inglaterra ao Brasil, sendo que a ampliação do desemprego estrutural é sua manifestação mais virulenta.

Contrariamente, entretanto, às teses que advogam o fim do trabalho, estamos desafiados a compreender o que venho denominando a *nova polissemia* do trabalho, sua *nova morfologia*, isto é, sua *forma de ser* (para pensarmos em termos ontológicos), cujo elemento mais visível é seu desenho multifacetado, resultado das fortes mutações que abalaram o mundo produtivo do capital nas últimas décadas. Nova morfologia que abrange o operariado industrial e rural clássicos, até os assalariados de serviços, os novos contingentes de homens e mulheres terceirizados, subcontratados, temporários, que se ampliam. Nova morfologia que pode presenciar, simultaneamente, a retração do operariado industrial de base tayloriano-fordista e, por outro lado, a ampliação, segundo a lógica da flexibilidade toyotizada, dos novos *modos de ser* do proletariado, das trabalhadoras de *telemarketing* e *call center*, dos *motoboys* que morrem nas ruas e avenidas — veja-se o recentíssimo e belo filme *Linha de passe*, de Walter Salles e Daniela Thomas —, dos digitalizadores que laboram (e se lesionam) nos bancos, dos assalariados do *fast-food*, dos trabalhadores dos hipermercados etc. Para não falar do trabalho escravo e semiescravo nos campos e no agronegócio...

Se nos países do Norte ainda podemos encontrar alguns poucos resquícios do *Welfare State*, do que um dia denominamos *estado de bem-estar social* — ainda que o padecimento do trabalho e o desemprego também sejam traços ascendentes —, nos países do Sul do mundo os trabalhadores e trabalhadoras oscilam, cada vez mais, entre a busca quase de qualquer trabalho ou o aceite de qualquer labor.

Na China, por exemplo, país que cresce em um ritmo estonteante, dadas as tantas peculiaridades de seu processo de industrialização hipertardia — que combina força de trabalho sobrante e hiperexplorada com maquinário industrial-informacional em lépido e explosivo desenvolvimento —, também lá o contingente proletário vem se precarizando intensamente, sofrendo forte redução, em decorrência das mutações em curso naquele país. Não é por outro motivo que o PC Chinês e seu governo estão assustados também com o salto dos protestos sociais, que decuplicaram nos últimos anos, chegando à casa das 80 mil manifestações em 2005. Processo parecido ocorre também na Índia e em tantas outras partes do mundo, como em nossa América Latina.

No Brasil o quadro é ainda muito grave. Durante nossa década de *desertificação neoliberal*, nos anos 1990, pudemos presenciar, simultaneamente, tanto a pragmática desenhada pelo Consenso de Washington (com suas desregulamentações nas mais distintas esferas do mundo do trabalho e da produção), quanto uma significativa reestruturação produtiva em praticamente todo universo industrial e de serviços, consequência da nova divisão internacional do trabalho que exigiu mutações tanto no plano da organização sociotécnica da produção quanto nos processos de reterritorialização e desterritorialização da produção, dentre tantas outras consequências.

Tudo isso verificou-se num período marcado pela mundialização e financeirização dos capitais, tornando obsoleto tratar de modo independente os três setores tradicionais da economia (indústria, agricultura e serviços), dada a enorme interpenetração entre essas atividades, de que são exemplos a *agroindústria*, a *indústria de serviços* e os *serviços industriais*, todos conectados e inter-relacionados pela lógica totalizante do capital global. Vale aqui o registro, até por suas consequências políticas, de que reconhecer a interdependência setorial é muito diferente de falar em *sociedade pós-industrial*, concepção carregada de significação política que procura deprimir e reduzir, quando não eliminar, o significado social e político transformador do trabalho e da classe trabalhadora.

A necessidade de elevação da produtividade dos capitais em nosso país deu-se, desde fundamentalmente o início dos anos 1990, através da reorganização sociotécnica da produção, da redução do número de trabalhadores, da intensificação da jornada de trabalho dos empregados, do surgimento dos CCQs (Círculos de Controle de Qualidade) e dos sistemas de produção *just-in-time* e *kanban*, dentre outros elementos da lógica simbiótica do toyotismo flexibilizado.

Nesse período, o fordismo aqui vigente sofreu os primeiros influxos do toyotismo e da reestruturação produtiva de amplitude global. E essa processualidade deslanchou através da implantação dos receituários oriundos da *acumulação flexível* e *do ideário japonês* e assemelhados, da intensificação da *lean production*, das formas de subcontratação e de terceirização da força de trabalho, da transferência de plantas e unidades produtivas, em que empresas tradicionais, como a indústria têxtil, de calçados, automotiva etc., sob imposição da concorrência internacional, passaram a buscar, além de isenções fiscais, níveis mais rebaixados de remuneração da força de trabalho, combinados com uma força de trabalho sobrante, *sem experiência sindical e política*, pouco ou nada taylorizada e fordizada e carente de qualquer trabalho.

Dentro dessa contextualidade, pode-se constatar uma nítida ampliação de modalidades de trabalho mais desregulamentadas, distantes e mesmo burladoras da legislação trabalhista, gerando uma massa de trabalhadores que passam da condição de assalariados com carteira para trabalhadores sem carteira assinada. Se até os anos 1980 era relativamente pequeno o número de empresas de terceirização, locadoras de força de trabalho de perfil temporário, nas décadas seguintes esse número aumentou significativamente, para atender à grande demanda por trabalhadores temporários, sem vínculo empregatício, sem registro formalizado.

Em outras palavras, em plena *era da informatização* do trabalho, do mundo *maquinal* e *digital*, estamos conhecendo a *época da informalização* do trabalho, dos terceirizados, precarizados, subcontratados, flexibilizados, trabalhadores em tempo parcial, do *ciberproletariado,* conforme a sugestiva indicação de Ursula Huws (2003). Não é por acaso que a *Manpower* é símbolo de emprego nos EUA. Podemos ainda recordar projetos-piloto como o denominado *Distrito C,* desenvolvidos pela *Telefônica*, na Espanha, concebidos pelo sistema de *competências e metas,* ou ainda a recente onda de suicídios no trabalho em plantas da *Renault* na França, atingindo até os estratos altos das gerências, o que talvez nos permitisse acrescentar que, quanto mais altas se encontram na hierarquia gerencial, maior poderá ser o impacto do tombo.

Se, no passado recente, só marginalmente nossa classe trabalhadora presenciava níveis de informalidade, desde a década de 1990 esses níveis se ampliaram muito, especialmente quando se concebe a informalidade em sentido amplo, isto é, desprovida de direitos e sem carteira de trabalho. Desemprego ampliado, precarização exacerbada, rebaixamento salarial acentuado, perda crescente de direitos, esse é o desenho mais frequente da nossa classe trabalhadora. Resultante do processo de *liofilização organizacional* (Castillo, 1996) que permeia o mundo empresarial, em que as substâncias vivas são eliminadas, como o *trabalho vivo,* sendo substituídas pelo maquinário tecnoinformacional presente no *trabalho morto*. E, nessa empresa liofilizada, é necessário um "novo tipo de trabalho", que os capitais denominam, de modo mistificado, de "colaborador".

Quais são os contornos desse "novo tipo de trabalho"? Ele deve ser mais "polivalente", "multifuncional", diferente do realizado pelo trabalhador que se desenvolveu na empresa taylorista e fordista. O trabalho que cada vez mais as empresas buscam não é mais aquele fundamentado na especialização *taylorista* e *fordista*, mas o que se gestou na fase da "desespecialização multifuncional", do "trabalho multifuncional", que em verdade expressa a enorme intensificação dos ritmos, tempos e processos de trabalho (Bernardo, 2004). E isso ocorre tanto no mundo industrial como nos serviços, para não falar do agronegócio.

Além de operar através de várias máquinas, no mundo do trabalho hoje presenciamos também a ampliação do que Marx chamou de trabalho *imaterial*, realizado nas esferas da comunicação, publicidade e *marketing,* próprias da sociedade do *logos*, da *marca,* do *simbólico,* do *involucral* e do *supérfluo*. É o que o discurso empresarial chama de "sociedade do conhecimento", presente no *design* da *Nike*, na concepção de um novo *software* da *Microsoft*, no modelo novo da *Benetton*, nos projetos da *Telefónica*, nos trabalhos nas chamadas *tecnologias de informação e comunicação*, que são resultado do labor (imaterial) articulado e inserido no trabalho material, expressando novas formas contemporâneas de criação do valor.

Os serviços públicos, como saúde, energia, educação, telecomunicações, previdência etc. também sofreram, como não poderia deixar de ser, um significativo processo de reestruturação, subordinando-se à máxima da *mercadorização,* que vem afetando fortemente os trabalhadores do setor estatal e público.

O resultado parece evidente: intensificam-se as formas de extração de trabalho, ampliam-se as terceirizações, as noções de tempo e de espaço também são metamorfoseadas e tudo isso muda muito o modo do capital produzir as mercadorias, sejam elas materiais ou imateriais, corpóreas ou simbólicas. Uma empresa concentrada pode ser substituída por várias pequenas unidades interligadas pela rede, com número muito mais reduzido de trabalhadores e produzindo muitas vezes mais. As repercussões no plano organizativo, valorativo, subjetivo e ideo-político são por demais evidentes.

O trabalho estável torna-se, então, informalizado e por vezes, dada a contingencialidade, quase virtual. Estamos vivenciando, portanto, a erosão do trabalho contratado e regulamentado, dominante no século XX, e assistindo a sua substituição pelas diversas formas de "empreendedorismo", "cooperativismo", "trabalho voluntário", "trabalho atípico" (Vasapollo, 2005; Vasapollo e Arriola Palomares, 2005).

O exemplo das cooperativas talvez seja ainda mais eloquente, uma vez que, em sua origem, elas nasceram como instrumentos de luta operária contra o desemprego e o despotismo do trabalho. Hoje, contrariamente, os capitais vêm criando falsas cooperativas, como forma de precarizar ainda mais os direitos do trabalho. As "cooperativas" patronais têm sentido contrário ao projeto original das cooperativas de trabalhadores, pois são verdadeiros empreendimentos para destruir direitos e aumentar ainda mais as condições de precarização da classe trabalhadora. São similares os casos do "empreendedorismo" e do "trabalho voluntário" (de fato obrigatório), que se configuram como formas ocultas e dissimuladas de trabalho, permitindo a proliferação, nesse cenário aberto pelo neoliberalismo e pela reestruturação produtiva, de distintas formas de precarização do trabalho, frequentemente sob o manto da "flexibilização", seja salarial, de horário, funcional ou organizativa.

Como desdobramento dessas tendências acima apontadas, vem se desenvolvendo uma crescente expansão do trabalho no chamado "terceiro setor", assumindo uma modalidade alternativa de ocupação, através de empresas de perfil mais comunitário, motivadas sobretudo por formas de trabalho voluntário, abarcando um amplo leque de atividades, com predominância das de caráter assistencial, sem fins diretamente mercantis ou lucrativos e que se desenvolvem relativamente à margem do mercado.

Ampliou-se, então, o desenho compósito, heterogêneo e multifacetado que caracteriza a classe trabalhadora brasileira. Além das clivagens entre os trabalhadores estáveis e precários, de gênero, dos cortes geracionais entre jovens e idosos, entre nacionais e imigrantes, brancos e negros, qualificados e desqualificados, empregados e desempregados, temos ainda as estratificações e fragmentações que se acentuam em função do processo crescente de internacionalização do capital.

E nesse quadro, caracterizado por um *processo de precarização estrutural do trabalho*, os capitais globais estão exigindo também o desmonte da legislação social protetora do trabalho. *E flexibilizar a legislação social do trabalho significa — não é possível ter nenhuma ilusão sobre isso — aumentar ainda mais os mecanismos de extração do sobretrabalho, ampliar as formas de precarização e destruição dos direitos sociais arduamente conquistados pela classe trabalhadora, desde o início da Revolução Industrial, na Inglaterra, e especialmente pós-1930, quando se toma o exemplo brasileiro.*

2

Tempo de trabalho e tempo livre:
por uma vida cheia de sentido *dentro* e *fora* do trabalho*

I — A redução da jornada diária (ou do *tempo* semanal) de trabalho tem sido uma das mais importantes reivindicações do mundo do trabalho, uma vez que se constitui num mecanismo de contraposição à extração do sobretrabalho, realizado pelo capital, desde sua gênese com a Revolução Industrial e contemporaneamente com a acumulação flexível da era do toyotismo e da máquina informacional. Desde o advento do capitalismo, a redução da jornada de trabalho mostra-se central na ação dos trabalhadores, *condição preliminar* para uma vida emancipada.

Nos dias atuais, essa formulação ganha ainda mais concretude, pois revela-se, *contingencialmente*, um mecanismo importante (ainda que, quando considerado isoladamente, bastante limitado) para

---

* Publicado originalmente na edição italiana do livro *Addio al Lavoro?*, BFS Edizioni, 2002.

tentar *minimizar* o desemprego estrutural que atinge um conjunto enorme de trabalhadores e trabalhadoras. No entanto, ela *transcende* em muito essa esfera da *imediaticidade*, uma vez que a discussão da redução da jornada de trabalho configura-se como *um ponto de partida decisivo, ancorado no universo da vida cotidiana,* para, por um lado, permitir uma reflexão fundamental sobre o *tempo,* o *tempo de trabalho,* o *autocontrole sobre o tempo de trabalho e o tempo de vida,*[1] e, por outro, para possibilitar o afloramento de uma vida *dotada de sentido fora do trabalho.*

Como escreveu Grazia Paoletti, na apresentação do *dossier* acima referido:

> A questão do tempo [...] implica uma possibilidade de domínio sobre a vida dos indivíduos e sobre a organização social, do tempo de trabalho e da produção capitalista ao tempo da vida urbana. [...] implica um conflito sobre o uso do tempo, tanto no sentido quantitativo, quanto qualitativo, bem como das diversas prioridades na concepção da organização social: é, no fundo, uma batalha de civilização. (Paoletti, 1998, p. 34; tradução nossa)

Através da luta pela redução da jornada (ou do tempo), pode-se *articular* efetivamente a ação tanto contra algumas das formas de opressão e exploração do trabalho como contra as formas contemporâneas do *estranhamento,* que se realizam fora do mundo produtivo, na esfera do consumo material e simbólico, no espaço reprodutivo *fora* do trabalho produtivo. Pode-se articular a ação contra o *controle opressivo no tempo de trabalho* e *contra o controle opressivo no tempo de vida.*

Convém, contudo, fazer um esclarecimento: a redução da *jornada* de trabalho não implica *necessariamente* a redução do *tempo* de trabalho. Como afirma João Bernardo:

Um trabalhador contemporâneo, cuja atividade seja altamente complexa e que cumpra um horário de sete horas por dia, trabalha muito mais tempo real do que alguém de outra época, que estivesse sujeito a um horário de quatorze horas diárias, mas cujo trabalho tinha um baixo grau de complexidade. A redução formal de horário corresponde a um aumento real do tempo de trabalho despendido durante esse período. (Bernardo, 2000, p. 46)

Algo similar ocorre se, após a redução *pela metade* da jornada de trabalho, houver uma *duplicação* da intensidade das operações anteriormente realizadas pelo mesmo trabalho.

Desse modo, lutar pela *redução da jornada de trabalho* implica também e decisivamente lutar pelo controle (e redução) *do tempo opressivo de trabalho*, pois, como vimos, a redução formal do horário de trabalho pode corresponder "a um aumento real do tempo de trabalho despendido durante esse período". Como tantas outras categorias, a *temporalidade* também é uma construção histórico-social.

II — *Com isso entramos em outro ponto que entendemos crucial: uma vida cheia de sentido fora do trabalho supõe uma vida dotada de sentido dentro do trabalho. Não é possível compatibilizar trabalho assalariado, fetichizado e estranhado com tempo (verdadeiramente) livre. Uma vida desprovida de sentido no trabalho é incompatível com uma vida cheia de sentido fora do trabalho.* Em alguma medida, a esfera fora do trabalho estará *maculada* pela *desefetivação* que se dá no interior da vida laborativa.

Como o sistema global do capital dos nossos dias abrange também as esferas da *vida fora do trabalho*, a *desfetichização da sociedade do consumo* tem como corolário imprescindível a *desfetichização no modo de produção* das coisas. Sua conquista é muito mais difícil se não se inter-relaciona *decisivamente* a ação pelo *tempo livre* com a luta contra a lógica do capital e a vigência do *trabalho abstrato*. Do contrário, acaba-se fazendo ou uma reivindicação *subordinada* à Ordem, em que se crê na possibilidade de obtê-la pela via do *consenso* e da *interação*, sem tocar nos fundamentos do sistema, sem ferir os interesses do capital, ou, o que é ainda pior, acaba-se gradativamente por abandonar as formas de ação contra o capital e de seu sistema de metabolismo social, numa *práxis* social *resignada*.

III — Restaria, então, a opção de tentar civilizá-lo, de realizar a utopia do preenchimento, do possível, visando conquistar pelo "consenso" o "tempo livre", em plena era do toyotismo, da acumulação flexível, das desregulamentações, das terceirizações, das precarizações, do desemprego estrutural, da desmontagem do *Welfare State*, do culto do mercado, da sociedade destrutiva dos consumos materiais e simbólicos, enfim, da (des)sociabilização radical dos nossos dias.

Tratar-se-ia — como faz Dominique Méda, ancorada fortemente em Habermas, no espírito do *desencanto do mundo* e do consequente *desencanto do trabalho* (em que, relembra a autora, *a utopia da sociedade do trabalho teria perdido sua força persuasiva*) — de propugnar a *imposição de um limite à racionalidade instrumental e à economia, construindo espaços voltados para o verdadeiro desenvolvimento da vida pública, para o exercício de uma "nova cidadania", reduzindo-se para tanto o tempo individual dedicado ao trabalho e aumentando-se o tempo social dedicado às atividades que são, de fato, atividades políticas, aquelas que são de fato capazes de estruturar o tecido social...* (cf. Méda, 1997, p. 220-227).

Nesse diapasão, a (positiva) ampliação dos espaços públicos tem como corolário a (também positiva) redução das atividades laborativas. Mas seu limite *maior* — e que não é o único — aflora quando se propõe *restringir, limitar*, mas não *desconstruir* e *contrapor-se radical e antagonicamente* ao sistema de metabolismo social do capital.[2] Desse passo, um tanto resignado, para o *convívio* com o capital, a distância não é intransponível.

Uma vida cheia de sentido em todas as esferas do ser social, dada a *multilateralidade humana,* somente poderá efetivar-se através da demolição das barreiras existentes entre *tempo de trabalho* e *tempo de não trabalho,* de modo que, a partir de uma *atividade vital* cheia de sentido, autodeterminada, *para além da divisão hierárquica que subordina o trabalho ao capital hoje vigente* e, portanto, sob bases inteiramente novas, possa se desenvolver uma nova sociabilidade. Uma sociabilidade tecida por *indivíduos* (homens e mulheres) *sociais e livremente associados,* em que ética, arte, filosofia, tempo verdadeiramente livre e ócio, em conformidade com as aspirações mais autênticas, suscitadas no interior da vida cotidiana, possibilitem as condições para a efetivação da identidade entre indivíduo e gênero humano, na multilateralidade de suas dimensões, *em formas inteiramente novas de sociabilidade, em que liberdade e necessidade se realizem mutuamente.* Se o trabalho se tornar dotado de sentido, será também (e *decisivamente*) através da arte, da poesia, da pintura, da literatura, da música, do tempo livre, do ócio, que o ser social poderá humanizar-se e emancipar-se em seu sentido mais profundo.

Todas essas considerações nos permitem indicar algumas conclusões.

Primeira: a luta pela redução da *jornada* ou *tempo* de trabalho deve estar no centro das ações do mundo do trabalho hoje, em escala mundial. Trata-se de lutar pela redução do trabalho visando, *no plano mais imediato,* minimizar o brutal desemprego estrutural que é consequência da lógica destrutiva do capital e de seu sistema; de *reduzir a jornada ou o tempo de trabalho para que não prolifere ainda mais a sociedade dos precarizados e dos desempregados.* Ao justo lema *trabalhar menos, para todos trabalharem,* deve-se, entretanto, *adicionar* outro, *não menos decisivo: produzir o quê? E para quem?*

Segunda: o *direito ao trabalho* é uma reivindicação necessária *não porque se preze e se culture o trabalho assalariado, heterodeterminado, estranhado e fetichizado* (que deve ser radicalmente eliminado com o fim do capital), mas porque estar *fora do trabalho*, no universo do capitalismo vigente, particularmente para a massa de trabalhadores e trabalhadoras (que totalizam mais que dois terços da humanidade) que vivem no chamado Terceiro Mundo, desprovidos *completamente* de instrumentos verdadeiros de seguridade social, significa uma *desefetivação, desrealização e brutalização* ainda maiores que as já vivenciadas pela *classe-que-vive-do-trabalho*. Mas é imperioso acrescentar que, também no chamado Primeiro Mundo, o desemprego e as formas precarizadas de trabalho têm sido cada vez mais intensos, processos que se agravam com o desmoronamento gradativo do *Welfare State. Portanto, também nesses países o direito ao emprego, articulado com a redução da jornada e do tempo de trabalho, torna-se uma reivindicação capaz de responder às efetivas reivindicações presentes no cotidiano da classe trabalhadora.*

Porém, essa luta pelo *direito ao trabalho em tempo reduzido e pela ampliação do tempo fora do trabalho* (o chamado "tempo livre"), sem redução de salário — o que, faça-se um parênteses, é muito diferente de flexibilizar a jornada, uma vez que essa flexibilização se encontra em sintonia com a lógica do capital —, deve estar intimamente articulada à luta contra o sistema de metabolismo social do capital que converte o "tempo livre" em tempo de consumo *para o capital*, em que o indivíduo é impelido a "capacitar-se" para melhor "competir" no mercado de trabalho, ou ainda a exaurir-se num consumo *coisificado* e *fetichizado*, inteiramente desprovido de sentido.

Ao contrário, se o fundamento da ação coletiva está voltado radicalmente contra as formas de (des)sociabilização do mundo das mercadorias, *a luta imediata pela redução da jornada ou do tempo de trabalho* torna-se *inteiramente compatível* com o *direito ao trabalho* (em jornada reduzida e sem redução de salário).

Desse modo, a luta contemporânea imediata pela redução da jornada (ou do tempo) de trabalho e a luta pelo emprego, em vez de ser excludentes, tornam-se necessariamente *complementares*. E o empreendimento societal por um *trabalho cheio de sentido* e pela *vida autêntica fora do trabalho*, por um *tempo disponível* para o trabalho e por um *tempo verdadeiramente livre e autônomo* fora do trabalho — ambos, portanto, fora do *controle* e do *comando* opressivo do capital —, converte-se em elemento essencial na construção de uma sociedade não mais regulada pelo sistema de metabolismo social do capital e por seus mecanismos de subordinação, indicando assim os fundamentos societais básicos para um novo sistema de metabolismo social.

NOTAS

1. Ver, por exemplo, o *dossier Riduzione dell'orario e disoccupazione* (Paoletti, 1998) com várias contribuições em torno dos significados mais profundos da luta pela redução da jornada de trabalho para 35 horas na Itália e na Europa.

2. Isso sem mencionar o fato de essas formulações serem, na maioria das vezes, marcadas por um acentuado *europocentrismo*, que não reflete e consequentemente não incorpora analiticamente a *totalidade do trabalho*. Imaginar que essas formulações são vigentes na Ásia, América Latina, África, tão somente "limitando o desenvolvimento da razão instrumental" e "ampliando os espaços públicos", é por certo uma abstração desprovida de qualquer sentido efetivamente emancipatório. Uma reflexão com maior suporte crítico, é a de Mazzetti, 1997. Sua maior limitação, entretanto, também aflora quando se parte da premissa de pensar a *totalidade do trabalho* em oposição ao *capital social total,* uma vez que, ao se proceder desse modo, torna-se decisivo pensar o trabalho *incorporando reflexivamente o chamado Terceiro Mundo*, que engloba (caso nele se inclua a China) mais de dois terços da classe trabalhadora.

3

Algumas teses sobre o presente (e o futuro) do trabalho:
perenidade e superfluidade do trabalho

Em decorrência das significativas mutações ocorridas no mundo da produção e do trabalho nas últimas décadas do século XX, tornou-se frequente falar em "desaparição do trabalho" (Méda, 1997), em substituição da esfera do trabalho pela "esfera comunicacional" (Habermas, 1991 e 1992), em "perda de centralidade da categoria trabalho" (Offe, 1989), em "fim do trabalho" (como Jeremy Rifkin, 1995), ou ainda na versão mais qualificada e crítica à ordem do capital (como em Kurz, 1992), para citar as formulações mais expressivas.

Neste texto, de forma sintética, vamos procurar apresentar algumas teses que se contrapõem às ideias defendidas pelos autores acima mencionados. Vamos fazê-lo propondo *algumas* teses centrais que, em nosso entendimento, fazem parte do *presente* (e do *futuro*) do trabalho.

I — Contra a equívoca desconstrução teórica realizada nas últimas décadas pelos chamados críticos da sociedade do trabalho, nosso grande desafio é compreender a *nova morfologia do trabalho, seu caráter multifacetado, polissêmico e polimorfo*. Isso nos obriga a desenvolver uma noção ampliada e moderna de classe trabalhadora (que venho chamando, de modo sinônimo, como *classe-que-vive-do-trabalho*) e que inclui a totalidade daqueles homens e mulheres que vendem sua força de trabalho em troca de salário (Antunes, 2002 e 2002a).

Essa nova morfologia do mundo do trabalho tem como *núcleo central* os trabalhadores *produtivos* (no sentido dado por Marx, especialmente no *Capítulo VI, Inédito*) e não se restringe ao trabalho manual direto, mas incorpora a totalidade do trabalho social, a totalidade do trabalho coletivo assalariado que produz diretamente mais-valia e participa diretamente do processo de valorização do capital; o trabalhador produtivo, por isso, detém um papel de centralidade no interior da classe trabalhadora. É preciso acrescentar, porém, que a moderna classe trabalhadora também inclui os trabalhadores *improdutivos*, aqueles cujas formas de trabalho são utilizadas como serviço, tanto para uso público como para o capitalista, e que não se constituem como elementos diretamente produtivos no processo de valorização do capital. No entanto, como há uma crescente *imbricação* entre trabalho *produtivo* e *improdutivo* no capitalismo contemporâneo, e como a classe trabalhadora incorpora essas duas dimensões básicas do trabalho sob o capitalismo, essa *noção ampliada* parece-nos fundamental para a compreensão do que é a classe trabalhadora hoje.

II — Uma noção ampliada de classe trabalhadora deve incluir também todos os que vendem sua força de trabalho em troca de salário e incorporar não apenas o proletariado industrial e os assalariados do setor de serviços, mas também o proletariado rural, que vende sua força de trabalho para o capital. Essa noção ampliada inclui, portanto, o proletariado precarizado, o subproletariado moderno, *part-time,* o novo proletariado dos *McDonalds,* os trabalhadores terceirizados e precarizados, os trabalhadores *assalariados* da chamada "economia informal", que muitas vezes são indiretamente subordinados ao capital, além dos trabalhadores desempregados, expulsos do processo produtivo e do mercado de trabalho pela reestruturação do capital e que hipertrofiam o exército industrial de reserva na fase de expansão do *desemprego estrutural.*

III — A classe trabalhadora hoje *exclui*, naturalmente, *os gestores do capital, seus altos funcionários,* que detêm papel de controle no processo de trabalho, de valorização e reprodução do capital no interior das empresas e que recebem rendimentos elevados ou ainda aqueles que, de posse de um capital acumulado, vivem da especulação e dos juros. *Exclui* também, em nosso entendimento, os pequenos empresários, a pequena burguesia urbana e rural *proprietária.*

IV — Compreender a classe trabalhadora hoje significa perceber também o significativo processo de *feminização do trabalho,* que atinge mais de 40% ou 50% da força de trabalho em diversos países, e que tem sido absorvido pelo capital, preferencialmente no universo do trabalho *part-time,* precarizado e desregulamentado. No Reino Unido, por exemplo, o contingente feminino superou, desde 1998, o contingente masculino na composição da força de trabalho. Sabe-se que essa *nova divisão sexual do trabalho* tem, entretanto, significado fortemente desigual, quando se comparam os salários e os direitos e condições de trabalho em geral.

Nessa *divisão sexual do trabalho*, operada pelo capital dentro do *espaço fabril*, a maioria das atividades de concepção ou aquelas baseadas em *capital intensivo* são realizadas pelo trabalho masculino, enquanto aquelas dotadas de menor qualificação e frequentemente fundadas em *trabalho intensivo* destinam-se sobretudo às mulheres trabalhadoras e, também com muita frequência, aos trabalhadores(as) imigrantes e negros(as).

E, ainda mais, através da duplicidade do ato laborativo, a mulher trabalhadora é duplamente explorada pelo capital, tanto no espaço *produtivo* como no *reprodutivo*. Além de atuar crescentemente no *espaço público*, fabril e de serviços, ela realiza centralmente as tarefas próprias do *trabalho doméstico*, garantindo a esfera da *reprodução societal*, esfera do *trabalho não diretamente mercantil*, mas indispensável para a reprodução do sistema de metabolismo social do capital.

V — Como o capital é um sistema global, o mundo do trabalho e seus desafios são também cada vez mais mundializados, transnacionalizados e internacionalizados. Se a mundialização do capital e de sua cadeia produtiva é fato evidente, o mesmo não ocorre no mundo do trabalho, que ainda se mantém predominantemente *nacional*, o que é um *limite enorme* para a ação dos trabalhadores. Com a reconfiguração do *espaço* e do *tempo* de produção, há um processo de *reterritorialização* e também de *desterritorialização*, em que novas regiões industriais nascem e outras são eliminadas. Isso recoloca a confrontação social num patamar mais complexificado, dado pelo embate entre o *capital social total e a totalidade do trabalho social*. Pode-se exemplificar com a greve dos trabalhadores metalúrgicos da *General Motors*, nos EUA, de junho de 1998, iniciada em Michigan, em uma pequena unidade estratégica da empresa, mas que afetou diversos países onde a GM mantém unidades produtivas.

VI — Aqui vale uma similitude entre o descarte e a superfluidade do trabalho e o descarte e a superfluidade da produção em geral. Como pude desenvolver mais longamente em *Os sentidos do trabalho* (2002), na fase de intensificação da *taxa de utilização decrescente do valor de uso das mercadorias* (Mészáros, 2002), a falácia da qualidade torna-se evidente: quanto mais "qualidade total" os produtos alegam ter, menor é seu tempo de duração. A necessidade imperiosa de reduzir o tempo de vida útil dos produtos, objetivando aumentar a velocidade do ciclo reprodutivo do capital, faz com que a "qualidade total" seja, na maior parte das vezes, o invólucro, a aparência ou o aprimoramento do supérfluo, uma vez que os produtos devem durar cada vez menos para ter uma reposição ágil no mercado. Desse modo, o apregoado desenvolvimento dos processos de "qualidade total" converte-se na expressão fenomênica, involucral, aparente e supérflua de um mecanismo produtivo gerador do descartável e do supérfluo, condição para a reprodução ampliada do capital e seus imperativos expansionistas e destrutivos.

Da indústria de *fast-foods* (do qual o McDonalds é exemplar), à sociedade do *entertainment* e do *shopping center*, passando pela indústria de computadores, a tendência depreciativa e decrescente do valor de uso das mercadorias é evidente. Com a redução dos ciclos de vida útil dos produtos, os capitais não têm outra opção, para sua sobrevivência, senão "inovar" ou correr o risco de ser ultrapassados pelas empresas concorrentes.

VII — Quando concebemos a forma contemporânea do trabalho, não podemos concordar com as teses que desconsideram o novo processo de interação entre *trabalho vivo* e *trabalho morto*. Hoje o capital necessita cada vez *menos* do trabalho *estável* e cada vez *mais* das diversificadas formas de trabalho parcial ou *part-time*, terceirizado, os "*trabalhadores hifenizados*", que se encontram em explosiva expansão em todo o mundo. Como não pode eliminar o *trabalho vivo* do processo de mercadorias, *sejam elas materiais ou imateriais*, o capital deve, além de incrementar *sem limites* o trabalho morto corporificado no maquinário tecnocientífico, aumentar a produtividade do trabalho de modo a intensificar as formas de extração do sobretrabalho em tempo cada vez mais reduzido. A redução do proletariado taylorizado, a ampliação do *trabalho intelectual abstrato* nas plantas produtivas de ponta e a ampliação generalizada dos novos proletários precarizados e terceirizados da "era da empresa enxuta" são fortes exemplos do que acima mencionamos.

VIII — No mundo do trabalho contemporâneo, o saber científico e o saber laborativo mesclam-se ainda mais diretamente. As máquinas inteligentes podem substituir em grande parte o trabalho vivo, mas não podem *extingui-lo* e *eliminá-lo definitivamente*. Ao contrário, sua introdução utiliza-se do trabalho intelectual dos(as) trabalhadores(as) que, ao atuar junto à máquina informatizada, transferem parte de seus novos atributos intelectuais à nova máquina que resulta desse processo, *dando novas conformações à teoria do valor*. Estabelece-se um complexo processo interativo entre trabalho e ciência produtiva, que não leva à extinção do trabalho, como imaginou Habermas, mas a um processo de retroalimentação que necessita cada vez mais de *uma força de trabalho ainda mais complexa, multifuncional, que deve ser explorada de maneira mais intensa e sofisticada, ao menos nos ramos produtivos dotados de maior incremento tecnológico*.

Com a conversão do *trabalho vivo* em *trabalho morto*, a partir do momento em que, pelo desenvolvimento dos *softwares*, a máquina informacional passa a desempenhar atividades próprias da inteligência humana, o que se pode presenciar é um processo que Lojkine (1995) denominou *objetivação das atividades cerebrais junto à maquinaria*, de transferência do saber intelectual e cognitivo da classe trabalhadora para a maquinaria informatizada. A transferência de capacidades intelectuais para a maquinaria informatizada, que se converte em linguagem da máquina própria da fase informacional, através dos computadores, acentua a transformação de *trabalho vivo* em *trabalho morto* e recria novas formas e modalidades de trabalho.

IX — Na sociedade contemporânea desenvolve-se outra tendência dada pela crescente imbricação entre trabalho *material* e *imaterial*, uma vez que se presencia, *além da monumental precarização do trabalho* (traço este central quando se analisa o mundo do trabalho hoje), um aumento das atividades dotadas de maior dimensão intelectual, quer nas atividades industriais mais informatizadas, quer nas esferas compreendidas pelo setor de serviços ou nas comunicações, entre tantas outras. O trabalho imaterial (ou não material, como disse Marx no *Capítulo VI, inédito*) expressa contemporaneamente a vigência da esfera informacional da forma-mercadoria: ele é expressão do conteúdo *informacional* da mercadoria, exprimindo as mutações do trabalho operário no interior das grandes empresas e do setor de serviços que são dotados de *tecnologia de ponta*. Trabalho *material* e *trabalho imaterial*, na imbricação crescente que existe entre ambos, encontram-se, entretanto, centralmente subordinados à lógica da produção de mercadorias e de capital, como sugerem Vincent (1993) e Tosel (1995).

X — Desse modo, em vez de *desconsiderar o trabalho e substituir a lei de valor como medida societal prevalente*, a nova fase dos capitais globais retransfere, em alguma medida, o *savoir-faire* para o trabalho, mas o faz apropriando-se crescentemente de sua dimensão *intelectual*, de suas capacidades cognitivas, *procurando* envolver mais forte e intensamente a subjetividade operária. Como a máquina não pode suprimir completamente o trabalho humano, ela necessita de uma maior *interação* entre a subjetividade que trabalha e a nova máquina inteligente. Nesse processo, o *envolvimento interativo* aumenta ainda mais o *estranhamento e a alienação do trabalho,* ampliando as formas modernas da *reificação,* através das subjetividades inautênticas e heterodeterminadas (ver Tertulian, 1993).

XI — No contexto do capitalismo tardio, a tese habermasiana, presente em sua *Teoria da ação comunicativa* (1992), acerca da *pacificação dos conflitos de classes*, encontra-se sob forte erosão e questionamento. Não só o *Welfare State* vem desmoronando no relativamente escasso conjunto de países onde teve efetiva vigência, como também as desmontagens presenciadas no *Estado keynesiano* colocaram-no sob uma forte dimensão privatizante, desintegrando ainda mais a restrita base empírica de sustentação da tese habermasiana que propugnava a *pacificação das lutas sociais.* Com a erosão crescente do *Welfare State,* a expressão *fenomênica* e *contingente* da *pacificação dos conflitos de classes* — a que Habermas queria conferir estatuto de determinação — vem dando mostras crescentes de envelhecimento precoce. E o que pretendia ser, para Habermas, uma suposta crítica exemplificadora da *incapacidade marxiana de compreender o capitalismo tardio* é, de fato, uma enorme lacuna do *constructo* habermasiano. As recentes ações de resistência dos trabalhadores, em escala global, contra a *mercadorização do mundo* são exemplos das novas formas de confrontação assumidas na era da mundialização do capital.

XII — Ao efetivar a disjunção analítica entre *trabalho* e *interação, práxis laborativa* e *ação intersubjetiva, atividade vital* e *ação comunicativa, sistema* e *mundo da vida,* Habermas distanciou-se do momento em que se realiza a articulação inter-relacional entre mundo da objetividade e da subjetividade, questão nodal para a compreensão do ser social. Habermas realiza uma *sobrevalorização* e *disjunção* entre essas dimensões decisivas da vida social, e a perda desse liame indissolúvel o levou a autonomizar equivocamente a chamada *esfera comunicacional.* Nesse sentido, quando fala em *colonização do mundo da vida* pelo *sistema,* Habermas oferece uma versão muito tênue diante do que vem ocorrendo no mundo contemporâneo, marcado pela vigência do *trabalho abstrato,* pela fetichização do mundo das mercadorias e pela crescente reificação da esfera comunicacional.

XIII — Se esses pontos condensam alguns traços característicos da chamada "sociedade do trabalho", no final do século XX, o século que agora se inicia obriga-nos a refletir também acerca do *futuro do trabalho* ou do *trabalho do futuro.* E aqui aflora uma questão que, em nosso entendimento, é essencial e que aqui vamos apenas sintetizar: uma vida cheia de sentido *fora* do trabalho supõe uma vida dotada de sentido *dentro* do trabalho. Não é possível compatibilizar trabalho *desprovido de sentido* com *tempo verdadeiramente livre.* Uma vida desprovida de sentido no trabalho é *incompatível* com uma vida cheia de sentido fora do trabalho. Em alguma medida, a esfera fora do trabalho estará *maculada* pela *desefetivação* que se dá no interior da vida laborativa.

Uma vida cheia de sentido em todas as esferas do ser social somente poderá efetivar-se através da demolição das barreiras existentes entre *tempo de trabalho* e *tempo de não trabalho,* de modo que, a partir de uma *atividade vital* cheia de sentido, autodeterminada, *para além da divisão hierárquica que subordina o trabalho ao capital hoje vigente* e, portanto, sob bases inteiramente novas, possa se desenvolver uma nova sociabilidade, em que ética, arte, filosofia, tempo verdadeiramente livre e ócio, em conformidade com as aspirações mais autênticas, suscitadas no interior da vida cotidiana, possibilitem a gestação de formas inteiramente novas de sociabilidade, em que liberdade e necessidade se realizem mutuamente. Se o trabalho se torna dotado de sentido, será também (e decisivamente) através da arte, da poesia, da pintura, da literatura, da música, do tempo livre e do ócio que o ser social poderá humanizar-se e emancipar-se em seu sentido mais profundo.

XIV — Se o fundamento da ação social for voltado radicalmente contra as formas de (des)sociabilização e *mercadorização* do mundo, a batalha imediata pela redução da *jornada ou do tempo de trabalho* torna-se inteiramente compatível com o *direito ao trabalho* (em jornada reduzida e sem redução de salário). Desse modo, a reivindicação central, para o mundo do trabalho, pela imediata *redução da jornada (ou do tempo) de trabalho* e a *luta pelo emprego* são profundamente articuladas e complementares, e não excludentes. E o empreendimento societal por um *trabalho cheio de sentido* e pela *vida autêntica fora do trabalho*, por um *tempo disponível* para o trabalho e por um *tempo verdadeiramente livre e autônomo* fora do trabalho — ambos, portanto, fora do *controle* e do *comando* opressivo do capital — convertem-se em elementos essenciais na construção de uma sociedade não mais regulada pelo sistema de metabolismo social do capital e por seus mecanismos de subordinação. Isso nos leva a indicar, na última tese, alguns fundamentos societais elementares para uma nova forma de organização societal.

XV — Eliminado o dispêndio de tempo excedente para a produção de mercadorias, eliminado também o tempo de produção destrutivo e supérfluo (esferas estas hoje controladas pelo capital), o exercício do trabalho autônomo possibilitará o resgate verdadeiro do *sentido estruturante do trabalho vivo*, contra o *sentido (des)estruturante do trabalho abstrato*. Isso porque, sob o sistema de metabolismo social do capital, o trabalho que *estrutura* o capital *desestrutura* o ser social. O *trabalho assalariado* que dá sentido ao capital gera uma *subjetividade inautêntica* no próprio ato de trabalho.

Numa forma de sociabilidade superior, o trabalho, ao *reestruturar* o ser social, terá como corolário a *desestruturação do* próprio capital. E, avançando na *abstração*, esse mesmo *trabalho autônomo, autodeterminado* e *produtor de coisas úteis*, tornará *sem sentido* e *supérfluo* o capital, gerando as condições sociais para o florescimento de uma subjetividade autêntica e emancipada, dando assim um novo *sentido ao trabalho* e dando à vida *um novo sentido*, além de resgatar o sentido de *humanidade social* que o mundo atual vem fazendo desmoronar ainda mais. Um sentido que o século XXI poderá conquistar.

4

A crise vista em sua globalidade*

Uma análise global da crise do capitalismo é um empreendimento dificílimo, mesmo quando o objetivo é reter algumas de suas tendências mais gerais. Não é outro o sentido de *O colapso da modernização* (*Da derrocada do socialismo de caserna à crise da economia mundial*), do alemão Robert Kurz.

Podemos iniciar dizendo que estamos diante de um livro de fortíssimo impacto. Parece-nos difícil resenhá-lo à medida que ele é, por um lado, altamente convincente, vigoroso, ousado, explosivo, denso, analítico, contestador e, por outro lado, problemático, por vezes impressionista, quase jornalístico e em alguns momentos insuficiente. Mas a sua dimensão primeira, de alta positividade, é muito superior à segunda. O que o torna um livro *privilegiado*, como poucos nesta época de conformismo e resignação quase absolutas,

---

* Publicado em *Crítica Marxista*, São Paulo, Brasiliense, v. 1, n. 1, 1994.

de encantamento com os valores do mercado, do capital, da produtividade, da institucionalidade, da ordem, das *indeterminações*, dos *estranhamentos*, das fetichizações, do fim da história e de tantas outras manifestações da *irratio* dominante.

O livro defende com enorme vigor e força uma tese central: a derrocada do Leste Europeu e dos chamados países socialistas não foi expressão da vitória do capitalismo e do Ocidente, mas a manifestação de uma *crise particular* que agora fulmina o coração do sistema mundial produtor de mercadorias. Foi, portanto, um momento de uma dada *processualidade*, da crise global do capital, que se iniciou pelo Terceiro Mundo, atingiu de maneira arrasadora o Leste Europeu e agora penetra agudamente *no centro* do modo de produção de mercadorias e da sociedade do trabalho *abstrato*. Nas palavras do autor: "O 'mercado planejado' do Leste [...] não eliminou as categorias do mercado. Consequentemente aparecem no socialismo real todas as categorias fundamentais do capitalismo: salário, preço e lucro (ganho da empresa). E quanto ao princípio básico do trabalho abstrato, este não se limitou a adotá-lo, como também levou-o ao extremo" (Kurz, 1992, p. 29).

Os países do Leste eram parte "do próprio sistema produtor de mercadorias", constituindo-se numa *variante* deste e nunca em algo efetivamente novo e socialista. Aqueles que partem do *estatismo* existente no Leste para diferenciá-lo do capitalismo desconsideram que a formação social capitalista, em vários momentos, recorreu ao Estado para constituir-se e consolidar-se. O mercantilismo, a Era Bismarck e o intervencionismo keynesiano são exemplos, sempre segundo o autor, dessa recorrência. Sugestivo e altamente provocativo nas indicações e ilações teóricas, mas também enormemente *a-histórico*, Kurz procura mostrar como o "estatismo do socialismo real" encontra em verdade muita similitude com o Estado racional burguês de Fichte. E até mesmo com o Mercantilismo... Mercado planejado, direito ao trabalho e monopólio estatal do comércio exterior, presentes no "socialismo real", "foram pré-formulados pelo próprio capitalismo e por seus ideólogos progressistas à beira da industrialização; não são estranhas, em sua essência, ao capital ou ao sistema produtor de mercadorias, mas sim, características estruturais do nascimento histórico desses últimos" (idem, p. 42). O culto do trabalho *abstrato*, levado ao limite no Leste, mostra como a crítica marxiana do fetichismo foi absolutamente desconsiderada, "eliminada e empurrada para um além teórico e histórico, difamada como nebulosa, ou degradada a um fenômeno mental puramente subjetivo" (idem, p. 48).

Sem romper na interioridade, com a lógica do sistema produtor de mercadorias, a "crise da sociedade de trabalho do socialismo real marca a crise iminente da moderna sociedade do trabalho em geral, e isso precisamente *porque* os mecanismos de concorrência tiveram tanto êxito e minaram e debilitaram de fato os fundamentos do sistema produtor de mercadorias. Faz parte da lógica desse sistema o fato de que os seus componentes mais fracos, no que se refere à produtividade e ao entrelaçamento, são os primeiros a cair no abismo de colapso do sistema..." (idem, p. 90). Superadas as lacunas do texto da edição brasileira, que carece de imediata e imprescindível revisão, percebe-se nessa última citação que o autor entende a crise da modernidade em sua dimensão globalizada. Sem o princípio da concorrência, absolutamente improdutivo e obsoleto no desenvolvimento tecnológico, o Leste viu germinar, simultaneamente, uma sociedade de escassez e desperdício.

Quando o Ocidente vivenciou, nas décadas de 1970 e 1980, um significativo surto tecnológico, através da microeletrônica, a concorrência e a lógica do sistema mundial produtor de mercadorias acabaram por levar ao colapso terminal do "socialismo real", que "tinha que fracassar em sua própria irracionalidade interna, na forma-mercadoria levada ao extremo do absurdo e na relação insustentável com o exterior..." (idem, p. 152). Desse modo, a transição pós-89, vivenciada pela URSS e pelo Leste, assemelha-os não com o Ocidente avançado, mas com uma realidade mais próxima do Terceiro Mundo. Este, na outra ponta da crise global do sistema produtor de mercadorias, já se constitui naquilo que o autor chama de "sociedades pós-catastróficas": "[...] o Terceiro Mundo ou já fracassou em sua tentativa de modernização [...] ou, no melhor dos casos, encontrou um *status* precário, no papel de países ascendentes, que permanece exposto à espada de Dâmocles do mercado mundial e, mesmo assim, já não permite um desenvolvimento interno da sociedade inteira" (idem, p. 176). As raríssimas exceções não fracassadas da "industrialização para a exportação", presenciada em alguns países asiáticos como Coreia, Hong Kong, Taiwan e Cingapura, permanecem numa "dependência precária dos países ocidentais" e não têm vivenciado, até agora, o desenvolvimento de um mercado interno que dê fundamento a esses projetos industriais, além de serem em sua maioria países pequenos, insulares, cujos projetos são irrealizáveis em países continentais. "A estrutura industrial insular que é capaz de concorrer no mercado mundial está unilateralmente orientada para a exportação, e o mercado interno não pode ser desenvolvido suficientemente porque a industrialização para a exportação, aparentemente bem-sucedida, não pode gerar, em virtude de sua alta intensidade de capital, o volume suficiente de capacidade aquisitiva interna; o fator decisivo nesse processo não é o salário baixo, mas sim a incapacidade destas produções altamente automatizadas de absorver massas suficientes de mão de obra" (idem, ibidem).

Kurz só pode visualizar, para o Terceiro Mundo, rebeliões sociais, movimentos inspirados no fundamentalismo etc., sujeitos sempre à intervenção de um "poder policial internacional" respaldado pela ONU. Tendo perdido seu papel de fornecedor de força de trabalho sub-remunerada e abundante para o capital produtivo, esses países, fora do embate tecnológico em que se encontra o centro, são expressão viva e real da outra ponta do *colapso*. Sua conclusão é aguda: "A lógica da crise está avançando da periferia para os centros. Depois dos colapsos do Terceiro Mundo nos anos 1980 e do socialismo real no começo dos anos 1990, chegou a hora do próprio Ocidente" (idem, p. 206).

A mesma lógica desigual que regulou as relações entre os países centrais e do Terceiro Mundo penetra no *interior* do Ocidente. "O que marca a próxima fase é que regiões inteiras estão 'caindo fora', morrendo em seu papel de regiões industriais porque suas indústrias foram derrotadas na concorrência dos mercados mundiais e já não podem levantar o capital monetário para continuar na corrida da produtividade" (idem, p. 211). E o autor está se referindo, aqui, aos países do centro. Os EUA e Inglaterra "estão dissipando seus próprios recursos de capital monetário em um *consumo improdutivo a nível de potências mundiais*", consumo que não poderiam praticar há muito tempo (idem, ibidem). Japão e Alemanha, os "vitoriosos", não têm como escapar dessa lógica destrutiva que os movimenta: estão financiando, "há anos e em dimensões inimagináveis, seus sucessos de exportação nos mercados mundiais, emprestando às economias da OCDE que de fato foram derrotadas na concorrência, os recursos necessários para a continuação da inundação com mercadorias importadas. Somente por isso, as economias perdedoras dentro da OCDE ainda não tomaram o rumo das sociedades pós-catastróficas do Sul e do

Leste, porém à custa de acumularem verdadeiras montanhas de dívidas impagáveis" (idem, p. 213).

A conclusão do autor é direta: estamos entrando numa *era das trevas*, de consequências imprevisíveis. E, "uma vez que essa crise consiste precisamente na eliminação tendencial do trabalho produtivo [...] ela já não pode ser criticada ou até superada a partir de um ponto de vista ontológico do 'trabalho', da 'classe trabalhadora', ou da 'luta das classes trabalhadoras'" (idem, p. 227). O marxismo (e junto com ele o movimento operário) é "parte integrante do mundo burguês da mercadoria moderna, sendo por isso atingido ele próprio pela crise" (idem, ibidem). Apesar do enorme resgate que Kurz faz das formulações marxianas, neste ponto aparece a sua única (e forte) crítica: "Sem dúvida, revela-se aqui um dilema até hoje insuperado no centro da teoria de Marx. A afirmação do movimento operário [...] é na verdade inconciliável com a sua própria crítica da economia política, que desmascara precisamente aquela classe trabalhadora não como categoria ontológica, mas sim como categoria social constituída, por sua vez, pelo capital" (idem, p. 71). O movimento operário, segundo Kurz, conduziu à emancipação *capitalista* dos trabalhadores, mas não é o *sujeito* capaz de levá-lo à emancipação *social*.

E, com outra tese provocativa e ousada, finaliza seu ensaio: "O comunismo, supostamente fracassado, que é confundido com as sociedades em colapso da modernização recuperadora, não é nem utopia nem um objetivo distante, jamais alcançável, muito além da realidade, mas sim, um fenômeno *já presente*, o mais próximo que encontramos na realidade, ainda que na forma *errada* e *negativa*, dentro do invólucro capitalista do sistema mundial produtor de mercadorias, isto é, na forma de um *comunismo das coisas*, como entrelaçamento global do conteúdo da reprodução humana" (idem, p. 228). Na impossibilidade e inexistência de um sujeito coletivo capaz de superar a crise, no universo do mundo do trabalho, Kurz esboça sua proposição: torna-se necessária a busca de "uma *razão sensível*, que é exatamente o contrário da razão iluminista, abstrata, burguesa e vinculada à forma-mercadoria" (idem, p. 232). Esta crítica radical "teria que se emancipar completamente de suas ideias anteriores, já obsoletas" e para a qual a "esquerda, com todos os seus matizes, mostra-se completamente incapaz de dar uma resposta à crise" (idem, p. 226-227).

Trata-se, como procuramos mostrar, nestas páginas onde perseguimos a *imanência* do texto, de um ensaio ousado, rico, provocativo, contundente, polêmico e *problemático*. Texto onde a prioridade é do *ontológico*, onde a apreensão da lógica do objeto — a crise *contemporânea* do sistema produtor de mercadorias, do capitalismo — é perseguida em seus nexos essenciais e *totalizantes*. Pode-se dizer, sinteticamente, que *suas formulações acertam* no essencial, no *diagnóstico* da crise do capital dos nossos dias e *falham* nas visualizações, nas proposições, no modo de caminhar *para além do capital*. Talvez seja demais, nos dias de hoje, exigir tanto. Afinal, apontar o capitalismo como derrotado, a partir da análise do desmoronamento do Leste Europeu, não é pouco nem usual. E resgatar vigorosa e sugestivamente a crítica da economia política de Marx para demonstrá-lo é ainda mais incomum. Um livro que provoca e nos faz refletir e repensar, *pela esquerda*, sobre tantos pontos "*inquestionáveis*", também é outro forte mérito. Gostaria de concluir, entretanto, apontando *alguns* dos problemas que sua leitura suscita.

Primeira crítica:

Na recuperação ontológica do objeto, Kurz *suprimiu* a dimensão, decisiva em Marx, da *subjetividade*. Os seres e personagens do capital e do trabalho são epifenômenos de uma lógica dada por um objetivismo férreo. Neste ponto, e inspirado no *tom* provocativo do texto, parece-nos que o materialismo de Kurz é mais próximo de Feuerbach do que de Marx. Vale lembrar a *primeira tese* sobre Feuerbach: o principal defeito de todo o materialismo até aqui (incluído o de Feuerbach) consiste em que o objeto, a realidade, a sensibilidade só são apreendidos sob a forma de *objeto ou de intuição*, mas não como *atividade humana sensível*, como *praxis*, não subjetivamente. (Marx, *Teses sobre Feuerbach*) A lacuna que Kurz atribui a Marx é, em verdade, uma lacuna de Kurz: o seu entendimento do *fetichismo* como quase integral, insolúvel e irremovível obsta a existência ativa e a resistência efetiva dos sujeitos. Kurz aqui paga um preço desnecessário aos críticos da *sociedade do trabalho*, que ele tanto se aproxima como se diferencia. Próximo de Habermas (e por tabela de Gorz e Offe) Kurz se insere no universo dos críticos da centralidade do trabalho no mundo contemporâneo. Com uma *significativa diferença:* para ele, trata-se de eliminar a centralidade do *trabalho abstrato*, coisa feita também por Marx desde os estudos preparatórios para os *Manuscritos de 1844*. Porém, para Marx era imprescindível o resgate da dimensão *concreta* do trabalho, enquanto *atividade vital*, enquanto fonte criadora de *valores de uso socialmente necessários, enquanto protoforma* da atividade humana, para lembrar o *velho* Lukács. Kurz não é suficientemente claro a este respeito (o que é uma lacuna), mas sugere, num parágrafo, uma pista relevante: "A *sociedade do trabalho* como conceito ontológico seria uma tautologia, pois, na história até agora transcorrida, a vida social, quaisquer que sejam suas formas modificadas, apenas podia ser uma vida que incluísse o trabalho. Somente as ideias ingênuas do paraíso e o conto do país das maravilhas fantasiavam uma sociedade sem trabalho" (Kurz, 1992, p. 26). Apesar desta referência, Kurz parece ainda tributário, em alguma dimensão, dos adeptos da *crise da sociedade do trabalho*. Para sermos claros: uma coisa é o esgotamento da sociedade do trabalho *abstrato*. Outra, bem diferente, é a crítica que recusa um projeto societário que conceba o *trabalho* como *criador de valores de uso*, na sua *dimensão concreta*, como *atividade vital, desfetichizada*, como *ponto de partida* (e não de chegada) para a *omnilateralidade humana*.

Kurz centra toda a sua análise na prevalência da produção generalizada e destrutiva de mercadorias e na consequente teoria marxiana do valor-trabalho; uma vez que se reafirma contemporaneamente esta tese (o que é outro enorme mérito do livro), parece muito difícil negar a *existência objetiva* da contradição no interior do processo de valorização do capital. De modo que a luta objetiva entre a *totalidade do trabalho social* e a *totalidade do capital* não contradita a crítica marxiana da economia política, mas lhe é absolutamente essencial. Não são "duas lógicas históricas completamente diferentes", como quer Kurz, mas momentos intrínsecos de uma *mesma lógica*, da classe que cria valores e que exatamente por isso tem a *possibilidade* de antagonizar-se frente ao capital, de rebelar-se. Se a teoria do valor-trabalho é validada, a *luta de classes* é consequência inevitável daquela. Esta foi, inclusive, uma das aquisições ontológicas centrais do Marx que, na *Introdução à crítica da filosofia do direito de Hegel* (1844), concebia *preliminarmente* o proletariado como a "classe com cadeias radicais", e que posteriormente apreendeu o proletariado como a "mercadoria-força de trabalho que cria valores" e que vivencia por isso a possibilidade real da contradição frente ao capital. O ponto essencial remete a discussão para o universo das limitações *subjetivas* do mundo do trabalho, campo temático que, como vimos, Kurz recusa.

A sua crítica de que o movimento operário, neste século, esteve em grande medida atado à luta no universo da sociedade de mercadorias é rica e em boa medida verdadeira. Basta pensar nas enormes limitações da chamada esquerda tradicional. Mas não deveria permitir a Kurz chegar onde chegou: na ausência absoluta de sujeitos. Para Marx sempre foi muito claro que "o proletariado está obrigado a *abolir-se a si mesmo*", se de fato pretende a superação da sociedade do capital. (Marx, *A sagrada família*) Desse modo, e se se quer ficar no essencial da discussão que Kurz suscita, a *classe-que-vive-do-trabalho* não está *objetivamente* incapacitada para superar o capitalismo (como quer Kurz), mas somente poderá vir a fazê-lo se sua *autoconsciência* incorporar como momento *decisivo* a *autoabolição de si mesmo como classe, o momento do gênero-para-si*. O que, reconhecemos, é uma tarefa monumental, e para a qual só uma *esquerda social, renovada, crítica e radical, de nítida inspiração marxiana*, forjada no interior do mundo do trabalho, poderá, em nosso entendimento, implementar. A esquerda tradicional (do "marxismo" da era staliniana e stalinista) e a esquerda social-democrática estão, ambas, impossibilitadas para essa empreitada.

Segunda crítica:

A assimilação entre Leste e Ocidente, se é verdade no que diz respeito a que ambos inseriam-se no universo do sistema produtor de mercadorias, não deve permitir uma *identificação tão plena* entre o que ocorreu nos países pós-capitalistas e os capitalistas. Não é por acaso que Kurz fala em "socialismo de caserna", "socialismo real", "regime protocapitalista", "sociedades capitalistas", "regime transitório pré-burguês", "mercantilismo tardio", entre outras denominações. Convenhamos, é muita imprecisão conceitual. Cremos que a Revolução Russa não foi burguesa em sua origem, como quer Kurz, mas pouco a pouco viu sua processualidade curvar-se cada vez mais à lógica mundial do capital. E aqui também Kurz auxilia, e muito, na reafirmação e demonstração dessa tese.

Terceira crítica:

Kurz tem boa dose de razão ao atar o marxismo do século XX à tragédia do Leste Europeu. *Mas exagera*, e por diversas vezes equivoca-se. Cito só dois exemplos: dizer que "Trotsky, em primeiro lugar, poderia ter-se tornado outro Stalin" (idem, p. 50) só é aceitável quando o império da objetividade é de tal tamanho, que suprime toda a dimensão *subjetiva*. De novo Kurz está muito mais próximo de Feuerbach do que de Marx. Do mesmo modo quando diz que nada se salva do chamado marxismo ocidental, "abstraindo-se algumas iniciativas isoladas, pouco claras e sem maior resultado". Este acabou sendo responsável pela "ausência de uma crítica do fetichismo" (idem, p. 49). Da *coisificação* presente em *História e Consciência de Classe* até a *vigorosa teoria do estranhamento* encontrada na *Ontologia do Ser Social*, não foi outro o empreendimento enorme de Lukács, que pode até mesmo ter, para os seus críticos, muitas lacunas, mas por certo não foi "pouco clara e sem maior resultado". O mesmo poderia ser dito de Gramsci, que revigorou o marxismo contemporâneo, porque entendeu a dimensão *subjetiva*, a *mediação* política, a dimensão emancipadora da cultura etc., não como epifenômenos redutíveis a um objetivismo férreo. Nesse capítulo Kurz é por demais arrogante. E fazer a *crítica da política*, entendendo-a como *mediação*, como faz Marx, não é desconsiderá-la, como faz Kurz, ou tratá-la como mero epifenômeno.

Último ponto:

Kurz redesenha o colapso da sociedade produtora de mercadoria-dinheiro. E não vê uma saída emancipadora impulsionada pelas forças do trabalho, como também parece não considerar a hipótese de uma (re)ação conservadora das forças burguesas visando minimizar a crise e desse modo prolongar a sociabilidade regida pelo capital. Cremos, ao contrário, que ambas as alternativas se colocam: uma, a reação do capital, para tentar amenizar a era das trevas, e não deixar, com ela, desmoronar o admirável mundo do dinheiro. Evidentemente, para citar um único exemplo, o desemprego estrutural ampliado converte-se em um problema para os sujeitos do capital quando acarreta uma depressão acentuada do mercado consumidor a ponto de comprometer a integralização do processo de valorização do capital. A outra, a ação do trabalho, porque sob a ruína de uma experiência intentada e desastrosa, que foi a experiência do Leste, poderá talvez pela primeira vez neste século, olhar para o Ocidente e para o mundo, e vê-lo sendo minado por sua própria lógica destrutiva. E poderá ousar, de maneira crítica, renovada e radical, avançando para além do capital, lançando, "mais cedo ou mais tarde, o tabuleiro no chão" e dispensando "todas as regras da chamada civilização mundial", uma vez que "essas regras democráticas da razão mundial burguesa e iluminista são em sua essência abstratas e insensíveis, pois seu verdadeiro fundamento é o automovimento do dinheiro, abstrato e privado de sensibilidade..." (idem, p. 199). E o livro de Robert Kurz é um alento e uma reflexão viva nessa direção, inconformado e anticapitalista que é, contraditando em alguma medida até mesmo uma de suas formulações, visto que se constitui numa expressiva reflexão e resposta de uma subjetividade que não se subordinou aos valores do capital e aos estranhamentos hoje tantas vezes cultuados, escrevendo um contundente ensaio contra a lógica e os mecanismos atuais da sociabilidade do capital, o que o torna um dos livros de maior impacto dos últimos anos.

5

Indivíduo, classe e gênero humano:
o momento da mediação partidária*

Este texto pretende, tão somente, elencar pontos ou notas acerca de temáticas tão complexas e complexificadas, que dizem respeito aos partidos e às classes sociais na contemporaneidade. Como se trata de um roteiro para debate, ele terá muito mais o caráter pontuado de questões para discussão.

Outro objetivo deste texto é reafirmar a pertinência da conexão entre os partidos e as classes sociais, como referencial analítico profícuo. Não se defenderá aqui, entretanto, a excludência analítica de se pensar a relação partidos/classes sociais/gênero humano,[1] como incompatibilizada com a relação partidos/classes e a questão do gênero/mulher. É triste constatar que, além do enorme empobrecimento analítico presente quando se estuda a relação entre

---

* Apresentado no 14º Encontro Nacional da ANPOCS, Caxambu, 1990.

partidos e classes sociais hoje, houve, também, na brutalização (e simplificação) teórica deste século, a exclusão, pura e simples, da questão específica do gênero/mulher nas interconexões existentes entre os partidos e as classes-que-vivem-do-seu-trabalho. Apesar disto, a questão das classes, dos partidos e da mulher permanece. O que aqui me proponho é, entretanto, muito mais modesto: enumerar questões (breves), indicativas da pertinência e validade de se pensar as conexões entre os partidos e as classes sociais.

Parece uma obviedade que, na sociedade regida pelo capital, ocorre a desidentidade entre indivíduo e gênero humano, especialmente quando o olhar se volta para o mundo do trabalho. Marx referiu-se a essa dimensão aguda, complexa e contraditória, nos *Grundrisse*: "O grau e a universalidade do desenvolvimento das faculdades, que torna possível *esta* individualidade [os indivíduos universalmente desenvolvidos] supõe precisamente a produção baseada sobre o valor de troca, que cria, pela primeira vez, ao mesmo tempo, a universalidade do estranhamento frente a si mesmo e aos demais e a universalidade e a multilateralidade de suas relações e habilidades. Em estágios de desenvolvimento anteriores, o indivíduo se apresenta com maior plenitude precisamente porque não havia desenvolvido ainda a plenitude de suas relações e não as pôs, frente a ele, como potências e relações sociais autônomas".[2]

Essa desidentidade entre indivíduo e gênero humano — e as múltiplas formas de *estranhamento*, que daí decorrem — se universalizam sobre a produção generalizada de mercadorias, apesar de esta oferecer, pela primeira vez, as possibilidades para a multilateralidade humana. Mas, em vez do homem voltado para-si-mesmo-conscientemente-como-gênero, tem-se o seu contrário. Nas palavras de Agnes Heller: ao mesmo tempo em que o capitalismo produz necessidades "múltiplas e ricas", provoca o empobrecimento dos homens e converte o ser que trabalha em um ser "isento de necessidades".[3] Constata-se, pois, um processo de *homogeneização* e *redução* das necessidades do ser social que trabalha, "que deve privar-se de todas as suas necessidades para poder satisfazer uma só, manter-se vivo".[4]

Não creio que se possa dizer que no capitalismo avançado tal contextualidade e concretude não tem mais vigência. Essa hipótese, então, para o Terceiro Mundo industrializado, é inimaginável. E mesmo na Volvo, de Uddevalla, na Suécia, citada como exemplo mais avançado de organização do trabalho sob o capitalismo do *Welfare State*, também lá o produto continua *alheio* e *estranho* aos seus reais produtores. A decisão *do que* produzir não lhes pertence. E a apropriação do trabalho não é nem social e nem coletiva. Cito este exemplo atípico porque mesmo ele reafirma a regra. E isso na Suécia. Na realidade do Brasil, México, Coreia, Argentina, a desidentidade entre indivíduo e gênero humano beira a animalidade, especialmente quando se pensa nos estratos mais subalternizados das classes trabalhadoras. Isso para não falar dos *gastarbeiters* na Alemanha, no *lavoro nero* na Itália, enfim, no trabalho imigrante tão degradado na Europa que ruma para a unificação e que exclui contingentes vários do seu "bem-estar social".

Há, pois, não a eliminação, mas a persistência do antagonismo entre *capital social total* e a *totalidade do trabalho*, antagonismo que se dá tanto na esfera da produção quanto da sociedade de consumo produtora de desperdício, que manipula o consumo do ser que trabalha. O seu tempo de não trabalho, seu tempo liberado, não lhe permite viver uma vida cheia de sentido.[5]

Se o indivíduo é expressão da singularidade e o gênero humano é uma dimensão de universalidade, a classe é a mediação que particulariza os seres sociais que vivenciam condições de similitude em sua existência concreta, no mundo da produção e reprodução social. A consciência de uma classe é, pois, a articulação complexa, comportando identidades e heterogeneidades, entre singularidades que vivem uma situação particular.[6] Essa consciência do ser que trabalha é, portanto, uma processualidade, algo em movimento, em seu ir-sendo. Neste longo, complexo, tortuoso percurso, com idas e vindas, encontra-se ora mais próximo da imediatidade, do seu ser-em-si-mesmo, da consciência contingente, ora mais próximo da consciência autoemancipadora, do seu ser-para-si-mesmo que vive como gênero, que busca a omnilateralidade, momento por certo mais difícil, mais complexo, da universalidade autoconstituinte.[7]

Decisivo aqui é referir que a consciência é originada no interior da vida cotidiana. É na cotidianidade que as questões são suscitadas, e as respostas dos indivíduos e das classes são uma constante busca de indagações que se originam na vida cotidiana, onde as questões lhes são afloradas. As respostas às questões mais complexas são, entretanto, mediatizadas. Recorro a uma passagem de Lukács, que me remete ao centro da questão: "Enquanto na cotidianidade normal cada decisão que não se tornou completamente rotineira vem presa em uma atmosfera de inumeráveis 'se' e 'mas'..., nas situações revolucionárias e mesmo já em seus processos preparatórios, esta má infinidade de questões singulares se condensa em poucas questões centrais que, porém, apresentam-se à grande maioria dos homens como problemas que indicam o seu destino de vida, que, em contraposição à cotidianidade 'normal', assumem já no imediato a qualidade de uma pergunta formulada com clareza e que se deve responder claramente".[8]

É nesse complexo problemático das classes, do seu agir e do seu fazer-se, que aflora a necessidade de *elementos de mediação*, da qual os sindicatos e os partidos (e poderíamos acrescentar, os conselhos, e, num outro plano, as greves e as ações de classe) são expressões autênticas. Os primeiros, os sindicatos, dotados de uma especificidade mais atada, originalmente, à dimensão contingencial, ainda que possa superá-la.[9] Os segundos, os partidos, elementos de mediação dotados de capacidades mais globalizantes, referidas às formas explicitamente políticas, primeiro passo em direção da autorrealização autotranscendente.[10] Por isso a ênfase de Marx, nos debates travados no seio da Internacional, da necessidade da criação de um *partido político distinto*. Instrumento de mediação (e isso é decisivo, porque a deformação staliniana e stalinista o converteu em um *télos*, o partido sobrepôs-se à classe, suprimiu-a, de *meio* tornou-se *fim*), *uma* das alavancas possíveis para a busca da identidade entre indivíduo e gênero humano. Isto porque essa identidade, obstaculizada agudamente na sociabilidade do capital, quando pensada em termos de uma ontologia do ser social, supõe a supressão da particularização social limitadora — as classes. Então, o ser genérico deixa de ser uma abstração vazia, "não é mais uma mera generalização à qual os únicos exemplares se ligam 'mudamente'"; ao contrário, os indivíduos "elevam-se até o ponto de adquirirem uma voz cada vez mais articulada, até alcançarem a síntese ontológico-social de sua singularidade, convertida em individualidade, como o gênero humano, convertido neles, por sua vez, em algo consciente de si".[11]

Se algum momento relevante ainda há para os partidos, creio que e nesse universo, o de se constituir *numa* alavanca importante para a constituição do gênero humano emancipado.

Se estes partidos se encontram hoje em crise, numa política defensiva, as causalidades deste processo mereceriam uma discussão específica, que aqui não podemos fazer. O desmoronamento da esquerda tradicional, no Leste e no Ocidente, os efeitos deformantes da institucionalização que os distancia dos movimentos sociais autônomos e das classes que vivem do seu trabalho, a subordinação política dos partidos aos valores da sociabilidade regida pelo mercado, o fenômeno da socialdemocratização, além das transformações agudas no mundo do trabalho, decorrentes da automação, das transformações nas relações de trabalho, da "flexibilização", da desregulamentação, da desproletarização (do operariado fabril tradicional), da "terceirização" do trabalho, enfim, das metamorfoses da forma de ser da classe no Primeiro Mundo, estes são, por certo, alguns dos múltiplos e diversos aspectos que poderiam ser abordados, quando se pensa na crise dos partidos.

Entretanto, enquanto elemento de mediação, numa sociedade de classes, os partidos ainda não foram infirmados. A crise que os atinge não se conformou como uma crise que os excluiu da cena social e política, ou mais precisamente, do momento político constitutivo da classe. E, enquanto tal, mostra-se como *um* momento de mediação política, necessário para a autoabolição dos particularismos intrínsecos às classes sociais, mesmo as que vivem do seu trabalho. Ainda que hoje estejamos muito longe dessa possibilidade, há aqui, tal como o entendo, uma dimensão efetiva para os partidos de classe.

Para concluir: usamos, neste texto breve, a expressão *classe--que-vive-do-seu trabalho*. Não foi para burlar uma questão crucial, também impossível de ser aqui tematizada: essa noção amplia e incorpora a ideia de proletariado industrial, que se reduz e se torna significativamente heterogêneo no Primeiro Mundo, como decorrência das mudanças tecnológicas e da automação. Que alterações esta nova forma de trabalho, no Ocidente avançado, acarretará em relação aos seus organismos tradicionais, os sindicatos e os partidos? São indagações que um marxismo vivo tem que fazer. E sem medo de procurar respostas.

NOTAS

1. Ser genérico, em termos marxianos, entendido como ser consciente, que vive a efetividade humana omnilateral. Ser que se relaciona consigo mesmo como gênero vivo, universal e livre. Conforme Marx, parte final do primeiro dos *Manuscritos Econômico-Filosóficos* (1844), Espanha, Grijalbo.

2. Marx, K. *Grundrisse (Borrador)*. Argentina: Siglo XXI. v. 1, p. 90.

3. Agnes Heller. *Teoría de las necesidades en Marx*. Espanha: Ed. Península, p. 53.

4. Ibidem, p. 65.

5. Ver, a este respeito, os ensaios de E. Mandel, "Marx, La Crise Actuelle et L'Avenir du Travail", in *Quartième Internactionale*, n. 20, maio 1986 e I. Mészáros, *A necessidade do controle Social*, Ed. Ensaio.

6. Penso que, neste universo, afloram duas outras questões decisivas, quando se pensa na emancipação do ser social: a contradição do indivíduo e a sua classe e as relações complexas e contraditórias entre o gênero *mulher* e *homem*.

7. Ver Mészáros, I. "Contingent and Necessary Class Consciousness". In: *Philosophy, Ideology & Social Science (Essays in Negation and Affirmation)*, Wheatsheaf Books Ltd., p. 81-83, 1986.

8. Lukács, Gyorgy. *Ontologia dell'essere sociale*, II. Roma: Editori Riuniti, 1981. p. 506.

9. Ver as considerações de Gramsci acerca dos limites de sindicalismo e da importância dos conselhos no *L'Ordine Nuovo*, 1919/20.

10. Conforme I. Mészáros, "Contingent and...". Op. cit., p. 82.

11. Lukács, Gyorgy. "As bases ontológicas do pensamento e da atividade do homem". *Temas de Ciências Humanas*, São Paulo, n. 4, p. 14.

6

Trabalho e estranhamento*

A história da realização do ser social, muitos já o disseram, objetiva-se através da produção e reprodução da sua existência, ato social que se efetiva pelo trabalho. Este, por sua vez, desenvolve-se pelos laços de cooperação social existentes no processo de produção material. Em outras palavras, o ato de produção e reprodução da vida humana realiza-se pelo trabalho. É a partir do trabalho, em sua cotidianidade, que o homem torna-se ser social, distinguindo-se de todas as formas não humanas. É por demais conhecida aquela passagem de *O capital*, onde Marx diferencia o pior arquiteto da melhor abelha: aquele "obtém um resultado que já no início deste existiu na imaginação do trabalhador, e portanto idealmente. Ele não apenas efetiva uma transformação da forma da matéria natural; realiza, ao mesmo tempo, na matéria natural seu objeto, que ele sabe que determina, como lei, espécie e o modo de sua atividade e ao qual tem de subordinar sua vontade".[1]

---

* Publicado, com pequenas alterações, em *A rebeldia do trabalho* 2. ed. Editora da Unicamp, 1992.

Em outras palavras, o ser humano tem ideado, em sua consciência, a configuração que quer imprimir ao objeto do trabalho, antes de sua realização.

Isto ressalta a capacidade teleológica do ser social. É no trabalho, entendido como protoforma, como forma originária da atividade humana, "que se pode demonstrar ontologicamente que o estabelecimento de uma finalidade é um momento real da efetiva realidade material [...] qualquer trabalho seria impossível se não fosse precedido de uma tal colocação, determinando-lhe o processo em todas as suas fases".[2] Ou, ainda segundo Lukács: "Tão somente o carecimento material, enquanto motor do processo de reprodução individual ou social, põe efetivamente em movimento o complexo do trabalho; e todas as mediações existem ontologicamente apenas em função da sua satisfação".[3]

Do que se depreende que é decisivo o papel da ação teleológica, que põe em movimento formas distinguidoras da atividade mecânica animal, configurando previamente o processo de trabalho.

No trabalho, o momento distinguidor, essencialmente separatório, é constituído pela manifestação do ato consciente que, no ser social, deixa de ser um mero epifenômeno da reprodução biológica.[4] "O trabalho é um ato de pôr consciente e, portanto, pressupõe um conhecimento concreto, ainda que jamais perfeito, de determinadas finalidades e de determinados meios".[5] O que remete a uma dimensão fundamental da subjetividade do ser, à dimensão teleológica. "Portanto, pode-se falar racionalmente do ser social tão somente quando se compreende que sua gênese, sua separação da base originária e sua emancipação, estão fundadas no trabalho, ou seja, na contínua realização de finalidades colocadas."[6]

Falar em teleologia no processo de trabalho não significa, evidentemente, conceber um teleologismo que afirma o domínio universal do finalismo, uma teleologia dominando a história. Há, ao contrário, no plano do trabalho, uma unidade inseparável entre teleologia e causalidade. Como diz ainda Lukács: "Decisivo aqui é compreender que se está em face de uma duplicidade: numa sociedade tornada realmente social, a maior parte das atividades cujo conjunto põe a totalidade em movimento é certamente de origem teleológica, mas a sua existência real [...] é feita de conexões causais que jamais e em nenhum sentido podem ser de caráter teleológico".[7]

O que torna transparente a contraditoriedade presente no processo social: formular teleologias sobre as alternativas possibilitadas pela realidade — cujo movimento é resultante de causalidades presentes nessa mesma realidade e que foram postas pelo conjunto dos atos humanos precedentes —, o que restringe e limita as possibilidades e alternativas da ação teleológica. Isso, entretanto, não elide a ação consciente, subjetiva, que desempenha papel decisivo nas mudanças e rupturas substanciais da história da humanidade, de que as revoluções são momentos exemplares.[8]

O trabalho gera, "na ontologia do ser social, uma categoria qualitativamente nova em relação às precedentes formas do ser inorgânico. Tal novidade está no fato de que a posição teleológica realiza-se enquanto resultado adequado, idealizado e desejado".[9]

O trabalho mostra-se como momento fundante de realização do ser social, condição para sua existência; é o ponto de partida para a humanização do ser social e o "motor decisivo do processo de humanização do homem".[10] Não foi outro o significado dado por Marx ao enfatizar que: "Como criador de valores de uso, como trabalho útil, é o trabalho, por isso, uma condição de existência do homem, independentemente de todas as formas de sociedade, eterna necessidade natural de mediação do metabolismo entre homem e natureza e, portanto, vida humana".[11] Esta formulação permite entender o trabalho como "a única lei objetiva e ultra-universal do ser social, que é tão 'eterna' quanto o próprio ser social; ou seja, trata-se também de uma lei histórica, à medida que nasce simultaneamente com o ser social, mas que permanece ativa apenas enquanto esse existir".[12]

Através do trabalho, diz Lukács, "tem lugar uma dupla transformação. Por um lado, o próprio homem que trabalha é transformado pelo seu trabalho; ele atua sobre a natureza; 'desenvolve as potências nela ocultas' e subordina as forças da natureza 'ao seu próprio poder'. Por outro lado, os objetos e as forças da natureza são transformados em meios, em objetos de trabalho, em matérias-primas etc. O homem que trabalha 'utiliza as propriedades mecânicas, físicas e químicas das coisas, a fim de fazê-las atuar como meios para poder exercer seu poder sobre outras coisas, de acordo com sua finalidade".[13]

Se na formulação marxiana o trabalho é o ponto de partida do processo de humanização do ser social, também é verdade que, tal como se objetiva na sociedade capitalista, o trabalho é degradado e aviltado. Torna-se *estranhado*.[14] O que deveria se constituir na finalidade básica do ser social — a sua realização *no* e *pelo* trabalho — é pervertido e depauperado. O processo de trabalho se converte em meio de subsistência. A força de trabalho torna-se, como tudo, uma mercadoria, cuja finalidade vem a ser a produção de mercadorias. O que deveria ser a forma humana de realização do indivíduo reduz-se à única possibilidade de subsistência do despossuído. Esta é a radical constatação de Marx: a precariedade e perversidade do trabalho na sociedade capitalista. Desfigurado, o trabalho torna-se meio e não "primeira necessidade" de realização humana. Na formulação contida nos *Manuscritos*, "[...] o trabalhador decai a uma mercadoria e à mais miserável mercadoria", torna-se "um ser *estranho* a ele, um *meio* da sua *existência individual*".[15]

Como expressão da realidade existente na sociedade regida pelo valor tem-se a dialética da riqueza-miséria, da acumulação-privação, do possuidor-despossuído. Ainda conforme Marx: "Segundo leis da Economia Política o estranhamento do trabalhador em seu objeto se expressa de maneira que quanto mais o trabalhador produz tanto menos tem para consumir, que quanto mais valores cria tanto mais se torna sem valor e sem dignidade, que tanto melhor formado o seu produto tanto mais deformado o trabalhador, que tanto mais civilizado o seu objeto tanto mais bárbaro o trabalhador, que quanto mais poderoso o trabalho tanto mais impotente se torna o trabalhador, que quanto mais rico de espírito o trabalho tanto mais o trabalhador se torna pobre de espírito e servo da natureza".[16]

Como resultante da forma do trabalho na sociedade capitalista tem-se a desrealização do ser social. O resultado do processo de trabalho, o produto, aparece junto ao trabalhador como um ser alheio, como algo alheio e estranho ao produtor e que se tornou coisa. Tem-se, então, que essa realização efetiva do trabalho aparece como desefetivação do trabalhador.[17]

Esse processo de estranhamento do trabalho não se efetiva apenas no resultado — a perda do objeto —, mas abrange também o próprio ato de produção; ele é o efeito da atividade produtiva já estranhada. Se o produto é o resultado da atividade produtiva, resulta que esta é estranha ao trabalhador. Nas palavras de Marx: "No estranhamento do objeto do trabalho só se resume o estranhamento, a alienação na atividade mesma do trabalho".[18] O que significa dizer que, sob o capitalismo, o trabalhador repudia o trabalho; não se satisfaz, mas se degrada; não se reconhece, mas se nega. "Daí que o trabalhador só se sinta junto a si fora do trabalho e fora de si no trabalho. Sente-se em casa quando não trabalha e quando trabalha não se sente em casa. O seu trabalho não é, portanto, voluntário, mas compulsório, *trabalho forçado*. Por conseguinte, não é a satisfação de uma necessidade, mas somente um meio para satisfazer necessidades fora dele".[19]

Em seus *Extratos de Leitura sobre J. Mill*, onde pela primeira vez faz uma exposição mais sistemática da noção de *estranhamento*, Marx afirma: "Meu trabalho seria *livre projeção exterior de minha vida*, portanto *desfrute* de *vida*. Sob o pressuposto da propriedade privada (em troca) é *estranhamento de minha vida*, posto que trabalho *para viver*, para conseguir os *meios* de vida. Meu trabalho *não é vida*".[20]

O trabalho como atividade vital, verdadeira, desaparece: "Uma vez pressuposta a propriedade privada, minha individualidade se torna estranhada até tal ponto, que esta *atividade* se torna *odiosa*, um *suplício* e, mais que atividade, *aparência dela*; por consequência, é também uma atividade puramente *imposta* e o único que me obriga a realizá-la é uma necessidade *extrínseca* e acidental, *não* a necessidade interna e necessária".[21]

O estranhamento, enquanto expressão de uma relação social fundada na propriedade privada e no dinheiro é a "abstração da natureza *específica*, pessoal" do ser social, que "atua como homem que se perdeu a si mesmo, desumanizado".[22] O estranhamento remete, pois, à ideia de barreiras sociais que obstaculizam o desenvolvimento da personalidade humana. Tem-se como retrato não o pleno desenvolvimento da omnilateralidade do ser, mas a sua redução ao que lhe é instintivo e mesmo animal. Ainda nas palavras incisivas presentes nos *Manuscritos*: o trabalhador sente-se livremente ativo em suas funções animais (comer, beber, procriar etc.) e em suas funções humanas sente-se como um animal. O que é próprio da animalidade se torna humano e o que é humano torna-se animal.[23]

Estranhado frente ao produto do seu trabalho e frente ao próprio ato de produção da vida material, o ser social torna-se um ser estranho frente a ele mesmo: o homem estranha-se do próprio homem.[24] Torna-se estranho em relação ao gênero humano. "O homem se converte em um simples meio para outro homem; um meio para a satisfação de seus fins privados, de sua avidez".[25] Não se verifica o momento de identidade entre o indivíduo e o gênero humano — isto é, o homem vivendo *para-si-mesmo conscientemente como gênero* —, mas o seu contrário. Nas sociedades capitalistas "o valor de uso (o produto do trabalho concreto) não serve para a satisfação das necessidades. Ao inverso, sua essência consiste em satisfazer as necessidades do *não possuidor*. Ao trabalhador lhe é completamente indiferente o tipo de valores de uso por ele produzido, não tendo com eles nenhuma relação. O que desenvolve para satisfazer suas necessidades é, pelo contrário, *trabalho abstrato*: trabalha unicamente para manter-se, para satisfazer as meras necessidades 'necessárias'".[26] Na concretude do capitalismo tem-se, portanto, que "tudo é 'reificado' e as relações ontológicas fundamentais são postas de cabeça para baixo. O indivíduo é confrontado com meros objetos (coisas, mercadorias), quando seu 'corpo inorgânico' — 'natureza trabalhada' e capacidade produtiva externalizada — foi dele alienado. Não tem consciência de um 'ser pertencente a uma espécie' [...], em outras palavras, um ser cuja essência não coincide diretamente com a sua individualidade".[27]

A atividade produtiva, dominada pela fragmentação e isolamento capitalista, onde os homens são atomizados, "não pode realizar adequadamente a função de mediação entre o homem e a natureza, porque 'reifica' (coisifica) o homem e suas relações e o reduz ao estado de um animal natural".[28] Em lugar da consciência de ser social, têm-se o culto da privacidade, a idealização do indivíduo tomado abstratamente.[29] Em vez do *trabalho como atividade vital*, momento de identidade entre o indivíduo e o ser genérico, tem-se, na sociedade regida pelo capital, uma forma de objetivação do trabalho, onde as relações sociais estabelecidas entre os produtores assumem, conforme disse Marx, a forma de relação entre os produtos do trabalho. A relação social estabelecida entre os homens adquire a forma de uma relação entre coisas.

"A igualdade dos trabalhos humanos assume a forma material da igual objetividade de valor dos produtos de trabalho; a medida do dispêndio de forças de trabalho do homem, por meio de sua duração, assume a forma da grandeza de valor dos produtos de trabalho; finalmente, as relações entre os produtores, em que aquelas características sociais de seus trabalhos são ativadas, assumem a forma de uma relação social entre os produtos de trabalho."[30]

A dimensão abstrata do trabalho mascara e faz desvanecer a sua dimensão concreta, de trabalho útil. Disto resulta o caráter misterioso ou fetichizado da mercadoria: ela encobre as dimensões sociais do próprio trabalho, mostrando-as como inerentes aos produtos do trabalho. Mascaram-se as relações sociais existentes entre os trabalhos individuais e o trabalho total, apresentando-as como relações entre objetos coisificados. "Não é mais nada que determinada relação social entre os próprios homens que para eles aqui assume a forma fantasmagórica de uma relação entre coisas."[31]

No valor de troca, o vínculo social entre as pessoas se transforma em uma relação social entre coisas: a capacidade pessoal transfigura-se em capacidade *das coisas*.[32] Trata-se, portanto, de uma relação reificada entre os seres sociais. Marx aponta, entretanto, nos *Grundrisse*, a dialeticidade presente no capitalismo: "O grau e a universalidade do desenvolvimento das faculdades, que tornam possível esta individualidade [Os indivíduos universalmente desenvolvidos, cujas relações sociais enquanto relações próprias e coletivas estão já submetidas a seu próprio controle coletivo] supõem precisamente a produção baseada sobre o valor de troca, que cria, pela primeira vez, ao mesmo tempo, a universalidade do estranhamento do indivíduo frente a si mesmo e aos demais e a universalidade e a multilateralidade de suas relações e de suas habilidades. Em estágios de desenvolvimento anteriores, o indivíduo se apresenta com maior plenitude precisamente porque não havia desenvolvido ainda a plenitude de suas relações e não as pôs, frente a ele, como potências e relações sociais autônomas". E acrescenta: "É tão ridículo sentir nostalgia daquela plenitude primitiva como crer que é preciso deter-se neste vazio completo".[33]

A racionalização própria da indústria capitalista moderna tende, ao ser movida pela lógica do capital, a eliminar as propriedades qualitativas do trabalhador, pela decomposição cada vez maior do processo de trabalho em operações parciais, operando-se uma ruptura entre o elemento que produz e o produto desse trabalho. Este é reduzido em um nível de especialização, que acentua a atividade mecanicamente repetida. E essa decomposição moderna do processo de trabalho, de inspiração taylorista, "penetra até a 'alma' do trabalhador".[34] Tem-se, no plano da consciência, a coisificação, a reificação; o trabalho estranhado converte-se num forte obstáculo à busca da omnilateralidade e plenitude do ser. Não é casual, diz A. Heller, que Marx enfatize vigorosamente o fato de que o capitalismo produza necessidades "múltiplas e ricas", na mesma medida em que provoca o empobrecimento dos homens e converte o trabalhador em um ser "isento de necessidades".[35]

Remetida à contemporaneidade, dada pelo capitalismo avançado da época monopólica, a problemática do estranhamento adquire amplitude ainda maior: se na gênese do capitalismo industrial, dada a vigência "de um trabalho opressivo em um nível quase animal" [...] a luta de classes teve por objetivo, por decênios, garantir, com reivindicações adequadas sobre salários e sobre o tempo de trabalho, o mínimo de uma vida humana para o trabalhador",[36] com a subsunção real do trabalho ao capital, e o predomínio da mais-valia relativa, a luta ganhou um componente inteiramente novo, uma vez que a mais-valia absoluta já não desempenha o papel dominante.

"Hoje, com uma semana de cinco dias e um salário adequado, podem já existir as condições indispensáveis para uma vida cheia de sentido. Mas surge um novo problema: aquela manipulação, que vai da compra do cigarro às eleições presidenciais, ergue uma barreira no interior dos indivíduos, entre a sua existência e uma vida rica de sentido. [...] Por causa desta manipulação, o operário, o homem que trabalha é afastado do problema de como poderia transformar seu tempo livre em *otium*, porque o consumo lhe é instilado sob a forma de uma superabundância e vida com finalidade em si mesma, assim como na jornada de trabalho de doze horas a vida era ditatorialmente dominada pelo trabalho."[37]

Essa longa citação parece-nos valiosa por introduzir componentes novos para se entender a problemática do estranhamento na sociabilidade contemporânea: se esta se objetiva originariamente no processo de produção — e tem neste momento o seu estatuto ontológico fundante —, o capitalismo avançado conseguiu estendê-la até a esfera do consumo. Com todo arsenal mercadológico e da *mass media*, a possibilidade de manipulação das necessidades de consumo do ser que trabalha o impossibilita, também neste plano, de buscar sua realização, acarretando formas complexas de estranhamento.[38]

No universo da *manipulação das necessidades*, a liberdade individual é "só aparente: o particular elege os objetos de suas necessidades e plasma essas necessidades individuais não em conformidade com sua personalidade, mas sobretudo em conformidade com o lugar que ocupa na divisão do trabalho [...] dado que o *fim não* é o desenvolvimento múltiplo do indivíduo, o particular se converte em *escravo* desse conjunto restrito de necessidades".[39] O retrato mais significativo do empobrecimento das necessidades do indivíduo é dado pela sua redução e homogeneização: "o operário somente deve ter o suficiente para querer viver e somente deve querer viver para ter. [...] Quando observa que o trabalhador é um 'ser sem necessidade', Marx alude a esta redução. O trabalhador deve privar-se de toda necessidade para poder satisfazer uma só, manter-se vivo. [...] De uma só coisa não pode privar-se o trabalhador: de sua força de trabalho. Porém, o uso da força de trabalho (o trabalho) em condições capitalistas constitui também um 'processo de redução'. A própria execução do trabalho não representa uma *necessidade* do trabalhador. Como consequência da divisão do trabalho esta é limitada à 'força produtiva por excelência'. Assim se conclui o processo de redução e homogeneização das necessidades".[40]

Há, portanto, no plano da produção e reprodução material, uma dupla dimensão da luta contra o estranhamento sob o capitalismo: aquela que visa o questionamento do próprio modo de produção e extração na mais-valia e aquela que possibilita ao indivíduo que trabalha, utilizar seu horário de não trabalho, seu tempo liberado, visando a concretização de uma experiência mais cheia de sentido, não coisificado pela manipulação do capital.

É evidente, entretanto, que a emancipação do trabalho não se confunde com tempo livre ou liberado, mas sim com uma nova *forma de trabalho*, que realize, em sua integralidade, a omnilateralidade humana, o livre desenvolvimento das individualidades, a plena realização e emancipação do ser social. Por isso discordamos de A. Gorz, quando este afirma que a libertação do ser social passa pela abolição do trabalho, pelo reino do não trabalho, pela "sociedade do tempo liberado". Dessa formulação resulta que a centralidade na transformação social não é mais encontrada na classe trabalhadora mas na "não classe" de "não trabalhadores".[41]

É verdade que, na contextualização do capitalismo avançado, a automatização crescente tem acarretado uma diminuição relativa de segmentos da classe operária. Do mesmo modo, é possível constatar, em alguns países europeus, um processo que, paralelamente à automação do trabalho, tem gerado uma descentralização das grandes unidades fabris. Referindo-se à Itália, Fergus Murray mostra como a descentralização produtiva tem sido intensificada e tem se transformado através do avanço tecnológico, combinando automação e descentralização física da produção, gerando o fracionamento do trabalho, anteriormente concentrado em grandes unidades fabris, e que passa a se transferir para o *domestic out-workers*, incrementando, desse modo, o *putting-out* do trabalho para uma rede de pequenas unidades. A título de exemplo dessas tendências, cita o autor que no Japão existem cerca de 180 mil *domestic out-workers*; o carro S. da General Motors é fabricado na rede de produção da GM europeia, que emprega 120 mil trabalhadores espalhados em 39 plantas em dezessete países. Na economia italiana, o *putting-out* tem acarretado mudanças no emprego industrial dos últimos dez anos; em 1971, 22% da força de trabalho industrial estavam empregados em pequenas empresas com menos de dezenove trabalhadores. Por volta de 1978 este índice cresceu para 29,4%, aumentando em cerca de 345 mil trabalhadores. O *putting-out* e a fragmentação geográfica da produção têm sido parcialmente responsáveis por estas tendências. Em 1980 aproximadamente um terço da força de trabalho na indústria mecânica de Bolonha estava trabalhando em "empresas artesanais" (*artisan firms*) que empregam de um a quinze trabalhadores. Tudo isto sugere, segundo o autor, que a descentralização produtiva, a automação e a informática são meios eficientes para serem contrapostos ao poder operário e ao trabalho coletivo de massa. Em se generalizando essa tendência (o que por enquanto é uma hipótese), é evidente que o trabalhador coletivo de massa dos anos 1970 diminuirá em muito sua potencialidade revolucionária.[42]

Se é válido argumentar que a formulação do fim do proletariado é, no mínimo, polêmica e mesmo problemática, mesmo quando remetida à concretude do capitalismo avançado (onde expressivos confrontos do proletariado europeu, como a greve dos mineiros ingleses, que perdurou por quase um ano, e a dos metalúrgicos alemães, também de longa duração — só para citar dois exemplos desencadeados em 1984 — contraditam as teses do *Welfare State* e do conformismo da classe operária) mais problemáticas tornam-se quando remetidas aos países não hegemônicos.[43] Mas essa já é uma outra discussão.

NOTAS

1. Marx, K. *O capital*. São Paulo: Abril Cultural, 1983. Livro I, t. 1, v. 1, p. 149-150.

2. Lukács, G. *Ontologia dell'essere sociale*, II. Roma: Editori Riuniti, 1981. p. 23.

3. Lukács, G. "As bases ontológicas do pensamento e da atividade do homem". In: *Temas de Ciências Humanas*, São Paulo, Ed. Ciências Humanas, n. 4, p. 5, 1978.

4. Ibidem, p. 4.

5. Ibidem, p. 8.

6. Lukács, G. *Ontologia dell'essere sociale*, II. Op. cit., p. 24.

7. Lukács, G. "As bases...". Op. cit., p. 6.

8. Sobre a distinção lukacsiana entre posições teleológicas primárias, isto é, aquelas que remetem diretamente à esfera do trabalho, e as posições teleológicas secundárias, isto é, aquelas que se referem à atividade humana que não diretamente vinculadas às atividades econômicas, mas sim à superestrutura, ver Ester Vaisman, *O Problema da Ideologia na Ontologia de G. Lukács*, Dissertação de Mestrado, UFPB, 1986, especialmente capítulo I.

9. Lukács, G. *Ontologia...*, II. Op. cit., p. 33.

10. Ibidem, p. 36.

11. Marx, K. *O capital*. Op. cit., p. 50.

12. Lukács, G. *Ontologia do Ser Social (Os princípios ontológicos fundamentais de Marx)*. São Paulo: Ed. Ciências Humanas, 1979. p. 99.

13. Ibidem, p. 16.

14. Utilizamos a expressão o trabalho estranhado (*die entfremdete Arbeit*) e estranhamento (*Entfremdung*) e não alienação (*Entäusserung*), porque, enquanto esta última é um aspecto inelimínável de toda objetivação, o estranhamento refere-se à existência de barreiras sociais que se opõem ao desenvolvimento da personalidade humana. Como disse Lukács: "Somente quando as formas objetificadas da sociedade adquirem ou assumem funções que põem a essência do homem em contraposição à sua existência, submetem a essência humana ao ser social, a deformam ou dilaceram etc., é que se produz a relação objetivamente social do estranhamento". Conforme Lukács, G. *Historia y conciencia de clase*, Prólogo de 1967, Barcelona: Grijalbo, 1975. p. xxvi. Em outras palavras, o desenvolvimento das forças produtivas acarreta necessariamente o desenvolvimento da capacidade humana, mas — e aqui emerge plasticamente o problema do *estranhamento* — o desenvolvimento da capacidade humana não produz necessariamente o desenvolvimento da personalidade humana, mas, ao contrário, pode desfigurá-la e aviltá-la. Ver Lukács, G., *Ontologia...*, II, p. 562.

15. Marx, K. Manuscritos Econômicos-Filosóficos, parte final do primeiro manuscrito, Florestan Fernandes (Org.). In: *Marx/Engels, história*. São Paulo: Ática, 1983. p. 147 e 158. Como o tradutor desta edição não compartilha com o exposto na nota anterior, fizemos algumas alterações a partir da consulta ao texto original *Ökonomisch-philosophische Manuskripte* (1844), Werke, Dietz Verlag, Berlim, p. 510-522.

16. Ibidem, p. 152.

17. Ibidem, p. 149.

18. Ibidem, p. 152-153.

19. Ibidem, p. 153.

20. K. Marx. "Extractos de Lectura — James Mill". In: *Obras de Marx y Engels*, Ome, "Manuscritos de Paris y Anuários Franco-Alemanes — 1844". Barcelona: Grijalbo, 1978. p. 293.

21. Ibidem, p. 299.

22. Ibidem, p. 278.

23. Marx, K. *Manuscritos econômicos-filosóficos.* Op. cit., p. 154.

24. Ibidem, p. 158.

25. Heller, Agnes. *Teoria de las necesidades en Marx.* Barcelona: Ed. Península, 1986. p. 54.

26. Ibidem, p. 54.

27. Mészáros, István. *Marx*: a teoria da alienação. Rio de Janeiro: Zahar, 1981. p. 76.

28. Ibidem, p. 76-77.

29. Ibidem, p. 77.

30. Marx, K. *O capital*, Abril, v. I. Op. cit., p. 71.

31. Ibidem, p. 71.

32. Marx, K. *Elementos fundamentales para la crítica de la economia política*, Borrador, 1857-1858. Buenos Aires: Siglo XXI. v. 1, p. 85.

33. Ibidem, p. 89-90.

34. Conforme Lukács, G. "La Cosificación y la Conciencia del Proletariado". In: *Historia y conciencia de clase.* Op. cit., p. 129.

35. Heller, A. Op. cit., p. 53.

36. Lukács, G., *Conversando com Lukács*, por Holz, Kofler Abendroth. Rio de Janeiro: Paz e Terra, 1969. p. 52-53.

37. Ibidem, p. 53-54.

38. Conforme Lukács, G. "Autocrítica do Marxismo". In: *Temas de Ciências Humanas*, op. cit., p. 23. Penso que Sartre também afora esta problemática quando afirma, referindo-se ao capitalismo avançado, que "o operário esgota-se trabalhando para produzir o automóvel e para ganhar o dinheiro necessário para comprá-lo; esta aquisição lhe dá a impressão de que foi satisfeita uma 'necessidade'. O sistema que o explora lhe dá, ao mesmo tempo, um modelo e a possibilidade de satisfazê-lo. Há que buscar, portanto, a consciência do caráter intolerável do sistema não mais na impossibilidade de satisfazer suas necessidades elementares, senão, antes de tudo, na consciência da alienação: quer dizer, porque esta vida não vale a pena de ser vivida e porque não tem sentido, esse mecanismo é um embuste, essas necessidades criam-se artificialmente, são falsas, esgotam e só

servem a estas utilidades" (Sartre, J.-P. "Masas, Espontaneidad, Partido", Discusión entre Sartre y la dirección del II Manifesto. In: VV.AA. Teoria marxista del partido político 3, *Cuadernos de Pasado y Presente*, Buenos Aires, Siglo XXI, n. 38, p. 21, 1973).

39. Heller, A. Op. cit., p. 57-58.

40. Ibidem, p. 64-66.

41. Ver Gorz, A. *Adeus ao proletariado (Para além do socialismo)*. Rio de Janeiro: Forense Universitária, 1982. p. 9-22.

42. Ver Murray, Fergus. "The decentralisation of production — the decline of the mass-collective worker?". In: *Capital & Class*, Londres, n. 19, p. 79-99, primavera 1983.

43. Sobre a greve dos mineiros na Inglaterra ver *Digging deeper — Issues in the miner's strike*, Huw Beynon Ed., British Library, 1985. Outro autor, Castoriadis, levou ao limite a formulação anterior contida em A. Gorz, e da qual discordamos radicalmente. Em *Socialismo ou barbárie* diz: "A preparação histórica, a gestão cultural e antropológica da transformação social não pode nem poderá ser tarefa do proletariado, nem a título exclusivo nem a título de privilégio. Não se trata de atribuir a uma categoria social particular, seja ela qual for, uma posição soberana ou 'hegemônica'", após o que discorre sobre o que considera a total inadequação do conceito de proletariado e da teoria marxiana das classes. Acrescenta ainda, em outro ensaio: "Não podemos começar a compreender algo sobre o proletariado e sua história enquanto não nos livrarmos desses esquemas ontológicos que dominam o pensamento herdado (e seu último rebento, o marxismo), enquanto não considerarmos em primeiro lugar as significações novas que emergem na e através da atividade dessa categoria social, em vez de fazê-la entrar à força em escaninhos conceituais vindos de fora e previamente dados". E completa: "A classe operária, no sentido próprio da expressão, tende a se tornar uma camada numericamente minoritária nos países de capitalismo moderno; e, o que é ainda mais importante, não se manifesta mais e não se põe mais como classe". Disto resulta que "[...] não há mais proletariado como única classe verdadeiramente revolucionária; há um proletariado minoritário na sociedade, que não se põe como classe revolucionária (e nem mesmo mais como 'classe') e cuja luta contra o sistema instituído não é, quantitativa ou qualitativamente, nem mais nem menos

importante do que a de outras camadas sociais". A primeira citação está em C. Castoriadis (*Socialismo ou barbárie* [*O conteúdo do socialismo*], São Paulo: Brasiliense, 1983. p. 30). As demais citações encontram-se em *A experiência do movimento operário*, São Paulo: Brasiliense, 1985. p. 54, 73-76). Em relação à persistência do antagonismo entre o capital social total e a totalidade do trabalho, ver as considerações de Mészáros, *A Necessidade do Controle Social* (São Paulo: Ensaio), especialmente itens 6 e 7.

7

A prevalência da lógica do capital*

Vou procurar apontar alguns elementos que determinaram a derrocada da URSS e da equivocadamente chamada "experiência socialista" intentada neste século. Vou fazê-lo recorrendo a duas ideias centrais, deixando de tratar de inúmeras questões relevantes, *mas não determinantes*, que a brevidade deste texto não permite tratar:

1) Ao contrário do que apregoa a *irrazão* hoje dominante, a experiência da URSS não concretizou valores essenciais do pensamento de Marx, mas acabou por efetivar *a negação aguda dos elementos fundantes de seu pensamento*.

2) As sociedades pós-revolucionárias *não conseguiram constituir-se enquanto sociedades socialistas*; a ruptura iniciada em 1917 *não foi capaz de romper com a lógica histórico-mundial do capital*, apesar de contemplar, no âmbito dos recortes nacionais, dimensões anticapitalistas.

---

* Publicado em *Crítica Marxista*, São Paulo, Brasiliense, v. 1, n. 1, 1994.

Comecemos pela primeira. São conhecidas as ideias de Marx a respeito das possibilidades de rupturas anticapitalistas: estas encontrariam solo fértil somente se as revoluções socialistas atingissem uma dimensão e uma processualidade universalizantes, a partir de "um alto grau de desenvolvimento", dado "num plano histórico-mundial". Sem isso, o "comunismo local", impossibilitado de desenvolver-se como "força universal", seria sufocado pelas próprias "forças do intercâmbio" mundial (Marx, 1977, p. 50-51). Muito tempo depois, indagado sobre a possibilidade da revolução na Rússia, Marx acrescentou: pela inserção no "mercado mundial onde predomina a produção capitalista" (Marx, 1978, p. 142), a revolução russa poderá ser "ponto de partida" para o Ocidente, "de modo que ambas se completem" (Marx e Engels, 1975, p. 15).

Sabe-se que não foi esta a trajetória russa: uma revolução *singular*, ocorrida num país *atrasado*, não teve como desdobramento a *ocidentalização* da revolução. Com as derrotas das revoluções no centro, especialmente a alemã, a revolução russa começa a vivenciar a *tragédia*. Se com Lenin, Trotsky e Bukharin, eram visualizadas *dimensões* desta tragédia, com Stalin a revolução russa atingiu a absurda condição de *modelo* que deveria ser seguido pelas demais revoluções. Daí para a também nefasta tese staliniana do *socialismo num só país*, e seus vários e cada vez mais equivocados desdobramentos, como o do *socialismo nos países coloniais, dependentes, atrasados etc.*, foi um passo muito rápido. *Objetivamente isolada, a revolução russa estava impossibilitada de romper com a lógica do capital*; posteriormente, ao ampliar-se (sem revolução) para o Leste Europeu e deste em direção à periferia do capitalismo, acentuava a tendência anterior. A efetivação de uma transição *isolada ou subalterna* para o socialismo era uma *impossibilidade objetiva*. *Subjetivamente*, sob o terror da era Stalin, o mito do "socialismo num só país" converteu-se em tese *taticista* com estatuto de cientificidade e de *classicidade* (Lukács, 1976, p. 361). O resultado final disto está estampado em 1989: a derrocada e o desmoronamento final da URSS e dos países que compunham o falsamente denominado "bloco socialista", e que não conseguiram romper com a *lógica, o domínio do capital* (Mészáros, 1982, 1985, 1992). Seus traços internos anticapitalistas (de que foram exemplos a eliminação da propriedade privada, do lucro e da mais-valia *acumulada privadamente*), foram incapazes de romper com o sistema de comando do capital, que se manteve através dos imperativos materiais; da divisão social do trabalho herdada anteriormente e só parcialmente modificada; da estrutura objetiva, atrasada em seu início e obsoleta em seu desenvolvimento posterior; e da consequente generalização do *reino da escassez*. Seus vínculos com o *sistema mundial produtor de mercadorias* impediram que sua conformação interna com traços anticapitalistas se tornassem determinantes. Ao contrário, esses países curvaram-se à lógica da produção e do mercado sob comando do capital. Na síntese de Mészáros, a União Soviética não era capitalista, nem mesmo um capitalismo de estado. Mas o sistema soviético estava totalmente dominado pelo poder do capital: a divisão do trabalho permanecia intacta, a estrutura de comando do *capital* (e não do *capitalismo*, na distinção decisiva presente em Marx e reafirmada por Mészáros) também permanecia. O capital é um sistema de comando cujo funcionamento é orientado para a acumulação, sendo que essa acumulação *pode ser garantida por diferentes caminhos* (Mészáros, 1992, p. 31). Com um diagnóstico que contempla algumas similaridades, Mandel (1985, p. 57) afirma que "a persistência da produção de mercadorias na URSS e outras formações sociais similares é uma evidência decisiva de que... não há uma economia *socialista* nem uma sociedade onde os meios de produção estejam plenamente socializados ou mesmo em processo de socialização".

Outro autor, em recente e polêmico ensaio, desenvolveu a tese de que o sistema soviético estava na sua *interioridade* impossibilitado de romper com a *lógica do sistema global produtor de mercadorias e do trabalho abstrato*. Depois de demonstrar que o "sistema de mercado planejado", seguindo sua própria lógica imanente, levou ao extremo todas as irracionalidades do sistema produtor de mercadorias, ao invés de começar a eliminá-las, acrescentou: a produção de mercadorias "do 'socialismo real', ao chegar ao mercado mundial, [teve] que sujeitar-se às leis deste, independente de suas leis próprias... O mercado mundial, em primeiro lugar uma metaesfera da produção de mercadorias das economias nacionais, impõe progressivamente em um contexto global a lei da produtividade, descrita por Marx" (Kurz, 1992, p. 102 e 131-132).

Esses países, tendo a URSS à frente, com insuficiente nível de desenvolvimento das forças produtivas, apesar de configurarem-se como sociedades pós-capitalistas, foram gradativa e crescentemente sufocados pela lógica histórico-mundial do capital; a *tentativa* de transição socialista intentada neste século XX não foi capaz de quebrar o centro hegemônico do capitalismo e a partir daí iniciar efetivamente a desmontagem da lógica do capital. Em vez da associação livre dos trabalhadores, da omnilateralidade e emancipação humanas, de que tanto falou Marx, vivenciou-se a crescente subordinação destes países aos regramentos próprios do capital e do sistema produtor de mercadorias. Na verdade estas sociedades pós-revolucionárias constituíram sociedades *híbridas, nem capitalistas e nem socialistas*, cuja transitoriedade, embora tivesse um *télos* voltado abstratamente para o socialismo, *foi objetiva (e subjetivamente)* regredindo e acomodando-se ao sistema produtor de mercadorias em escala internacional. Penso que há uma certa similaridade, para fazermos um paralelo histórico, com as formações sociais que, à época da transição do feudalismo para o capitalismo, assumiram também uma conformação *híbrida*, que gerou inclusive um expressivo e controvertido debate no interior do marxismo. A diferença mais evidente é que naquele trânsito o capitalismo tornou-se, ao final do processo, vitorioso, diferentemente da transição intentada no século XX, que não levou à superação do modo de produção capitalista. O caso chinês parece exemplar: subsiste através de uma falaciosa "economia socialista de mercado", cada vez mais atada (e sintonizada) com o sistema mundial produtor de mercadorias e sustentada até não se sabe quando por uma autocracia partidária.

Quero concluir com três sintéticas indicações:

Primeiro: os eventos de 1989 sinalizam uma nova era, de crise aguda do capital (Kurz, 1992; Mészáros, 1989), bem como a possibilidade real de revivescimento de uma esquerda *renovada e radical*, de *inspiração marxiana*, que não poderá ser responsabilizado pela barbárie (neo)stalinista vigente naqueles países até pouco tempo. (Ver, por exemplo, Magri, 1991; 9.) O movimento socialista também se verá beneficiado pela intensificação das contradições sociais nas formas societárias que estão se configurando na ex-URSS e demais países do Leste Europeu.

Segundo: a análise das experiências revolucionárias do século XX nos permite concluir que "a revolução social vitoriosa não poderá ser local ou nacional; somente a revolução política poderá confinar-se dentro de um quadro limitado, em conformidade com sua própria parcialidade — [a revolução social] deverá ser *global/ universal*, o que implica a necessária superação do estado em sua escala global" (Mészáros, 1982, p. 60). Do que se depreende que as ocorrências *de revoluções políticas nacionais* não levam à realização *imediata* e *nacional* do socialismo, uma vez que este supõe um processo *ampliado* e de dimensão *universalizante*.

Terceiro: as possibilidades reais de superação do capital ainda encontram como subjetividade coletiva capaz de efetivá-las a *classe-que-vive-do trabalho*. Mais heterogênea, mais complexificada e mais fragmentada é, entretanto, pela análise da sociabilidade do capital, o *ser social* ontologicamente ainda capaz de virar uma nova página da história.

8

Dimensões da crise contemporânea ou da nova (des)ordem internacional

Vivemos numa época marcada por uma aguda *crise* e inúmeras mistificações. Valores, concepções, ideários, todos eles moldados por manipulações que penetram com enorme intensidade em milhões de consciências e cuja finalidade é mascarar a dimensão aguda da *crise contemporânea*. Duas delas parecem-me mais nefastas e são justamente aquelas para as quais as respostas têm se mostrado absolutamente insuficientes, ao menos quando se pensa nas grandes maiorias trabalhadoras. A *primeira* delas, responsável pelo entendimento que se propagou, a partir da derrocada do Leste em 1989, com o desmantelamento da URSS e praticamente de todos os países que compreendiam o equivocamente chamado "bloco socialista". A *segunda*: a crença da vitória do capitalismo, que teria, com a derrota do Leste, criado as condições para sua "eternização".

Este ensaio pretende oferecer elementos para a crítica dessas duas mistificações para, ao final, levantar alguns dos desafios mais agudos enfrentados pelo mundo do trabalho.

Comecemos pelo Leste Europeu. O colapso vivenciado em 1989 *não significou o fim do socialismo* mas, isto sim, a derrocada de uma tentativa, iniciada em 1917, com a Revolução Russa, mas que foi, pouco a pouco, sendo minada e subordinada à *lógica histórico--mundial do capital*. Uma revolução singular, que contava com sua expansão para o Ocidente para que pudesse sobreviver, viu tolhido este caminho, restando-lhe a expansão para o Oriente, para os países atrasados, de origem colonial. Apesar de seus traços internos anticapitalistas, como a eliminação da propriedade privada, do lucro e da mais-valia acumulados privadamente, a *lógica mundializada do capital (e do mercado)*, acabaram por sufocar estes países pós-capitalistas que viveram (ou vivem) a partir de 1989, com a URSS à frente, um processo de regressão ao capitalismo. O reino da escassez, o atraso tecnológico, a permanência de uma divisão do trabalho só parcial e limitadamente modificada, a dependência financeira crescente ao capital internacional são algumas das muitas manifestações da crescente subordinação dos países do Leste Europeu à lógica do sistema produtor de mercadorias em escala internacional. O caso chinês, por vezes citado como exemplo de "persistência do socialismo", é uma clara expressão do que oferecemos acima: está cada vez mais articulado *econômica e externamente* com o sistema mundial produtor de mercadorias, ainda que fundado *internamente* em mecanismos e relações não capitalistas, garantidos por uma autocracia partidária e estatal de feição neo-stalinista, o que tem possibilitado, até o presente, o "sucesso" econômico desse modelo.

Embora rompessem internamente com elementos do capitalismo, os países do Leste mostraram-se incapazes de romper *com a lógica do capital*. Resultado: países dotados de insuficiente desenvolvimento das forças produtivas, apesar de configurarem-se internamente como pós-capitalistas, foram pouco a pouco sendo tolhidos e incorporados pela lógica do capital mundializado. De modo que a *tentativa* de *transição intentada para o socialismo* não foi capaz de romper a lógica do capital, constituindo-se em sociedades *híbridas, nem capitalistas nem socialistas* — assemelhando-se neste particular a outros momentos de transição experimentados pela história — e que, no presente, vivenciam uma nítida regressão ao capitalismo. Desse modo, uma postulação essencial de Marx — sobre a necessidade de uma generalização das revoluções socialistas num plano histórico-universal, e da impossibilidade do "comunismo local" — foi confirmada e não negada com o desmoronamento do Leste Europeu.

Pelo que se esboçou acima, deve-se concluir que o que desmoronou com a URSS não foi *o socialismo*, mas uma tentativa de *transição* que não pôde se efetivar, e que poucos anos após o seu início foi adicionada por outro elemento essencial, *subjetivo*, dado pela barbárie stalinista, que ditatorialmente *consolidou* um "socialismo" que de fato *nunca existiu*.

A outra mistificação, ainda mais forte que a primeira, é aquela que faz a apologia do capitalismo, "eternizado" a partir do desmoronamento do Leste Europeu. A derrota daquele seria a consolidação da vitória deste. Porém, ao mesmo tempo em que essa proposição é enormemente veiculada, *a crise* penetra no *centro* dos países capitalistas, numa intensidade nunca vista anteriormente. Paralelamente à globalização produtiva, a lógica do sistema produtor de mercadorias acentuou em tal intensidade a concorrência intercapitalista que converteu a busca da "produtividade", da "modernidade", em um processo *autodestrutivo* que gerou, entre outras consequências nefastas, a criação sem precedentes de uma sociedade de *excluídos*, não só nos países de Terceiro Mundo, mas no coração dos países avançados. O salto tecnológico — de que é exemplo o japonês, seguido pelo avanço alemão — tem ocasionado a desmontagem de inúmeros parques produtivos que não conseguem acompanhar a lógica perversa da "produtividade". Desse modo, alguns países capitalistas avançados tendem "a impor à humanidade o mais perverso tipo de existência imediatista, totalmente destituída de qualquer justificativa em relação com as limitações das forças produtivas e das potencialidades da humanidade, acumuladas no curso da história". Isto se dá porque "o capital é totalmente desprovido de medida e de um quadro de orientação humanamente significativos, enquanto seu impulso interior pela autoexpansão é *a priori* incompatível com os conceitos de controle e limite... É por isso que corresponde à linha de menor resistência do capital levar as práticas materiais da *destrutiva autorreprodução ampliada* ao ponto em que fazem surgir o espectro da destruição global, em lugar de aceitar as requeridas restrições positivas no interior da produção para a satisfação das necessidades humanas" (Mészáros, I., *Produção destrutiva e Estado capitalista*, Ed. Ensaio, 1989. p. 20 e 102-103). Consolida-se uma *lógica de produção essencialmente destrutiva*, onde o *valor de uso* das coisas é subordinado ao *valor de troca*. Como resultado disso, "o capital adquire algumas novas potencialidades produtivas, na medida em que realmente não há consequência alguma para o seu sistema se a taxa de uso, que caracteriza a relação do consumidor com um dado produto for máxima ou mínima. Isto não afeta em absolutamente nada a única coisa que realmente importa do ponto de vista do capital" (idem, p. 23). As consequências desta lógica de produção *destrutiva*, desencadeadas num contexto *globalizado*, são por demais evidentes: "O que marca a próxima fase (do capitalismo) é que regiões inteiras estão 'caindo fora', morrendo em seu papel de regiões industriais porque suas indústrias foram derrotadas na concorrência dos mercados e já não podem levantar o capital monetário para continuar na corrida da produtividade" (Kurz, R., *O Colapso da Modernização*, Paz e Terra, 1993, p. 208). Fenômeno este que não se restringe aos países do Terceiro Mundo industrializado e intermediário como o Brasil, mas que penetra em países centrais, que estão incapacitados de acompanhar a corrida tecnológica. A Inglaterra talvez seja o caso mais gritante. Os EUA sentem diretamente esse processo, suportando até o presente em função de seu expressivo mercado interno. Japão e Alemanha, os países considerados "vitoriosos", também não têm, no limite, como escapar dessa lógica destrutiva, uma vez que estão financiando, "há anos e em dimensões inimagináveis, seus sucessos de exportação nos mercados mundiais, emprestando às economias da OCDE que de fato foram derrotadas na concorrência, os recursos necessários para a continuação da inundação com mercadorias importadas. Somente por isso as economias perdedoras dentro de OCDE ainda não tomaram o rumo das sociedades pós-catastróficas do Sul e do Leste, porém à custa de acumularem verdadeiras montanhas de dívidas impagáveis" (idem, p. 213). A experiência recente dos países asiáticos, como Coreia, Hong Kong, Taiwan e Cingapura, são irrealizáveis em países de dimensão continental; em sua maioria, são pequenos países que não conseguiram sequer desenvolver um mercado interno e dependem diretamente do Ocidente para desenvolver sua industrialização para exportação. Não se constituem, desse modo, em alternativa a ser seguida e viabilizada pelos países continentais do Terceiro Mundo. Desse modo, a crise que antes atingia o Terceiro Mundo, depois de destruir o Leste Europeu, avança em direção ao centro. A lógica desigual que configurou as relações entre países do centro e do Terceiro Mundo penetra no interior do Ocidente. A miserabilidade presente nas grandes capitais, as altíssimas taxas de desemprego, a desindustrialização de inúmeros complexos produtivos são algumas expressões mais visíveis da crise aguda que marca a sociedade capitalista. Numa conclusão, pode-se dizer que "o Ocidente encontra-se diante do mesmo problema que já rebaixou o Sul e o Leste ao *status* de grandes perdedores. Quanto mais diminui a capacidade aquisitiva global, real ou produtiva, em virtude da destruição, mediada pela concorrência, de recursos e capital, e quanto mais se intensifica a luta entre os vencedores restantes, tanto mais cedo têm que ficar para trás na corrida da produtividade, também dentro da OCDE, economias nacionais inteiras, caindo abaixo do nível global da rentabilidade alcançado" (idem, p. 210-211). De modo que, de expectador privilegiado da *crise* no Terceiro Mundo e posteriormente no Leste Europeu, o centro torna-se o cenário principal, vivenciando em seu interior dimensões tão explosivas e críticas quanto aquelas que antes ficavam restritas ao Sul. Confrontos grevistas, como a recente paralisação ampliada dos sindicatos europeus ou a greve dos metalúrgicos da Alemanha ex-Oriental, de maio de 1993, são apenas um tímido sinal do que pode acontecer no *centro nervoso do capital*. Por tudo isso, apregoar a "vitória" do capitalismo nesse contexto só pode ser entendido como mais um brutal exercício de manipulação. Tudo isso possibilita, neste final de século "quase das trevas", um real revivescimento da esquerda, renovada e radical, inspirada em valores essenciais do pensamento de Marx, fundada na *classe-que-vive-do-trabalho*, e por isso capaz de iniciar um processo de construção do socialismo, que de fato dê início a uma organização societária emancipada, fundada em valores *para além do capital*, do mercado, do lucro, que possibilitem a existência de seres sociais *omnilaterais*, "livremente associados". É, como se pode ver, um empreendimento difícil e ousado, para o qual estão impossibilitados tanto a *velha esquerda da era stalinista*, como a *esquerda social-democrática*.

9

Mundo do trabalho e sindicatos na era da reestruturação produtiva:
impasses e desafios do novo sindicalismo brasileiro*

A crise que atinge o mundo do trabalho, seus organismos sindicais e partidários, é de proporções ainda não de todo assimiladas. Sua intensidade e agudeza devem-se ao fato de que, simultaneamente, atingiu a *materialidade e a subjetividade* do *ser-que-vive-do-trabalho*. Não foram poucas as transformações vivenciadas nesta última década, atingindo centralmente os países capitalistas desenvolvidos, mas com fortes repercussões, decorrentes da mundialização e globalização do capital, no conjunto de países do Terceiro Mundo,

---

* Publicado em revista *Latinoamericana* (Analisi, Testi, Dibattiti), Roma, ano XV, n. 53, jan./mar. 1994, e também em *Latin American Labor News*, Center for Labor Research and Studies of Florida International University, EUA, n. 8, 1993.

especialmente aqueles *intermediários*, dotados de um significativo parque industrial, como é o caso do Brasil.

Indico, a seguir, alguns elementos que, no seu conjunto, compõem a causalidade deste quadro agudamente crítico: a automação, a robótica e a microeletrônica possibilitaram uma revolução tecnológica de enorme intensidade. O taylorismo e o fordismo já não são únicos, convivendo, no processo produtivo do capital, com o "toyotismo", o "modelo sueco", entre outros. Tais mudanças têm consequências diretas no mundo do trabalho, especialmente na classe operária. A flexibilização da unidade fabril, a desconcentração da produção, a arrasadora desregulamentação dos direitos do trabalho, os novos padrões de gestão e "envolvimento" da força de trabalho, como os Círculos de Controle de Qualidade (CCQ), experimentados no Japão — em realidade uma apropriação do *fazer e saber* do trabalho, sob o comando manipulatório do capital dos nossos dias, levando o *estranhamento* do trabalho (no sentido marxiano) ao seu limite — tudo isso, feito sob um "inquestionável" domínio da "produtividade" e da "modernidade social", acabou afetando a *forma de ser* do proletariado fabril, tradicional. A *classe-que-vive-do-trabalho* metamorfoseou-se.[1]

Se já não bastassem estas transformações, a crise atingiu também diretamente a *subjetividade* do trabalho, sua consciência de classe, afetando seus organismos de representação, dos quais os sindicatos e os partidos são expressão. Os primeiros, os sindicatos, foram forçados a assumir uma ação cada vez mais *defensiva*, cada vez mais atada à *imediatidade*, à *contingência*, regredindo sua já limitada ação de defesa de classe no universo do capital. Gradativamente foram abandonando seus traços anticapitalistas, aturdidos que estavam, visando a preservar a jornada de trabalho regulamentada, os demais direitos sociais já conquistados e, quanto mais a "revolução técnica" do capital avançava, lutavam para manter o *mais elementar e defensivo* dos direitos da classe trabalhadora, sem os quais sua sobrevivência está ameaçada: *o direito ao trabalho, ao emprego*.

É nesta contextualidade adversa que se desenvolve o *sindicalismo de participação* em substituição ao *sindicalismo de classe*. Participar de tudo..., desde que não se questione o mercado, a legitimidade do lucro, o *que* e *para quem* se produz, a lógica da produtividade, a sacra propriedade privada, enfim, os elementos básicos do complexo movente do capital. As perspectivas generosas da emancipação humana, tão caras a Marx, foram ou estão sendo pouco a pouco trocadas pelos valores da *acomodação* social-democrática. Entre o estrago neoliberal e a bancarrota do Leste Europeu (equivocadamente assimilada por enormes contingentes da esquerda como o "fim do socialismo e do marxismo"), o universo político e ideológico do mundo sindical de esquerda, incapaz de buscar novas alternativas socialistas, *refundadas, redescobertas e radicais*, cada vez mais se insere na preservação do chamado *Welfare State*, no universo da ação socialdemocrática. A luta pelo controle social da produção, presente com intensidade nos anos 1960/70, na Europa, e em tantos outros momentos da luta dos trabalhadores, parece cada vez mais distante. O moderno é o mercado, a produtividade, a integração, a negociação, o acordo, a conciliação, a concertação.

Incapaz de apreender a *amplitude* e a *dimensão* da crise do capitalismo, postado numa situação desfavorável que lhe obsta a possibilidade de visualizar e agir *para além do capital*, o sindicalismo, em seus *traços e tendências dominantes* nos países avançados, conduzido pelo ideário que tem conformado suas lideranças, a cada passo dado, recua a um patamar anterior, assemelhando-se a um indivíduo que, embora pareça caminhar para a frente, desce uma escada de costas, sem visualizar o último degrau e menos ainda o tamanho do tombo. Cada vez mais atuando sob o prisma institucional, distanciando-se dos movimentos sociais autônomos, o sindicalismo vive uma brutal crise de identidade. Penso que se trata mesmo da *mais aguda crise no universo do trabalho*, com repercussões fortes no *movimento* dos trabalhadores. A *simultaneidade* da crise, tanto na materialidade quanto na subjetividade da *classe-que-vive-do-trabalho*, torna-a muito mais intensa. Quais foram as consequências mais visíveis dessas transformações?

No que diz respeito ao mundo do trabalho, as respostas são complexas e envolvem múltiplas processualidades, que aqui somente podemos indicar, de modo a tentar configurar um *esboço* explicativo para a crise que assola a classe trabalhadora (nela incluído o proletariado) e em particular o movimento sindical. É visível a redução do operariado fabril, industrial, gerado pela grande indústria comandada pelo binômio taylorismo-fordismo, especialmente nos países capitalistas avançados. Porém, paralelamente a este processo, verifica-se uma crescente *subproletarização* do trabalho, através da incorporação do trabalho precário, temporário, parcial etc. A presença imigrante no Primeiro Mundo cobre fatias dessa *subproletarização*. Ora se confundindo, ora se diferenciando desta tendência, há um fortíssimo processo de *terceirização* do trabalho, que tanto qualifica como desqualifica e com certeza desemprega e torna muito menos estável a condição operária.[2] Deslancha o assalariamento dos setores médios, incorpora-se o trabalho das mulheres no processo produtivo. Há qualificação em vários setores, como no ramo siderúrgico, acarretando, enquanto tendência, um processo de *intelectualização do trabalho industrial* (o trabalhador como "supervisor e regulador do processo de produção", conforme a antecipação genial de Marx nos *Grundrisse*), e desqualificação em outros, como no mineiro. Como se constata, a processualidade é complexa e multiforme e tem como resultado uma classe trabalhadora mais *heterogeneizada, fragmentada e complexificada*.[3]

O sindicalismo não permaneceu imune a estas tendências: diminuíram as taxas de sindicalização, na(s) última(s) década(s), nos EUA, Japão, França, Itália, Alemanha, Holanda, Suíça, Reino Unido, entre outros países.[4] Com o aumento do *fosso* entre operários estáveis e precários, parciais, *reduz-se fortemente o poder dos sindicatos, historicamente vinculados aos primeiros e incapazes, até o presente, de incorporar os segmentos não estáveis da força de trabalho*. Houve, na década de 1980, redução do número de greves em vários países do centro. Aumentam os casos de corporativismo, xenofobia, racismo, no seio da própria classe trabalhadora. Tudo isso permite constatar que o movimento sindical encontra-se numa crise de proporções nunca vistas, atingindo com intensidade, na década de 1980, o sindicalismo nos países avançados e que, na viragem de 1980 para 1990, atingiu diretamente os países subordinados, especialmente aqueles dotados de um parque produtivo relevante, como é o caso do Brasil.

Quando se reflete sobre as transformações vivenciadas no sindicalismo nos países centrais e seus paralelos com aquele praticado no Brasil, é preciso fazer as devidas mediações. Participamos de um contexto econômico, social, político e cultural que tem traços universais do capitalismo globalizado e mundializado, mas que tem singularidades que, uma vez apreendidas, possibilitam resgatar aquilo que é *típico* desse canto do mundo e desse modo reter a sua particularidade. Trata-se, portanto, de uma *globalidade desigualmente combinada*, que não deve permitir uma identificação acrítica ou epifenomênica entre o que ocorre no centro e nos países subordinados.

O nosso sindicalismo viveu, na década de 1980, ora no fluxo, ora no contrafluxo das tendências acima descritas. Diria que, na contabilização da década, seu saldo foi muito positivo. Houve um enorme movimento grevista; ocorreu uma expressiva expansão do sindicalismo dos assalariados médios e do setor de serviços; deu-se continuidade ao avanço do sindicalismo rural, em ascenso desde os anos 1970; houve o nascimento das centrais sindicais, como a Central Única dos Trabalhadores (CUT), fundada em 1983; procurou-se, ainda que de maneira insuficiente, avançar nas tentativas de organização nos locais de trabalho, debilidade crônica do nosso movimento sindical; efetivou-se um avanço na luta pela autonomia e liberdade dos sindicatos em relação ao Estado; verificou-se um aumento do número de sindicatos, onde se sobressai a presença organizacional dos funcionários públicos; houve aumento nos níveis de sindicalização, configurando-se um quadro nitidamente favorável para o *novo sindicalismo* ao longo da última década.

Porém, paralelamente a esse processo, nos últimos anos da década de 1980, acentuavam-se as tendências econômicas, políticas e ideológicas que inseriam o nosso sindicalismo na onda regressiva. A automação, a robótica e a microeletrônica, desenvolvidas *dentro de um quadro recessivo intensificado*, deslanchavam um processo de desproletarização de importantes contingentes operários, de que a indústria automobilística é um forte exemplo. As propostas de desregulamentação, de flexibilização, de privatização acelerada, de desindustrialização, tiveram, no neoliberalismo do projeto Collor, forte impulso.

Esta nova realidade arrefeceu e acuou o *novo sindicalismo* no Brasil, que se encontrava, de um lado, frente à emergência de um sindicalismo neoliberal, expressão da *nova direita*, sintonizada com a onda mundial conservadora, de que a Força Sindical (central sindical criada em 1991) é o melhor exemplo e, de outro, frente às próprias lacunas teóricas, políticas e ideológicas no interior da

CUT, que lhe dificultavam enormemente o avanço qualitativo, capaz de transitar de um período de resistência, como nos anos iniciais do *novo sindicalismo*, para um momento superior, *de elaboração de propostas econômicas alternativas, contrárias ao padrão de desenvolvimento capitalista aqui existente*, que pudessem contemplar prioritariamente o amplo conjunto que compreende nossa classe trabalhadora. Neste caso, além da combatividade anterior, era necessária a articulação de uma *análise aguda da realidade brasileira* com uma *perspectiva crítica e anticapitalista, de nítidos contornos socialistas*, de modo a dotar o *novo sindicalismo* dos elementos necessários para resistir aos influxos externos, à avalanche do capital, ao ideário neoliberal, no lado mais nefasto e, de outro, à *acomodação social-democrática*, que, apesar de sua crise no centro, aumentava fortemente seus laços políticos e ideológicos com o nosso movimento sindical, procurando apresentar-se cada vez mais como a *única* alternativa possível para se fazer o combate ao neoliberalismo.

Não é preciso dizer que o quadro hoje é agudamente crítico. O sindicalismo da *Força Sindical*, com forte dimensão política e ideológica, preenche o campo sindical da *nova direita*, da preservação da ordem, da sintonia com o desenho do capital globalizado, que nos reserva o papel de país montador, sem tecnologia própria, sem capacitação científica, dependente totalmente dos recursos forâneos.

Na Central Única dos Trabalhadores o quadro também é de grande apreensão. Começa a ganhar cada vez mais força, em algumas de suas principais lideranças, uma postura de abandono de concepções socialistas e anticapitalistas, em nome de uma *acomodação dentro da Ordem*. O culto da negociação, das câmaras setoriais, do programa econômico para gerir *pelo capital* a sua crise, tudo isso está inserido num projeto de maior fôlego, cujo oxigênio é dado pelo *ideário* e pela *prática* social-democráticas. Trata-se de uma crescente definição *política e ideológica* no interior do movimento sindical brasileiro. É uma postura cada vez *menos* respaldada numa *política de classe*. E cada vez *mais* numa política para o *conjunto* do país, o "país *integrado do capital e do trabalho*".

No campo que se reconhece como socialista e anticapitalista no interior da Central Única dos Trabalhadores, as dificuldades também são enormes. Como é possível resistir a uma onda tão intensa? Como é possível elaborar um *programa econômico alternativo* que incorpore os milhões de trabalhadores que não participam do mercado e que vivem da miséria da economia informal? Como é possível gestar um novo modelo econômico que elimine definitivamente a *superexploração* do trabalho, que particulariza o capitalismo industrial brasileiro, cujo salário mínimo é degradante? Quais são os contornos básicos desse modelo econômico alternativo cuja lógica deverá *iniciar* a desmontagem do padrão de acumulação capitalista vigente no país? Como é possível pensar numa ação que não impeça o avanço tecnológico, mas o faça em bases reais, com ciência e tecnologia de ponta desenvolvida em nosso país? Como é possível um caminho *alternativo* que recupere valores socialistas originais, verdadeiramente emancipadores? Que não aceite uma globalização e uma integração impostas pela lógica do capital, *integradora para fora e desintegradora para dentro*? Como é possível hoje articular valores inspirados num projeto que olha para uma sociedade *para além do capital*, mas que tem que dar respostas imediatas para a barbárie que assola o cotidiano do *ser que vive do trabalho*? Em outras palavras, como superar um caminho meramente doutrinário e buscar a difícil e imprescindível articulação entre os interesses imediatos e uma ação estratégica, de longo prazo, de clara conformação anticapitalista? Estes são, como se pode perceber, desafios enormes.

Se, entretanto, consegui traçar um quadro *crítico* aproximado, o desafio mais urgente do nosso sindicalismo pode ser assim sintetizado: como se efetiva, no contexto de uma situação *defensiva*, uma ação sindical que dê respostas às necessidades *imediatas* do mundo do trabalho, preservando elementos de uma estratégia anticapitalista e socialista?

Qual caminho o *novo sindicalismo* brasileiro, nascido no final dos anos 1970, vai adotar: irá negociar *dentro da Ordem ou contra a Ordem*? Procurará elaborar um programa de emergência para simplesmente *gerir a crise do capital* ou tentará avançar na elaboração de um programa econômico alternativo, *formulado sob a ótica dos trabalhadores*, capaz de responder às reivindicações imediatas do mundo do trabalho, mas tendo como horizonte uma organização societária fundada nos valores socialistas e efetivamente emancipadores? Pode-se responder que para tanto é preciso muito mais que a ação sindical. É verdade. Mas pode-se responder que a ação sindical no Brasil dos nossos dias seguramente auxiliará, numa ou noutra direção, o que lhe confere uma enorme responsabilidade.

NOTAS

1. Ver, por exemplo, Murray, F. "The descentralisation of production — the decline of the mass-colective worker". *Capital & Class*, Londres, n. 19, 1983; Annunziato, F., "Il fordismo nella critica de Gramsci e nella realta Statunitense contemporanea", *Critica Marxista*, Itália, n. 6, 1989; Clarke, S. "Crise do fordismo ou crise da social-democracia". *Lua Nova*, São Paulo, n. 24, 1991; Gounet, T. "Luttes concurrentielles et stratégies d'accumulation dans l'industrie automobile". *Estudes Marxistes*, Bélgica, n. 10, maio 1991.

2. Ver Bihr, A. "Le Prolétariat Dans Tous Ses Eclats". *Le Monde Diplomatique*; e Gorz, A. "Pourquoi la société salariale a besoin de nouveaux valets". *Le Monde Diplomatique*, 22 jun. 1990.

3. Ver Mészáros, I. "The division of labor and the post-capitalist State". *Monthly Review*, n. 39, jul./ago. 1987; e Mandel, E. "Marx, la crise actuelle et l'avenir du travail humain". *Quatrième Internationale*, Paris, n. 20, maio 1986.

4. Ver, por exemplo, os dados apresentados por Jelle Visser em J. Freyssinet (organizador), "Syndicalisme et Désyndicalisation", em *Le Mouvement Social*, "Sindicats d'Europe" (Paris: Éditions Ouvrières, n. 162, jan./mar. 1993).

10

Fim do trabalho? (ou as novas formas do trabalho material e imaterial)*

No pensamento contemporâneo, tornou-se (quase) lugar-comum falar em "desaparição do trabalho" (Dominique Méda), em substituição da esfera do trabalho pela "esfera comunicacional" (Habermas), em "perda de centralidade da categoria trabalho" (Off), ou ainda em "fim do trabalho" (como Jeremy Rifkin, ou ainda na versão mais crítica à ordem do capital, como em Kurz), para citar as formulações mais expressivas.

Enquanto se opera no plano gnosiológico a desconstrução ontológica do trabalho, paralelamente, no mundo real, este se converte (novamente?) em uma das mais explosivas questões da contemporaneidade. Trabalho e desemprego, trabalho e precarização, trabalho e gênero, trabalho e etnia, trabalho e nacionalidade, tra-

---

* Publicado na *Folha de S.Paulo*, 13 ago. 2000, caderno Mais!.

balho e corte geracional, trabalho e imaterialidade, trabalho e (des) qualificação, muitos são os exemplos da transversalidade e da vigência da forma *trabalho*.

O que se passa, então, com o mundo real do trabalho? Da *General Motors* à *Microsoft*, da *Benetton* à *Ford*, da *Toyota* ao *McDonald's*, será que o mundo produtivo e de serviços de fato não mais carece do trabalho vivo? Este teria se tornado mera *virtualidade*? É ficção que a *Nike* se utiliza de quase 100 mil trabalhadores e trabalhadoras, esparramados em tantas partes do mundo, recebendo salários degradantes?

Vamos aqui procurar problematizar algumas das teses que propugnam o *fim do trabalho*. Quando concebermos a forma contemporânea do trabalho, enquanto expressão do *trabalho social*, que é mais *complexificado, heterogeneizado* e ainda mais *intensificado* nos seus ritmos e processos, não podemos concordar com as teses que desconsideram o processo de interação entre trabalho vivo e trabalho morto. Em verdade, o sistema de metabolismo social do capital necessita cada vez *menos* do trabalho *estável* e cada vez *mais* das diversificadas formas de trabalho parcial ou *part-time,* terceirizado, dos *trabalhadores hifenizados* de que falou Huw Beynon, que se encontram em explosiva expansão em todo o mundo produtivo e de serviços.

Como o capital não pode eliminar o *trabalho vivo* do processo de mercadorias, sejam elas materiais ou imateriais, ele deve, além da incrementar *sem limites* o trabalho morto corporificado no maquinário tecnocientífico, aumentar *a produtividade do trabalho de modo a intensificar as formas de extração do sobretrabalho em tempo cada vez mais reduzido.* Tempo e espaço se convulsionam nessa nova fase dos capitais. A redução do proletariado taylorizado, a ampliação do *trabalho intelectual abstrato* nas plantas produtivas de ponta e a ampliação generalizada dos novos proletários precarizados e terceirizados da "era da empresa enxuta" são fortes exemplos do que acima aludimos.

Como o capital tem um forte sentido de desperdício e de exclusão, é precisa a síntese de Tosel: é a própria "centralidade do trabalho abstrato que produz a não centralidade do trabalho, presente na massa dos excluídos do trabalho vivo" que, uma vez (des)socializados e (des)individualizados pela expulsão do trabalho, "procuram desesperadamente encontrar formas de individuação e de socialização nas esferas isoladas do não trabalho (atividade de formação, de benevolência e de serviços)".[1]

Aqui aflora o limite maior da tese habermasiana da transformação da ciência em "principal força produtiva", em substituição ao valor-trabalho. Essa formulação, ao converter a ciência em principal força produtiva, desconsidera as interações existentes entre trabalho vivo e avanço tecnocientífico sob as condições dos desenvolvimentos capitalistas. Não se trata, portanto, de dizer que a teoria do valor-trabalho não reconhece o papel crescente da ciência, mas que esta encontra-se tolhida em seu desenvolvimento pela base material das relações entre capital e trabalho, a qual não pode superar. E é por essa restrição estrutural que a ciência não pode se converter na principal força produtiva dotada de autonomia. Prisioneira dessa base material, menos do que uma *cientificização da tecnologia* há, conforme sugere Mészáros, um processo de *tecnologização da ciência*.

Ontologicamente prisioneira do solo material estruturado pelo capital, o saber científico e o saber laborativo mesclam-se mais diretamente no mundo contemporâneo. Vários experimentos, dos quais o projeto Saturno da *General Motors* foi exemplar, fracassaram quando procuraram automatizar o processo produtivo *desconsiderando* os trabalhadores. As máquinas inteligentes não podem *extinguir* o trabalho vivo. Ao contrário, a sua introdução utiliza-se do trabalho intelectual do operário que, ao interagir com a máquina informatizada, acaba também por transferir parte dos seus novos atributos intelectuais à nova máquina que resulta desse processo. Estabelece-se, então, um complexo processo interativo entre trabalho e ciência produtiva, que não leva à extinção do trabalho, mas a um processo de retroalimentação que gera a necessidade de encontrar *uma força de trabalho ainda mais complexa, multifuncional, que deve ser explorada de maneira mais intensa e sofisticada,* ao menos nos ramos produtivos dotados de maior incremento tecnológico. Com a conversão do *trabalho vivo* em *trabalho morto,* a partir do momento em que, pelo desenvolvimento dos *softwares,* a máquina informacional passa a desempenhar atividades próprias da inteligência humana, o que se pode presenciar é um processo que Lojkine denominou como *objetivação das atividades cerebrais junto à maquinaria,* de transferência do saber intelectual e cognitivo da classe trabalhadora para a maquinaria informatizada. A transferência de capacidades intelectuais para a maquinaria informatizada, que se converte em linguagem da máquina própria da fase informacional, através dos computadores, acentua a transformação de *trabalho vivo* em *trabalho morto.* Mas não pode eliminá-lo.

Há ainda em curso na sociedade contemporânea outra tendência dada pela crescente imbricação entre trabalho *material* e *imaterial*, uma vez que se presencia, no mundo contemporâneo, além da monumental precarização do trabalho acima referida, uma significativa expansão do trabalho dotado de maior dimensão intelectual, quer nas atividades industriais mais informatizadas, quer nas esferas compreendidas pelo setor de serviços ou nas comunicações, entre tantas outras. A expansão do trabalho em serviços, em esferas não diretamente produtivas, mas que muitas vezes desempenham atividades *imbricadas* com o trabalho produtivo, mostra-se como outra característica importante da *noção ampliada de trabalho*, quando se quer compreender o seu significado no mundo contemporâneo.

Desse modo, o trabalho imaterial expressa a vigência da esfera informacional da forma-mercadoria: ele é expressão do conteúdo *informacional* da mercadoria, exprimindo as mutações do trabalho operário no interior das grandes empresas, e do setor de serviços, onde o trabalho manual direto está sendo substituído pelo trabalho dotado de maior dimensão intelectual. Trabalho *material* e *imaterial*, na imbricação crescente que existe entre ambos, encontram-se, entretanto, centralmente subordinados à lógica da produção de mercadorias e de capital. Capturando a tendência da expansão da atividade intelectual dentro da produção, disse J. M. Vincent: "a própria forma valor do trabalho se metamorfoseia. Ela assume crescentemente a forma valor do trabalho intelectual-abstrato. A força de trabalho intelectual produzida dentro e fora da produção é absorvida como mercadoria pelo capital que se lhe incorpora para dar novas qualidades ao trabalho morto [...]. A produção material e a produção de serviços necessitam crescentemente de inovações, tornando-se por isso cada vez mais subordinados a uma produção crescente de conhecimento que se convertem em mercadorias e capital".[2]

A nova fase do capital, portanto, retransfere o *savoir-faire* para o trabalho, mas o faz apropriando-se crescentemente da sua dimensão *intelectual*, das suas capacidades cognitivas, *procurando* envolver mais forte e intensamente a subjetividade operária. Mas o processo não se restringe a esta dimensão, uma vez que parte do *saber intelectual* é transferido para as máquinas informatizadas, que se tornam *mais inteligentes, reproduzindo parte das atividades a elas transferidas pelo saber intelectual do trabalho*. Como a máquina não pode suprimir o trabalho humano, ela necessita de uma maior *interação* entre a subjetividade que trabalha e a nova máquina inteligente. E, nesse processo, o *envolvimento interativo* aumenta ainda mais o *estranhamento e a alienação do trabalho,* amplia as formas modernas da *reificação*, distanciando ainda mais a subjetividade do exercício de uma vida autêntica e autodeterminada.

Portanto, em vez da substituição do trabalho pela ciência, ou ainda da substituição da produção de valores pela esfera comunicacional, da substituição da produção pela informação, o que se pode presenciar no mundo contemporâneo é uma maior *inter-relação*, uma maior *interpenetração* entre as atividades produtivas e as improdutivas, entre as atividades fabris e de serviços, entre atividades laborativas e as atividades de concepção, que se expandem no contexto da reestruturação produtiva do capital. O que remete ao desenvolvimento de uma concepção ampliada para se entender sua *forma de ser do trabalho* no capitalismo contemporâneo, e não à sua negação.

NOTAS

1. Ver Tosel. "Centralité et non-centralité du travail ou la passion des hommes superflus". In: Bidet, J.; Texier, J. (Org.). *La crise du travail, actuel Marx*. Paris: PUF, 1995. p. 210.

2. Vincent, J. M. "Les automatismes Sociaux et le 'General Intellect'". In: *Paradigmes du Travail* [2], *Futur Antérieur*, Paris, L'Harmattan, n. 16, p. 121, 1993.

11

O trabalho, a produção destrutiva e a des-realização da liberdade*

I

A sociedade contemporânea, particularmente nas últimas duas décadas, presenciou fortes transformações. O neoliberalismo e a reestruturação produtiva da era da acumulação flexível, dotados de forte caráter destrutivo, têm acarretado, entre tantos aspectos nefastos, um monumental desemprego, uma enorme precarização do trabalho e uma degradação crescente na relação metabólica entre homem e natureza, conduzida pela lógica societal voltada prioritariamente para a produção de mercadorias, que destrói o meio ambiente em escala globalizada.

Curiosamente, entretanto, têm sido frequentes as representações destas formas de (des)sociabilização, que se expressam como

---

* Publicado na revista *Montag*, Ed. Fahrenheit 451, Roma, dez. 1997.

se a humanidade tivesse atingido seu ponto alto, o seu *télos*. Muitas são as formas de fetichização: desde o culto da *sociedade democrática*, que teria finalmente realizado a *utopia do preenchimento*, até a crença na desmercantilização da vida societal, no fim das ideologias. Ou ainda, aqueles que visualizam uma sociedade comunicacional capaz de possibilitar uma interação subjetiva, para não falar daqueles que visualizam o fim do trabalho como a realização concreta do *reino da liberdade*, nos marcos da sociedade atual, desde que um pouco mais regulamentada e regida por relações mais contratualistas.

Ao contrário dessas formulações, pode-se constatar que a sociedade contemporânea presencia um cenário crítico, que atinge também os países capitalistas centrais. Paralelamente à globalização produtiva, a lógica do sistema produtor de mercadorias vem convertendo a concorrência e a busca da produtividade num processo *destrutivo* que tem gerado uma imensa *sociedade dos excluídos e dos precarizados*, que hoje atinge também os países do Norte. Até o Japão e o seu modelo toyotista, que introduziu o "emprego vitalício" para cerca de 25% de sua classe trabalhadora, hoje já ameaça extingui-lo, para adequar-se à competitividade que reemerge do Ocidente "toyotizado".

Depois de desestruturar o Terceiro Mundo e eliminar os países *pós-capitalistas* do Leste Europeu, a crise atingiu também o centro do sistema produtor de mercadorias (Kurz, 1992). E quanto mais se avança na competitividade intercapitalista, quanto mais se desenvolve a tecnologia concorrencial, maior é a desmontagem de inúmeros parques industriais que não conseguem acompanhar sua velocidade intensa. Da Rússia à Argentina, da Inglaterra ao México, da Itália a Portugal, passando pelo Brasil, os exemplos são crescentes e acarretam repercussões profundas no enorme contingente de força humana de trabalho presente nesses países. O que dizer de uma forma de sociabilidade que desemprega ou precariza cerca de 1 bilhão de pessoas, *algo em torno de um terço da força humana mundial que trabalha*, conforme dados recentes da OIT?

Essa lógica destrutiva permitiu que Robert Kurz afirmasse, não sem razão, que regiões inteiras estão, pouco a pouco, sendo eliminadas do cenário industrial, derrotadas pela desigual concorrência mundial. A experiência dos países asiáticos como a Coreia, Hong Kong, Taiwan, Cingapura, entre outros, inicialmente bem-sucedidos na expansão industrial recente, são, em sua maioria, exemplos de países pequenos, carentes de mercado interno e totalmente dependentes do Ocidente para se desenvolverem (idem). Não podem, portanto, constituírem-se em modelos alternativos a serem seguidos ou transplantados para países continentais, como Índia, Rússia, Brasil, México, entre outros. Suas recentes crises financeiras são exemplo da sua fragilidade estrutural. E é bom reiterar que esses "novos paraísos" da industrialização utilizam-se intensamente das formas nefastas de precarização da classe trabalhadora. Só a título de exemplo: na Indonésia, mulheres trabalhadoras da multinacional *Nike* ganham 38 dólares por mês, por longa jornada de trabalho. Em Bangladesh, as empresas *Wal Mart*, *K Mart* e *Sears* utilizam-se do trabalho feminino na confecção de roupas, com jornadas de trabalho de cerca de 60 horas por semana e salários menores que 30 dólares por mês.[1]

Portanto, entre tantas destruições de forças produtivas, da natureza e do meio ambiente, há também, em escala mundial, uma ação destrutiva contra a força humana de trabalho, que se encontra hoje na condição de *precarizada* ou *excluída*. Em verdade, estamos presenciando a acentuação daquela tendência que István Mészáros sintetizou corretamente, ao afirmar que o capital, desprovido de orientação humanamente significativa, assume, em seu *sistema metabólico de controle social,* uma lógica que é essencialmente destrutiva, onde o *valor de uso* das coisas é totalmente subordinado ao seu *valor de troca*.[2]

Se se constitui num grande equívoco imaginar-se o *fim do trabalho* na sociedade produtora de mercadorias e, com isso, imaginar que estariam criadas as condições para o *reino da liberdade*, é, entretanto, imprescindível entender quais mutações e metamorfoses vêm ocorrendo no mundo contemporâneo, bem como quais são seus principais significados e suas mais importantes consequências. No que diz respeito ao *mundo do trabalho*, pode-se presenciar um conjunto de tendências que, em seus traços básicos, configuram um quadro crítico e que têm direções assemelhadas em diversas partes do mundo onde vigora a lógica do capital. E a crítica às formas concretas da dessociabilização humana é condição para que se possa empreender também a crítica e a desfetichização das *formas de representação* hoje dominantes, do *ideário* que domina nossa sociedade contemporânea.

Nas páginas seguintes pretendemos oferecer um esboço analítico (resumido) de alguns pontos centrais da *crise* contemporânea, com particular destaque para o universo do *mundo do trabalho*.

II

Nas últimas décadas, particularmente depois de meados dos anos 1970, o *mundo do trabalho* vivenciou uma situação fortemente crítica, talvez a maior desde o advento do capitalismo. O entendimento dos elementos constitutivos desta crise é de grande complexidade, uma vez que, nesse mesmo período, ocorreram mutações intensas, de ordens diferenciadas e que, *no seu conjunto*, acabaram por acarretar consequências muito fortes no interior do mundo do trabalho. Neste artigo vamos somente *indicar* alguns elementos que são centrais, em nosso entendimento, para uma apreensão da crise que se abateu no universo do trabalho.[3] Seu desenvolvimento seria aqui impossível, dada a amplitude e complexidade de questões.[4]

Começamos indicando que a crise afetou tanto a *materialidade* da classe trabalhadora, a sua *forma de ser*, quanto a sua *subjetividade*, o universo dos seus valores, do seu ideário, que pautam suas ações e práticas concretas. Isso porque, desde o início dos anos 1970, vivenciamos um quadro de *crise estrutural do capital*, que atingiu o conjunto das economias capitalistas centrais, com fortes repercussões em diversos países, dado o caráter mundializado do capital (Chesnais, 1996).[5] Sua intensidade é tão profunda que levou o capital a desenvolver "práticas materiais da *destrutiva autorreprodução ampliada* ao ponto em que fazem surgir o espectro da destruição global, em lugar de aceitar as requeridas restrições positivas no interior da produção para satisfação das necessidades humanas".[6] Esta crise fez com que, entre tantas outras consequências, o capital implementasse um vastíssimo processo de reestruturação, com vistas à recuperação do seu ciclo de reprodução e que, como veremos mais adiante, afetou fortemente o mundo do trabalho.

Particularmente nos últimos anos, intensificaram-se as transformações no próprio processo produtivo, por meio do avanço tecnológico, da constituição das formas de acumulação flexível, do *downsizing*, dos modelos alternativos ao binômio taylorismo/fordismo, onde se destaca, para o capital, especialmente o "toyotismo" ou o modelo japonês. Essas transformações, decorrentes, por um lado, da própria concorrência intercapitalista e, por outro, dada pela necessidade de controlar o mundo do trabalho, acabaram por afetar fortemente a classe trabalhadora (ver Bihr, 1991; Beynon, 1995).

Quais são as consequências mais importantes dessas transformações no processo de produção e de trabalho, e como afetam o mundo do trabalho? Podemos, de modo indicativo, mencionar as mais importantes:

1) Há uma crescente redução do proletariado fabril, que se desenvolveu na vigência do binômio taylorismo/fordismo e que vem diminuindo com a reestruturação, flexibilização e desconcentração do espaço físico produtivo, típico da fase do toyotismo.

2) Há um enorme incremento do subproletariado fabril e de serviços, o que tem sido denominado mundialmente de trabalho precarizado. São os *terceirizados*, subcontratados, *part-time*, entre tantas outras formas assemelhadas, que proliferam em inúmeras partes do mundo. Inicialmente, esses postos de trabalho foram preenchidos pelos imigrantes, como os *gastarbeiters* na Alemanha, o *lavoro nero* na Itália, os *chicanos* nos EUA, os *dekasseguis* no Japão etc. Mas hoje sua expansão atinge também os trabalhadores especializados e remanescentes da era taylorista-fordista.

3) Vivencia-se um aumento significativo do trabalho feminino, que atinge mais de 40% da força de trabalho nos países avançados, e que tem sido preferencialmente absorvido pelo capital no universo do trabalho precarizado e desregulamentado.

4) Há um incremento dos assalariados médios e de serviços, o que possibilitou um significativo incremento no sindicalismo desses setores, ainda que o setor de serviços já presencie também o desemprego tecnológico.

5) Há exclusão dos jovens e dos velhos no mercado de trabalho dos países centrais: os primeiros acabam muitas vezes engrossando as fileiras de movimentos neonazistas, e os mais "velhos", com cerca de 40 anos ou mais, uma vez excluídos do trabalho, dificilmente conseguem requalificar-se para o reingresso.

6) Há uma inclusão precoce e criminosa de crianças no mercado de trabalho, particularmente nos países de industrialização intermediária e subordinada, como nos países asiáticos, latino-americanos etc.

7) Há uma expansão do que Marx chamou de *trabalho social combinado* (Marx, 1978), onde trabalhadores de diversas partes do mundo participam do processo de produção e de serviços. O que, é evidente, não caminha para a eliminação da classe trabalhadora, mas para sua precarização e utilização de maneira ainda mais intensificada.

Portanto, a classe trabalhadora *fragmentou-se*, *heterogeneizou-se* e *complexificou-se* ainda mais (Antunes, 1995). Tornou-se mais qualificada em vários setores, como na siderurgia, onde houve uma relativa *intelectualização* do trabalho, mas *desqualificou-se* e *precarizou-se* em diversos ramos, como na indústria automobilística, onde o ferramenteiro não tem mais a mesma importância, sem falar na redução dos inspetores de qualidade, dos gráficos, dos mineiros, dos portuários, dos trabalhadores da construção naval etc. Criou-se, de um lado, em escala minoritária, o trabalhador "*polivalente e multifuncional*" da era informacional, capaz de operar máquinas com controle numérico e de, por vezes, exercitar com mais intensidade sua dimensão mais intelectual. E, de outro lado, há uma massa de trabalhadores precarizados, sem qualificação, que hoje está presenciando as formas de *part-time*, emprego temporário, parcial, ou então vivenciando o desemprego estrutural.

Essas mutações criaram, portanto, uma classe trabalhadora mais heterogênea, mais fragmentada e mais complexificada, dividida entre trabalhadores qualificados e desqualificados, do mercado formal e informal, jovens e velhos, homens e mulheres, estáveis e precários, imigrantes e nacionais etc., sem falar nas divisões que decorrem da inserção diferenciada dos países e de seus trabalhadores na nova divisão internacional do trabalho.

Ao contrário, entretanto, daqueles que defendem o "fim do papel central da classe trabalhadora" no mundo atual (Habermas, 1987; Gorz, 1982 e 1990), o desafio maior da *classe-que-vive-do-trabalho*, nesta viragem do século XX para o XXI, é soldar os laços de *pertencimento de classe* existentes entre os diversos segmentos que compreendem o mundo do trabalho, procurando articular desde aqueles segmentos que exercem um papel central no processo de criação de valores de troca, até aqueles segmentos que estão mais à margem do processo produtivo, mas que, pelas condições precárias em que se encontram, se constituem em contingentes sociais potencialmente rebeldes diante do capital e suas formas de (des) sociabilização (Antunes, 1995; Bihr, 1991).

A lógica societal, em seus traços dominantes, é dotada, portanto, de uma aguda destrutividade, que no fundo é a expressão mais profunda da crise que assola a (des)sociabilização contemporânea: destrói-se força humana que trabalha; brutalizam-se enormes contingentes de homens e mulheres que vivem do trabalho; torna-se predatória a relação produção/natureza, criando-se uma monumental "sociedade do descartável", condição para a manutenção do *sistema de metabolismo social do capital*, conforme expressão de Mészáros (1995) e seu circuito reprodutivo.

Nesse sentido, desregulamentação, flexibilização, terceirização, *downsizing*, "empresa enxuta", bem como todo esse receituário que se esparrama pelo "mundo empresarial", são expressões de uma lógica societal onde se tem a prevalência do capital sobre a força humana de trabalho, que é considerada somente na exata medida em que é imprescindível para a reprodução desse mesmo capital. Isso porque o capital pode *diminuir* o trabalho vivo, mas não *eliminá-lo*. Pode intensificar sua utilização, pode precarizá-lo e mesmo desempregar parcelas imensas, mas não pode extingui-lo.

III

Como procuramos indicar acima, o capitalismo — e, de maneira mais ampla e precisa, a *lógica societal movida pelo sistema metabólico de controle do capital* — não foi capaz de eliminar as múltiplas formas e manifestações do *estranhamento* (*Entfremdung*), mas, em muitos casos, deu-se inclusive um processo de intensificação e maior interiorização, na medida em que se *minimizou* a dimensão mais explicitamente despótica, intrínseca ao fordismo, em benefício do "envolvimento manipulatório" da era do toyotismo ou do modelo japonês. Se o *estranhamento* é entendido, como indicou Lukács, como a existência de barreiras sociais que se opõem ao desenvolvimento da individualidade em direção à omnilateralidade humana, à individualidade emancipada, o capital contemporâneo, ao mesmo tempo em que pode, através do avanço tecnológico e informacional, potencializar as capacidades humanas, faz expandir o fenômeno social do *estranhamento*. Isso porque o quadro que desenhamos acima mostra que, para o conjunto da *classe-que-vive-do-trabalho*, o desenvolvimento tecnológico não produziu necessariamente o desenvolvimento de uma subjetividade cheia de sentido, mas, ao contrário, pode inclusive "desfigurar e aviltar a personalidade humana...". Isso porque, ao mesmo tempo em que o desenvolvimento tecnológico pode provocar "diretamente um crescimento da capacidade humana", pode também "neste processo, sacrificar os indivíduos (e até mesmo classes inteiras)" (Lukács, 1981, p. 562).

A presença de bolsões de pobreza no coração do "Primeiro Mundo", através da brutal exclusão social, das explosivas taxas de desemprego estrutural, da eliminação de inúmeras profissões no interior do mundo do trabalho em decorrência do incremento tecnológico voltado *centralmente para a criação de valores de troca*, as formas intensificadas de precarização do trabalho, são apenas alguns dos exemplos mais gritantes das barreiras sociais que obstam, sob o capitalismo, a busca de uma vida cheia de sentido e emancipada, para o ser social que trabalha. Isso para não falar do Terceiro Mundo, onde se encontra 2/3 da força humana que trabalha em condições ainda muito mais precarizadas.

Como as suas formas contemporâneas de *estranhamento* atingem, além do espaço da produção, também a esfera do *consumo*, a esfera da vida *fora* do trabalho, o chamado *tempo livre* é, em boa medida, *um tempo também submetido aos valores do sistema produtor de mercadorias e das suas necessidades de consumo*, tanto materiais como imateriais.

Num quadro desta ordem, quais são as alternativas?

Primeiro: é preciso alterar a lógica da produção societal; a produção deve ser prioritariamente voltada para produzir *valores de uso* e não *valores de troca*. Sabe-se que a humanidade teria condições de se reproduzir socialmente, em escala mundial, se a produção destrutiva fosse eliminada e a produção social fosse voltada não para a lógica do mercado, mas para a produção de *coisas socialmente úteis*. Trabalhando poucas horas do dia, o mundo poderia reproduzir-se de maneira não destrutiva, instaurando um novo sistema de metabolismo societal.

Segundo: a produção de *coisas socialmente úteis* deve ter como critério o *tempo disponível* e não o *tempo excedente*, que preside a sociedade contemporânea (Mészáros, 1995, p. 532-36). Com isso, o trabalho social, dotado de maior dimensão humana e societal, perderia seu caráter fetichizado e estranhado, tal como se manifesta hoje e, além de ganhar um sentido de autoatividade, abriria possibilidades efetivas para um tempo livre cheio de sentido além da esfera do trabalho, o que é uma impossibilidade na sociedade regida pela lógica do capital. Até porque não pode haver *tempo* verdadeiramente *livre* erigido sobre *trabalho coisificado e estranhado*. O *tempo livre* atualmente existente é tempo para consumir mercadorias, sejam elas materiais ou imateriais. O tempo fora do trabalho também está fortemente poluído pelo fetichismo da mercadoria.

O ponto de partida para instaurar uma nova lógica societal é desenvolver uma crítica contemporânea e profunda à (des)sociabilização da humanidade, tanto nas suas manifestações concretas, quanto das representações fetichizadas hoje existentes.

NOTAS

1. Dados extraídos de "Time for a Global New Deal". In: *Foreign Affairs*, v. 73, n. 1, p. 8, jan./fev. 1994.

2. Ver Mészáros (1995), especialmente Parte Três.

3. Em nosso ensaio *Adeus ao trabalho?* (1995), procuramos indicar alguns elementos fundamentais das mutações que vêm ocorrendo no interior do mundo do trabalho.

4. Um segundo elemento fundamental para o entendimento da crise que se abateu no mundo do trabalho decorre do desmoronamento de Leste Europeu, no pós-89, bem como suas consequências nos partidos e sindicatos de esquerda. Do mesmo modo, a intensidade do neoliberalismo, bem como a crise do projeto social-democrata e suas repercussões no interior da classe trabalhadora, são elementos importantes para a análise da crise atual, o que, entretanto, não podemos fazer nos limites deste artigo.

5. Em Chesnais (1994) há uma boa radiografia do capitalismo na era do capital financeiro, bem como elementos importantes para o entendimento da sua crise do capital.

6. Conforme Mészáros (1995), capítulos 15 e 16. Nesse livro, o leitor encontra o mais denso e significativo esforço analítico contemporâneo para se compreender esta *crise estrutural do capital e sua economia política*. (Ver também as partes 1 e 2.)

12

A crise contemporânea e as metamorfoses no mundo do trabalho*

Este texto pretende apresentar algumas das principais mudanças que estão ocorrendo no mundo do trabalho, como consequência das profundas mudanças que o capitalismo vem sofrendo, em escala mundial, tanto na sua estrutura produtiva, quanto no universo de seus ideários, seus valores etc. De modo resumido, pretende-se apresentar um desenho dessas principais mutações no interior da classe trabalhadora.

O capitalismo contemporâneo, com a configuração que vem assumindo nas últimas décadas, acentuou sua lógica destrutiva. Num contexto de *crise estrutural do capital*, desenham-se algumas tendências, que podem assim ser resumidas:

1) O padrão produtivo taylorista e fordista[1] vem sendo crescentemente substituído ou alterado pelas formas produtivas

---

* Publicado em CEAD/UnB, 1999.

flexibilizadas e desregulamentadas, das quais a chamada acumulação flexível e o modelo japonês ou toyotismo[2] são exemplos.

2) O modelo de regulação social-democrático, que deu sustentação ao chamado estado de bem-estar social, em vários países centrais, vem também sendo solapado pela (des)regulação neoliberal, privatizante e antissocial.

Pelo próprio sentido que conduz essas tendências (que, em verdade, se constituem em respostas do capital à sua própria crise), acentuam-se os elementos destrutivos que presidem a lógica do capital. Quanto mais aumentam a competitividade e a concorrência intercapitais, interempresas e interpotências políticas do capital, mais nefastas são suas consequências.

Duas manifestações são mais virulentas e graves: a destruição e/ou precarização, sem paralelos em toda era moderna, da força humana que trabalha e a degradação crescente, na relação metabólica entre homem e natureza, conduzida pela lógica voltada prioritariamente para a produção de mercadorias que destrói o meio ambiente.

Trata-se, portanto, de uma aguda destrutividade, que no fundo é a expressão mais profunda da crise estrutural que assola a (des)sociabilização contemporânea: destrói-se força humana que trabalha; destroçam-se os direitos sociais; brutalizam-se enormes contingentes de homens e mulheres que vivem do trabalho; torna-se predatória a relação produção/natureza, criando-se uma monumental "sociedade do descartável", que joga fora tudo que serviu como "embalagem" para as mercadorias e o seu sistema, mantendo-se, entretanto, o circuito reprodutivo do capital.

Neste cenário, caracterizado por um tripé que domina o mundo (com os Estados Unidos da América e o seu Nafta, a Alemanha à frente da Europa unificada e o Japão liderando os demais países asiáticos), quanto mais um dos polos da tríade se fortalece, mais os outros se ressentem e se debilitam. Por isso a crise frequentemente muda de centro, ainda que ela esteja presente em vários pontos, assumindo mesmo uma dimensão mundial.

No embate cotidiano que empreendem para se expandir pelas partes do mundo que interessam e também para coadministrar as suas situações mais explosivas, em suma, para disputar e ao mesmo tempo gerenciar as crises, acabam por acarretar ainda mais destruição e precarização. A América Latina se "integra" à chamada mundialização destruindo-se socialmente. Na Ásia, a enorme expansão se dá à custa de uma brutal superexploração do trabalho, de que as recentes greves dos trabalhadores da Coreia do Sul, em 1997/98, são firme denúncia. Superexploração que atinge profundamente mulheres e crianças.

O que dizer de uma forma de sociabilidade que, segundo dados recentes da Organização Internacional do Trabalho (OIT), desemprega ou precariza cerca de 1 bilhão e 200 milhões de pessoas, *algo em torno de um terço da força humana mundial que trabalha?* Como uma seringa depois de usada, são todos descartáveis. Assim é, dizem, a lógica "inexorável" da modernidade.

É preciso que se diga de forma clara: desregulamentação, flexibilização, terceirização, bem como todo esse receituário que se esparrama pelo "mundo empresarial", são expressões de uma lógica societal onde o capital vale e a força humana de trabalho só conta enquanto parcela imprescindível para a reprodução desse mesmo capital. Isso porque o capital é incapaz de realizar sua autovalorização sem utilizar-se do trabalho humano. Pode *diminuir* o trabalho vivo, mas não *eliminá-lo*. Pode precarizá-lo e desempregar parcelas imensas, mas não pode extingui-lo.

O claro entendimento dessa configuração atual do mundo do trabalho nos leva a entender suas principais mutações, o que procuraremos fazer de modo um pouco mais detalhado a seguir.

Um quadro fortemente crítico

Nas últimas décadas, particularmente depois de meados dos anos 1970, o mundo do trabalho vivenciou uma situação fortemente crítica, talvez a maior desde o nascimento da classe trabalhadora e do próprio movimento operário inglês. O entendimento dos elementos constitutivos desta crise é de grande complexidade, uma vez que, nesse mesmo período, ocorreram mutações intensas, de ordens diferenciadas e que, *no seu conjunto*, acabaram por acarretar consequências muito fortes no interior do movimento operário e, em particular, no âmbito do movimento sindical. O entendimento desse quadro, portanto, supõe uma *análise da totalidade dos elementos* constitutivos desse cenário, empreendimento ao mesmo tempo difícil e imprescindível, que não pode ser tratado de maneira ligeira.

Vamos *indicar* alguns elementos que são centrais, em nosso entendimento, para uma apreensão mais totalizante da crise que se abateu no interior do movimento operário e sindical.[3] Seu desenvolvimento seria aqui impossível, dada a amplitude e complexidade de questões. A sua indicação, entretanto, é fundamental porque afetou tanto a *materialidade* da classe trabalhadora, a sua forma de ser, quanto a sua esfera mais propriamente *subjetiva, política, ideológica*, dos valores e do ideário que pautam suas ações e práticas concretas.

Começamos dizendo que nesse período vivenciamos um quadro de *crise estrutural do capital*, que se abateu no conjunto das economias capitalistas a partir especialmente do início dos anos 1970. Sua intensidade é tão profunda que levou o capital a desenvolver "práticas materiais da *destrutiva autorreprodução ampliada* ao ponto em que fazem surgir o espectro da destruição global, em lugar de aceitar as requeridas restrições positivas no interior da produção para satisfação das necessidades humanas" (Mészáros, 1989, p. 103 e 1995. Ver também Chesnais, 1996; Kurz, 1992).

Esta crise fez com que, entre tantas outras consequências, o capital implementasse um vastíssimo processo de reestruturação do capital, com vistas à recuperação do ciclo de reprodução do capital e que, como veremos mais adiante, afetou fortemente o mundo do trabalho.

Um segundo elemento fundamental para o entendimento das causas do refluxo do movimento operário decorre do explosivo desmoronamento do Leste Europeu (e da quase totalidade dos países que tentaram uma transição socialista, com a ex-União Soviética à frente), propagando-se, no interior do mundo do trabalho, a falsa ideia do "fim do socialismo".

Embora a longo prazo as consequências do fim do Leste Europeu sejam eivadas de positividades (pois coloca-se a possibilidade da retomada, em bases inteiramente novas, de um projeto socialista de novo tipo, que recuse, entre outros pontos nefastos, a tese staliniana do "socialismo num só país" e recupere elementos centrais da formulação de Marx), no plano mais imediato houve, em significativos contingentes da classe trabalhadora e do movimento operário, a aceitação e mesmo assimilação da nefasta e equivocada tese do "fim do socialismo" e, como dizem os defensores da ordem, do fim do marxismo.

Como consequência do fim do chamado "bloco socialista", os países capitalistas centrais vêm rebaixando brutalmente os direitos e as conquistas sociais dos trabalhadores, dada a "inexistência", segundo o capital, do perigo socialista hoje. Portanto, o desmoronamento da União Soviética e do Leste Europeu, ao final dos anos 1980, teve enorme impacto no movimento operário. Bastaria somente lembrar a crise que se abateu nos partidos comunistas tradicionais e no sindicalismo a eles vinculado.

Um terceiro elemento fundamental para a compreensão da crise do mundo do trabalho refere-se ao desmoronamento da esquerda tradicional da era stalinista. Ocorreu um agudo processo *político e ideológico* de *social-democratização da esquerda* e a sua consequente atuação subordinada à ordem do capital. Esta opção *social-democrática* atingiu fortemente a esquerda sindical e partidária, repercutindo, consequentemente, no interior da classe trabalhadora. Ela atingiu também fortemente o sindicalismo de esquerda, que passou a recorrer, cada vez mais frequentemente, à institucionalidade e à burocratização, que também caracterizam a social-democracia sindical.

É preciso acrescentar ainda — e este é o quarto elemento central da crise atual — que, com a enorme expansão do neoliberalismo a partir de fins de 1970 e a consequente crise do *Welfare State*, deu-se um processo de *regressão* da própria social-democracia, que passou a atuar de maneira muito próxima da agenda neoliberal. O Neoliberalismo *passou a ditar o ideário e o programa a serem implementados pelos países capitalistas, inicialmente no centro e logo depois nos países subordinados*, contemplando reestruturação produtiva, privatização acelerada, enxugamento do Estado, políticas fiscais e monetárias, sintonizadas com os organismos mundiais de hegemonia do capital, como o Fundo Monetário Internacional.

A desmontagem dos direitos sociais dos trabalhadores, o combate cerrado ao sindicalismo classista, a propagação de um subjetivismo e de um individualismo exacerbados da qual a cultura "pós-moderna", bem como uma clara animosidade contra qualquer proposta socialista contrária aos valores e interesses do capital, são traços marcantes desse período recente (Harvey, 1992).

Vê-se que se trata de uma *processualidade complexa* que podemos assim resumir: 1) Há uma crise estrutural do capital ou um efeito depressivo profundo que acentuam seus traços destrutivos.

2) Deu-se o fim do Leste Europeu, onde parcelas importantes da esquerda se social-democratizaram.

3) Esse processo efetivou-se num momento em que a própria social-democracia sofria uma forte crise.

4) Expandia-se fortemente o *projeto econômico, social e político neoliberal*. Tudo isso acabou por afetar fortemente o mundo do trabalho, em várias dimensões.

Vamos indicar a seguir as tendências mais significativas que vêm ocorrendo no interior do mundo do trabalho.

A reestruturação produtiva do capital e as mudanças no mundo do trabalho

Como resposta do capital à *sua crise estrutural*, várias mutações vêm ocorrendo e são fundamentais nesta viragem do século XX para o século XXI. Uma delas, e de importância central, diz respeito às metamorfoses no processo de produção do capital e suas repercussões no processo de trabalho.

Particularmente nos últimos anos, *como respostas do capital à crise dos anos 1970*, intensificaram-se as transformações no próprio processo produtivo, por meio do avanço tecnológico, da constituição das formas de acumulação flexível e dos modelos alternativos ao binômio taylorismo/fordismo, onde se destaca, para o capital, especialmente, o toyotismo. Essas transformações, decorrentes, por um lado, da própria concorrência intercapitalista e, por outro, dada pela necessidade de controlar o movimento operário e a luta de classes, acabaram por afetar fortemente a classe trabalhadora e o seu movimento sindical e operário.

Fundamentalmente, essa forma de produção flexibilizada busca a adesão de fundo, por parte dos trabalhadores, que devem aceitar integralmente o projeto do capital. Procura-se uma forma daquilo que chamei, em *Adeus ao trabalho?*, de *envolvimento manipulatório* levado ao limite, onde o capital busca o consentimento e a adesão dos trabalhadores, no interior das empresas, para viabilizar um projeto que é aquele desenhado e concebido segundo os fundamentos exclusivos do capital.

Em seus traços mais gerais, o toyotismo (*via particular de consolidação do capitalismo monopolista do Japão do pós-45*) pode ser entendido como uma forma de organização do trabalho que nasce a partir da fábrica Toyota, no Japão, e que vem se expandindo pelo Ocidente capitalista, tanto nos países avançados quanto naqueles que se encontram subordinados. Suas características básicas (em contraposição ao taylorismo/fordismo) são:

1) Sua produção muito vinculada à demanda.

2) Ela é variada e bastante heterogênea.

3) Fundamenta-se no trabalho operário em equipe, com multivariedade de funções.

4) Tem como princípio o *just in time*, o melhor aproveitamento possível do tempo de produção e funciona segundo o sistema de *kanban*, placas ou senhas de comando para reposição de peças e de estoque que, no toyotismo, devem ser mínimos. Enquanto na fábrica fordista cerca de 75% era produzido no seu interior, na fábrica toyotista somente cerca de 25% é produzido no seu interior. Ela *horizontaliza* o processo produtivo e transfere a "terceiros" grande parte do que anteriormente era produzido dentro dela.

A falácia de "qualidade total" passa a ter papel de relevo no processo produtivo. Os Círculos de Controle de Qualidade (CCQ) proliferaram, constituindo-se como grupos de trabalhadores que são incentivados pelo capital para discutir trabalho e desempenho, com vistas a melhorar a produtividade da empresa. Em verdade, é a nova forma de apropriação do *saber fazer intelectual* do trabalho pelo capital.

O *despotismo* torna-se então mesclado com a *manipulação* do trabalho, com o "envolvimento" dos trabalhadores, *através de um processo ainda mais profundo de interiorização do trabalho alienado (estranhado)*.[4] O operário deve pensar e fazer *pelo* e *para* o capital, o que aprofunda (em vez de abrandar) a subordinação do trabalho ao capital. No Ocidente, os CCQs têm variado quanto à sua implementação, dependendo das especificidades e singularidades dos países em que eles são implementados.

Esta forma flexibilizada de acumulação capitalista, baseada na *reengenharia,* na *empresa enxuta*, para lembrar algumas expressões do novo dicionário do capital, teve consequências enormes no mundo do trabalho.

Essas consequências no interior do mundo do trabalho evidenciam que, sob o capitalismo, não se constata o fim do *trabalho* como medida de *valor*, mas uma mudança *qualitativa*, dada, *por um lado*, pelo peso crescente da sua dimensão mais qualificada, do trabalho multifuncional, do operário apto a operar com máquinas informatizadas, da *objetivação de atividades cerebrais* (Lojkine, 1995). Por outro lado, pela *intensificação* levada ao limite das formas de exploração do trabalho, presentes e em expansão no *novo proletariado*, no *subproletariado industrial e de serviços*, no enorme leque de trabalhadores que são explorados crescentemente pelo capital, não só nos países subordinados, mas no próprio coração do sistema capitalista.

Tem-se, portanto, cada vez mais uma crescente *capacidade de trabalho socialmente combinada*, que se converte no *agente real* do processo de trabalho total, o que torna, segundo Marx, absolutamente *indiferente* o fato de que a função de um ou outro trabalhador seja mais próxima ou mais distante do trabalho manual direto (Marx,

1978). E, em vez do fim do *valor-trabalho*, pode-se constatar uma inter-relação acentuada das formas de extração de mais-valia *relativa* e *absoluta*, que se realiza em escala ampliada e mundializada.

Esses elementos — aqui somente indicados em suas tendências mais genéricas — não possibilitam conferir estatuto de validade às teses sobre o *fim do trabalho* sob o *modo de produção capitalista*. O que se evidencia ainda mais quando se constata que a maior parte da força de trabalho encontra-se dentro dos países do chamado Terceiro Mundo, onde as tendências anteriormente apontadas tem inclusive um ritmo bastante *particularizado* e *diferenciado*. Restringir-se à Alemanha ou à França e, a partir daí, fazer *generalizações* e *universalizações* sobre o *fim do trabalho* ou da *classe trabalhadora*, desconsiderando o que se passa em países como Índia, China, Brasil, México, Coreia do Sul, Rússia, Argentina etc., para não falar do Japão, configura-se como um equívoco de grande significado. Vale acrescentar que a tese do fim da classe trabalhadora, mesmo quando restrita aos países centrais, é, em nossa opinião, desprovida de fundamentação, tanto empírica quanto analítica. Uma noção *ampliada* de trabalho, que leve em conta seu caráter multifacetado, é forte exemplo dessa evidência.

Isso sem mencionar que a eliminação do trabalho e a generalização dessa tendência sob o capitalismo contemporâneo — nele incluído o enorme contingente de trabalhadores do Terceiro Mundo — suporia a destruição da própria *economia de mercado*, pela incapacidade de integralização do processo de acumulação de capital, uma vez que os robôs não poderiam participar do mercado como consumidores.

A simples sobrevivência da economia capitalista estaria comprometida, sem falar em tantas outras consequências sociais e políticas explosivas que adviriam dessa situação. Tudo isso evidencia que é um equívoco pensar na *desaparição* ou *fim* do *trabalho enquanto perdurar a sociedade capitalista produtora de mercadorias* e — o que é fundamental — também não é possível prever nenhuma possibilidade de eliminação da *classe-que-vive-do-trabalho, enquanto forem vigentes os pilares constitutivos do modo de produção do capital*.

Utilizamos a expressão *classe-que-vive-do-trabalho* como *sinônimo* de *classe trabalhadora*. Ao contrário de autores que defendem o fim do trabalho e o fim da classe trabalhadora, esta expressão pretende *enfatizar o sentido contemporâneo da classe trabalhadora (e do trabalho)*. Ela compreende:

1) Todos aqueles que vendem sua força de trabalho, incluindo tanto o trabalho *produtivo* quanto o *improdutivo* (no sentido dado por Marx).

2) Inclui os assalariados do setor de serviços e também o proletariado rural.

3) Inclui proletariado precarizado, sem direitos, e também os trabalhadores desempregados, que compreendem o exército industrial de reserva.

4) E *exclui*, naturalmente, os gestores e altos funcionários do capital, que recebem rendimentos elevados ou vivem de juros. Essa expressão incorpora integralmente a ideia marxiana do *trabalho social combinado*, tal como aparece no *Capítulo VI (Inédito)*, à qual nos referimos anteriormente (Marx, 1978).

A imprescindível eliminação do trabalho assalariado, do trabalho fetichizado e estranhado (alienado) e a criação dos *indivíduos livremente associados* está indissoluvelmente vinculada à necessidade de eliminar *integralmente* o capital e o seu *sistema de metabolismo social* em todas as suas formas. O que, entretanto, não deve impedir um estudo cuidadoso da classe trabalhadora hoje, suas principais metamorfoses.

Tal investigação assume especial importância especialmente pela forma pela qual essas transformações vêm afetando o *movimento social e político dos trabalhadores* (nele incluído o movimento sindical), particularmente em países que se diferenciam dos países capitalistas centrais, como é o caso do Brasil, onde há traços particulares bastante diferenciados da crise vivenciada nos países centrais. Se essas transformações são eivadas de significados e consequências para a classe trabalhadora e seus *movimentos sociais, sindicais e políticos* nos países capitalistas avançados, também o são em países *intermediários* e *subordinados*, porém dotados de relevante *porte industrial*, como o Brasil.

O entendimento *abrangente e totalizante* da crise que atinge o mundo do trabalho passa, portanto, por esse conjunto de problemas que incidiram diretamente no movimento operário, na medida em que são complexos que afetaram tanto a *economia política* do capital quanto as suas esferas *política e ideológica*.

Claro que esta crise é *particularizada e singularizada* pela forma pela qual essas *mudanças econômicas, sociais, políticas e ideológicas* afetaram mais ou menos direta e intensamente os diversos países que fazem parte dessa mundialização do capital que é, como se sabe, *desigualmente combinada*. Para uma análise detalhada do que se passa no movimento operário inglês, italiano, brasileiro ou coreano, o desafio é buscar essa totalização analítica que articulará elementos mais gerais desse quadro, com aspectos da singularidade de cada um desses países. Mas é decisivo perceber-se que há um conjunto abrangente de metamorfoses e mutações que tem afetado a classe trabalhadora, e para a qual é absolutamente prioritário o seu entendimento e desvendamento, para resgatar um projeto de classe capaz de enfrentar esses monumentais desafios presentes no final deste século.

Em busca de uma nova lógica social

Como procuramos indicar anteriormente, o capitalismo não foi capaz de eliminar as múltiplas formas e manifestações do *estranhamento* (ou da *alienação*), mas, em muitos casos, deu-se inclusive um processo de intensificação e maior interiorização, na medida em que se *minimizou* a dimensão mais explicitamente despótica, intrínseca ao fordismo, em benefício do "envolvimento manipulatório" da era do toyotismo ou do modelo japonês. Se o *estranhamento* é entendido, como indicou Lukács, como a existência de barreiras sociais que se opõem ao desenvolvimento da individualidade em direção à omnilateralidade humana, à individualidade emancipada, o capital contemporâneo, ao mesmo tempo em que pode, através do avanço tecnológico e informacional, potencializar as capacidades humanas, faz expandir o fenômeno social do *estranhamento*. Isso porque o quadro que desenhamos acima mostra que, para o conjunto da *classe-que-vive-do-trabalho*, o desenvolvimento tecnológico não produziu necessariamente o desenvolvimento de uma subjetividade cheia de sentido, mas, ao contrário, pode inclusive "desfigurar e aviltar a personalidade humana...". Isso porque, ao mesmo tempo em que o desenvolvimento tecnológico pode provocar "diretamente um crescimento da capacidade humana", *sua subordinação estrita à lógica do capital* acaba por "sacrificar os indivíduos (e até mesmo classes inteiras)" (Lukács, 1981, p. 562).

A presença de bolsões de pobreza no coração do "Primeiro Mundo", através da brutal exclusão social, das explosivas taxas de desemprego estrutural, da eliminação de inúmeras profissões no interior do mundo do trabalho em decorrência do incremento tecnológico voltado *centralmente para a criação de valores de troca*, as formas intensificadas de precarização do trabalho, são apenas alguns dos exemplos mais gritantes das barreiras sociais que obstam, sob o capitalismo, a busca de uma vida cheia de sentido e emancipada, para o ser social que trabalha. Isso para não falar do Terceiro Mundo, onde se encontra 2/3 da força humana que trabalha em condições ainda muito mais precarizadas.

Como as suas formas contemporâneas de *estranhamento* ou *alienação* atingem, além do espaço da produção, também a esfera do *consumo*, a esfera da vida *fora* do trabalho, o chamado *tempo livre* é, em boa medida, *um tempo também submetido aos valores do sistema produtor de mercadorias e das suas necessidades de consumo*, tanto materiais como imateriais.

Num quadro desta ordem, quais são as alternativas mais essenciais, que se devem resgatar?

Primeiro: é preciso alterar a lógica da produção societal; a produção deve ser prioritariamente voltada para produzir *valores de uso* e não *valores de troca*. Sabe-se que a humanidade teria condições de se reproduzir socialmente, em escala mundial, se a produção destrutiva fosse eliminada e a produção social fosse voltada não para a lógica do mercado, mas para a produção de *coisas socialmente úteis*. Trabalhando poucas horas do dia, o mundo poderia reproduzir-se de maneira não destrutiva, instaurando um novo sistema de metabolismo societal.

Segundo: a produção de *coisas socialmente úteis* deve ter como critério o *tempo disponível* e não o *tempo excedente*, que preside a sociedade contemporânea (Mészáros, 1989). Com isso o trabalho social, dotado de maior dimensão humana e societal, perderia seu caráter fetichizado e estranhado, tal como se manifesta hoje e, além de ganhar um sentido de autoatividade, abriria possibilidades efetivas para um tempo livre cheio de sentido além da esfera do trabalho, o que é uma impossibilidade na sociedade regida pela lógica do capital. Até porque não pode haver *tempo* verdadeiramente *livre* erigido sobre *trabalho coisificado e estranhado*. O *tempo livre* atualmente existente é tempo para consumir mercadorias, sejam elas materiais ou imateriais. O tempo fora do trabalho também está fortemente poluído pelo fetichismo da mercadoria.

Terceiro: é preciso empreender mudanças e resistências que, no plano imediato, incorporem as aspirações nascidas no interior da vida cotidiana da *classe-que-vive-do-trabalho*. Mas é fundamental que tenham, no seu sentido mais profundo, uma direção essencialmente contrária à lógica destrutiva do capital. A título de exemplo: a luta mundial dos trabalhadores pela redução da jornada ou do tempo de trabalho, sem redução salarial e sem perda dos direitos do trabalho. *Trabalhar menos para que mais homens e mulheres possam sair da barbárie do desemprego*. Mas é decisivo lutar pela redução da jornada de trabalho *junto com uma discussão de fundo sobre o sentido da produção social: produzir o que e para quem?*. O que, vale lembrar, coloca no centro da discussão a desmontagem da lógica societal capitalista.

Quarto: reinventar um projeto socialista global, que resgate os valores mais essenciais da humanidade. O que confere uma enorme atualidade ao empreendimento socialista, por certo totalmente distinto da tragédia das experiências do século XX, que deformaram em quase tudo os mais profundos ideais de emancipação. Um bom ponto de partida para tal ação é desenvolver uma crítica contemporânea e profunda à (des)sociabilização da humanidade sob o capital.

NOTAS

1. Entendemos o taylorismo e o fordismo como o padrão produtivo capitalista desenvolvido ao longo do século XX e que se fundamentou basicamente na produção em massa, em unidades produtivas concentradas e verticalizadas, com um controle rígido dos tempos e dos movimentos, desenvolvidos por um proletariado coletivo e de massa, sob forte despotismo e controle fabril.

2. O toyotismo expressa a forma particular de expansão do capitalismo monopolista do Japão no pós-45, cujos traços principais serão desenvolvidos adiante.

3. O movimento operário é muito mais amplo que o movimento sindical; porém, são enormes as relações e conexões entre ambos. Aqui procuramos oferecer alguns elementos básicos que atingem o mundo do trabalho em seu conjunto.

4. O trabalho alienado (ou estranhado) é a forma como a atividade humana se objetiva na sociedade capitalista, onde o que deveria ser uma *atividade vital* do ser social que trabalha se converte em *mercadoria*, e o produto do trabalho aparece como *alheio* e *estranho* ao trabalhador.

Apêndices

Apêndice I

Os modos de ser da informalidade:
rumo a uma nova era da precarização estrutural do trabalho?*

Ricardo Antunes

I

O mundo do capital, desde sua gênese, estampou um claro sentido destrutivo em relação ao trabalho, sem deixar de acentuar que este traço de superfluidade e destrutividade também afetou diretamente a natureza e, sob a forma ainda mais perversa, a destruição através da guerra, dentre tantos outros elementos que conformam seus traços atuais.

No que concerne mais diretamente ao trabalho, é também evidente que as formas atuais de valorização do valor trazem embutidas novos modos de geração da *mais-valia* (quer sob a forma

---

* Publicado na revista *Praia vermelha*, v. 20, n. 1, jan./jun. 2010, UFRJ.

absoluta, quer sob a *relativa*), ao mesmo tempo que expulsa da produção uma infinitude de trabalhos que se tornam sobrantes, descartáveis e cuja função passa a ser a de expandir o bolsão de desempregados, deprimindo ainda mais a remuneração da força de trabalho em amplitude global, pela via da retração do valor necessário à sobrevivência dos trabalhadores e das trabalhadoras.

No volume III de *O capital*, dentre tantas outras partes em que tratou da temática, ao discorrer sobre a *economia no emprego* e a utilização *dos resíduos da produção*, Marx pode indicar essa tendência ainda uma vez mais de modo cabal. Em suas palavras:

> O capital tem a tendência a reduzir ao necessário o trabalho vivo diretamente empregado, a encurtar sempre o trabalho requerido para fabricar um produto — explorando as forças produtivas sociais do trabalho — e portanto a economizar o mais possível o trabalho vivo diretamente aplicado. Se observamos de perto a produção capitalista, abstraindo do processo de circulação e da hipertrofia da concorrência, verificamos que procede de maneira extremamente parcimoniosa com o trabalho efetuado, corporificado em mercadorias. Entretanto, mais do que qualquer outro modo de produção, esbanja seres humanos, desperdiça carne e sangue, dilapida nervos e cérebro. Na realidade, só malbaratando monstruosamente o desenvolvimento individual assegura-se e realiza-se o desenvolvimento da humanidade na época histórica que precede a fase em que se reconstituirá conscientemente a sociedade humana. Todas as parcimônias de que estamos tratando decorrem do caráter social do trabalho, e é de fato esse caráter diretamente social do trabalho a causa geradora desse desperdício de vida e da saúde dos trabalhadores (Marx, 1974, p. 97 e 99).

Premonitória, podemos adicionar que, em plena eclosão da mais recente crise global, este quadro se amplia ainda mais e nos faz presenciar uma corrosão ainda maior do trabalho contratado e regulamentado, que foi dominante ao longo do século XX, de matriz tayloriano-fordista. Pautado pela *subsunção real do trabalho* (Marx, 1978) ao mundo maquínico, seja pela vigência da máquina-ferramenta autômata, seja pela informacional-digital, este trabalho relativamente mais formalizado vem sendo substituído pelos mais distintos e diversificados modos de informalidade e precarização, de que são exemplo o *trabalho atípico* (Vasapollo, 2005), os trabalhos terceirizados (com sua enorme gama e variedade), o "cooperativismo", o "empreendedorismo", o "trabalho voluntário" etc.

Estas modalidades de trabalho — configurando as mais distintas e diferenciadas formas de precarização do trabalho e de expansão da informalidade — vêm ampliando as formas geradoras do *valor*, ainda que sob a *aparência* do *não valor*, utilizando-se de novos e velhos mecanismos de intensificação (quando não de *autoexploração* do trabalho).

Seria necessário recordar que, em pleno século XXI, há jornadas de trabalho, em São Paulo, que chegam a dezessete horas por dia, na indústria de confecção, onde trabalham imigrantes bolivianos ou peruanos controlados por patrões coreanos ou chineses, aflorando um traço pouco visível e brutal da chamada "globalização", que configura modalidades de trabalho imigrante no limite da condição degradante. Ou a profusão de exemplos de trabalho no agronegócio do açúcar, onde cortar mais de dez toneladas de cana por dia é a média em São Paulo, sendo que no Nordeste do país esse número pode chegar até dezoito toneladas diárias.

Ou ainda o acintoso exemplo do Japão, onde jovens operários de várias partes do país e do exterior migram em busca de trabalho nas cidades e dormem em cápsulas de vidro, do tamanho de um caixão, configurando o que denominei *operários encapsulados*. No outro lado do mundo, aqui na nossa América Latina, mulheres trabalhadoras domésticas chegam a realizar jornadas de noventa horas por semana, tendo não mais que um dia de folga ao mês, conforme lembrou Mike Davis (2006), em seu *Planeta favela*.

Trata-se, portanto, de uma destrutividade que se expressa intensamente quando descarta, tornando ainda mais supérflua, parcela significativa da força mundial de trabalho, em que milhões encontram-se realizando trabalhos parciais, precarizados, na informalidade ou desempregados. Isso porque, na eliminação/utilização dos *resíduos da produção*, o capital desemprega cada vez mais trabalho estável, substituindo-os cada vez mais por trabalhos precarizados, que se encontram em enorme expansão no mundo agrário, industrial e de serviços, bem como nas múltiplas interconexões existentes entre eles, como na agroindústria, nos serviços industriais ou na indústria de serviços. A eclosão generalizada do *desemprego estrutural* em escala transnacional é a expressão limite mais aguda e trágica dessa destrutividade presente no mundo do trabalho.[1]

Como, entretanto, o capital não pode valorizar-se, isto é, gerar mais-valor, sem realizar alguma forma de interação entre *trabalho vivo* e *trabalho morto*, ele busca incessantemente o aumento da produtividade do trabalho, ampliando os mecanismos de extração do sobretrabalho em tempo cada vez menor, por meio da ampliação do *trabalho morto* corporificado no maquinário tecnocientífico-informacional.

A informalização do trabalho torna-se, então, um traço constitutivo e crescente da acumulação de capital dos nossos dias, uma vez que é cada vez mais permanente na fase da *liofilização organizativa*, para retomar a sugestão de Juan J. Castillo (Castillo, 1996).

---

1. Um traço preocupante deste cenário vimos recentemente em uma manifestação de trabalhadores britânicos em greve, no início de 2009, que estampava em seus cartazes os seguintes dizeres: "*Put British Workers First*" (Empreguem primeiro os trabalhadores britânicos), em manifestação contrária à contratação de italianos e portugueses. Se é justa a consigna de *salário igual para trabalho igual*, também é muito preocupante a manifestação que pode conter traços xenofóbicos contra trabalhadores portugueses, italianos ou poloneses.

Compreender seus modos de expressão e seus significados é, então, importante para que possamos ter uma melhor compreensão dos mecanismos e das engrenagens que impulsionam o mundo do trabalho em direção à informalidade.

II

Uma fenomenologia preliminar dos *modos de ser* da informalidade demonstra a ampliação acentuada de trabalhos submetidos a sucessivos contratos temporários, sem estabilidade, sem registro em carteira, trabalhando dentro ou fora do espaço produtivo das empresas, em atividades mais instáveis ou temporárias, quando não na condição de desempregado.[2]

Uma primeira modalidade de informalidade remete à figura dos *trabalhadores informais tradicionais,* "inseridos nas atividades que requerem baixa capitalização, buscando obter uma renda para consumo individual e familiar. Nesta atividade, vivem de sua força de trabalho, podendo se utilizar do auxílio de trabalho familiar ou de ajudantes temporários" (Alves e Tavares, 2006, p. 431).

Neste universo encontramos "os menos *'instáveis'*, que possuem um mínimo de conhecimento profissional e dos meios de trabalho e, na grande maioria dos casos, desenvolvem suas atividades no setor de prestação de serviços" (Ibid., p. 431), de que são exemplos costureiras, pedreiros, jardineiros, vendedores ambulantes de artigos de consumo mais imediato — como alimentos, vestuário, calçados e de consumo pessoal —, camelôs, empregados domésticos, sapateiros e oficinas de reparos.

---

2. Em *Riqueza e miséria do trabalho no Brasil*, há um desenho das características principais da informalidade, que utilizaremos a seguir, feito por Alves e Tavares (Antunes, 2006).

Há também os informais mais *"instáveis"*, recrutados temporariamente e frequentemente remunerados por peça ou por serviço realizado. Eles realizam trabalhos eventuais e contingenciais, pautados pela força física e pela realização de atividades dotadas de baixa qualificação, como carregadores, carroceiros e trabalhadores de rua e serviços em geral. Estes trabalhadores mais *"instáveis"* podem inclusive ser subempregados pelos trabalhadores informais mais *"estáveis"* (Alves e Tavares, 2006).

Nesta primeira modalidade — *trabalhadores informais tradicionais* — podemos incluir os trabalhadores *"ocasionais"* ou *"temporários"*, que realizam atividades informais quando se encontram desempregados, mas que visam retornar ao trabalho assalariado. Segundo a caracterização de Alves e Tavares,

> são trabalhadores que ora estão desempregados, ora são absorvidos pelas formas de trabalho precário, vivendo uma situação que, inicialmente, era provisória e se transformou em permanente. Há casos que combinam o trabalho *regular* com o *ocasional*, praticando os chamados *bicos*. Nesses casos obtém-se um baixo rendimento com essas atividades, [como os] vendedores de diversos produtos (limpeza, cosméticos, roupas), digitador, salgadeiras, faxineiras e confecção de artesanato nas horas de folga (Alves e Tavares, 2006, p.431).

Ainda neste espectro de atividades informais tradicionais encontram-se as pequenas oficinas de reparação e consertos, estruturadas e mantidas pela clientela do *bairro* ou relações pessoais (Ibid.).

Inseridos na divisão social do trabalho capitalista, essa gama de trabalhadores informais

> contribuem para que se efetive a circulação e consumo das mercadorias produzidas pelas empresas capitalistas. A forma de inserção no

trabalho informal é extremamente precária e se caracteriza por uma renda muito baixa, além de não garantir o acesso aos direitos sociais e trabalhistas básicos, como aposentadoria, FGTS, auxílio-doença, licença-maternidade; se ficarem doentes são forçados a parar de trabalhar, perdendo integralmente sua fonte de renda (Alves e Tavares, 2006, p. 432).

Não há horário fixo de trabalho, e as jornadas levam frequentemente ao uso das *horas vagas* para aumentar a renda oriunda do trabalho. Acrescente-se, ainda, o fato de que, no trabalho por conta própria, além do uso de seu trabalho, pode haver uso da força de trabalho de outros membros da família, com ou sem remuneração.

Uma segunda modalidade remete à figura dos *trabalhadores informais assalariados sem registro,* ao arrepio da legislação trabalhista, uma vez que perderam o estatuto de contratualidade e que passaram da condição de assalariados com carteira assinada para a de assalariados sem carteira, excluindo-se do acesso das resoluções presentes nos acordos coletivos de sua categoria (Alves e Tavares, 2006). A indústria têxtil, de confecções e de calçados, por exemplo, dentre tantas outras, têm acentuado essa tendência (Antunes, 2006).

Isto porque a racionalidade instrumental do capital impulsiona as empresas à flexibilização do trabalho, da jornada, da remuneração, aumentando a responsabilização e as competências, criando e recriando novas relações e formas de trabalho que frequentemente assumem feição informal. Nos exemplos de Alves e Tavares encontram-se

> [..] os casos de trabalho em domicílio que se especializam por áreas de ocupação, prestando serviços às grandes empresas, que também se utilizam da subcontratação para a montagem de bens, produção de

serviços, distribuição de bens através do comércio de rua ou ambulante (Alves e Tavares, 2006, p. 432-433).

Muitas vezes este modo de trabalho se realiza também em galpões — como na indústria de calçados — onde a informalidade é a norma.

Uma terceira modalidade encontramos nos *trabalhadores informais por conta própria,* que podem ser definidos como uma variante de produtores simples de mercadorias, contando com sua própria força de trabalho ou de familiares e que podem inclusive subcontratar força de trabalho assalariada (Ibid.).

Segundo Alves e Tavares, as:

> formas de inserção do trabalhador por conta própria na economia informal não são práticas novas, mas foram recriadas pelas empresas capitalistas, como forma de possibilitar a extração da mais-valia relativa com a mais-valia absoluta. Lembramos que há diferentes formas de inserção do trabalho informal no modo de produção capitalista e, para sua análise, devemos considerar essa grande heterogeneidade, buscando desvendar quais os vínculos existentes entre esses trabalhadores e o acúmulo de capital (Ibid., p. 433).

E acrescentam:

> Deste modo, proliferam-se os pequenos negócios vinculados às grandes corporações, envolvendo as áreas de produção, comércio e prestação de serviços. Os pequenos proprietários informais atuam em áreas que não atraiam investimentos capitalistas de maior vulto, de modo a atender à demanda por determinados bens e serviços. Esses trabalhadores adotam essas estratégias porque seus pequenos negócios informais não têm condições de concorrer com as empresas capitalistas, são elas que definem sua forma de inserção no mercado (Ibid., p. 433).

Estamos vivenciando, portanto, a erosão do trabalho contratado e regulamentado, dominante no século XX, e vendo sua substituição pelas diversas formas de "empreendedorismo", "cooperativismo", "trabalho voluntário" etc. O exemplo das cooperativas talvez seja ainda mais esclarecedor. Em sua origem, elas nasceram como instrumentos de luta operária contra o desemprego, o fechamento das fábricas, o despotismo do trabalho etc., como tantas vezes Marx indicou. Hoje, entretanto, contrariamente a essa autêntica motivação original, os capitais criam falsas cooperativas como instrumental importante para depauperar ainda mais as condições de remuneração da força de trabalho e aumentar os níveis de exploração da força de trabalho, fazendo erodir ainda mais os direitos do trabalho.

As "cooperativas" patronais tornam-se, então, contemporaneamente, verdadeiros empreendimentos visando aumentar ainda mais a exploração da força de trabalho e a consequente precarização da classe trabalhadora. Similar é o caso do "empreendedorismo", que cada vez mais se configura como forma oculta de trabalho assalariado e que permite o proliferar das distintas formas de flexibilização salarial, de horário, funcional ou organizativa.

É neste quadro, caracterizado por um *processo tendencial de precarização estrutural do trabalho,* em amplitude ainda maior, que os capitais globais estão exigindo também o desmonte da legislação social protetora do trabalho. E flexibilizar a legislação social do trabalho significa — não é possível ter nenhuma ilusão sobre isso, aumentar ainda mais os mecanismos de extração do — sobretrabalho, ampliar as formas de precarização e destruição dos direitos sociais que foram arduamente conquistados pela classe trabalhadora, desde o início da Revolução Industrial, na Inglaterra, e especialmente no pós-1930, quando se toma o exemplo brasileiro.

III

Feito este desenho inicial, que apresenta algumas modalidades vigentes da informalidade hoje, vamos indicar analiticamente algumas teses que fundamentam esse múltiplo processo de *informalização* e de *precarização* da força humana de trabalho em escala global, o que faremos a partir do enunciado de duas teses: primeiro, a que discorre sobre a falácia da "qualidade total" sob a vigência da *lei de tendência decrescente do valor de uso das mercadorias*; e, segundo, a que apresenta a similitude existente entre o *descarte do trabalho* e a *superfluidade da produção em geral* — tal como apresentamos na formulação marxiana que inicia este artigo — e que está presente nas práticas de *liofilização* da chamada "qualidade total".[3]

Na presente fase de *intensificação da taxa de utilização decrescente do valor de uso das mercadorias* (Mészáros, 2002), a falácia da qualidade torna-se evidente e ela talvez possa ser formulada desse modo: quanto mais "qualidade total" as mercadorias e os produtos que resultam do processo produtivo capitalista alegam ter, *menor é o seu tempo de duração.*

A necessidade imperiosa de reduzir o tempo de vida útil dos produtos, visando a aumentar a velocidade do ciclo reprodutivo do capital, faz com a "qualidade total" seja, na maior parte das vezes, o invólucro, a aparência ou o aprimoramento do supérfluo, *uma vez que os produtos devem durar cada vez menos para que tenham uma reposição ágil no mercado*. A "qualidade total", por isso, deve se adequar ao sistema de metabolismo sociorreprodutivo do capital, afetando

---

[3]. Retomamos aqui duas teses originalmente apresentadas em *Os sentidos do trabalho*, Boitempo, 10ª reimpressão, revista e atualizada.

tanto a produção de bens e serviços como as instalações, os maquinários e a própria força humana de trabalho (Mészáros, 2002; Antunes, 2009).

Desse modo, o apregoado desenvolvimento dos processos de "qualidade total" converte-se na expressão fenomênica, involucral, aparente e supérflua de um mecanismo produtivo gerador do descartável e do supérfluo, real impedimento para a criação de uma sociedade efetivamente autossustentada, fora dos constrangimentos da reprodução ampliada do capital e seus imperativos expansionistas e destrutivos.

Além do exemplo emblemático dos *fast foods* (do qual o McDonalds é exemplar), expressão simbólica da sociedade do *entertainment* propiciada pelo capital, podemos lembrar também do tempo médio de vida útil estimada para os automóveis mundiais, cuja durabilidade é cada vez mais reduzida.

Recentemente, vimos a explosão do *recall*, que atingiu quase todas as grandes montadoras, como a Ford, a GM e a Fiat, sem deixar de mencionar o caso mais espetacular, o recente *recall* da Toyota, nos inícios de 2010, quando milhares de veículos foram produzidos com uma peça que tinha claro componente propiciador de acidentes que, em certos casos — e não foram poucos —, foram letais, ocasionando a ampliação da crise na "montadora da qualidade total" em sua unidade nos EUA. O próprio presidente da Toyota teve que se desculpar no parlamento norte-americano, como se isso em alguma medida repusesse as perdas humanas.

Laboratório de uma qualidade que destrói a longevidade, de um invólucro que converte os consumidores em cobaias dos inventos feitos a qualquer preço, esse exemplo estampa a tendência destrutiva presente no âmago da chamada "qualidade total", que tem que conviver com a *redução tendencial do tempo de vida útil das mercadorias,* para incrementar (destrutivamente) o processo de valorização do capital.

Portanto, as empresas, na competitividade exacerbada que travam entre si para avançar na guerra da "produtividade de perfil destrutivo", são impelidas a reduzir o tempo entre produção e consumo, incentivando ao limite esta tendência restritiva do valor de uso das mercadorias.

Tendo que acompanhar — e vencer para sobreviver — a competitividade existente em seu ramo produtivo, os capitais desencadeiam uma lógica na qual a busca da "qualidade total" é um mecanismo intrínseco e funcional, redutor do ciclo de vida útil dos produtos, ainda que tenha a *aparência* (no sentido dado por Marx) do avanço real da qualidade (sem aspas).

Podemos também mencionar a indústria de computadores, expressão desta tendência depreciativa e decrescente do valor de uso das mercadorias, onde um sistema de *softwares* torna-se obsoleto e desatualizado em tempo reduzido, obrigando o consumidor a adquirir a nova versão ou perder seu maquinário quando tem que fazer uma reposição, pois o custo de uma peça a ser trocada frequentemente excede o preço de um novo equipamento, o que leva ao descarte precoce de uma máquina computacional.

Isso porque os capitais não têm outra opção, para sua sobrevivência, senão "inovar" ou correr o risco de serem ultrapassados pelas empresas concorrentes, conforme ocorre com as empresas transnacionais de computadores, onde, paralelamente à "inovação" constante de seu sistema, o tempo de vida útil dos produtos também se reduz enormemente (Kenney, 1997).

Como o capital tem uma tendência *expansionista* intrínseca ao seu sistema produtivo, a "qualidade total" deve tornar-se inteiramente compatível com a lógica da produção supérflua e destrutiva. Por isso, em seu sentido e tendências mais gerais, o capitalismo, ao mesmo tempo que reitera sua suposta capacidade de elevação da "qualidade total", converte-se de fato em inimigo da durabilidade dos produtos; desencorajando e mesmo inviabilizando práticas produtivas orientadas para as reais necessidades humano-sociais (Mészáros, 2002). Opõe-se, portanto, frontalmente à longevidade dos produtos, e a denominada "qualidade total" acaba por converter-se no seu contrário, isto é, na negação da durabilidade das mercadorias.

O resultado é visível quando se dissipa a bruma ideológica que sustenta esse engenhoso mecanismo: quanto mais "qualidade total" as mercadorias aparentam ter (e aqui novamente a *aparência* faz a diferença), mais reduzido é seu tempo de vida útil e menor é o tempo de duração que elas devem efetivamente conter. O desperdício, a superfluidade, a destrutividade e a obsolescência programada tornam-se características determinantes da produção, seja material, seja imaterial. E o curioso é que, mergulhado nesta lógica destrutiva, nunca os capitais falaram tanto em *sustentabilidade*.

Como já pudemos indicar em *Os sentidos do trabalho* (Antunes, 2009), aqui não se está questionando o que seria um efetivo avanço tecnocientífico se este fosse pautado pelos reais imperativos humano-societais. Exatamente pela vigência da lógica destrutiva do capital, que plasma a forma da tecnociência contemporânea em sua razão instrumental, que os mecanismos e as engrenagens do sistema de metabolismo socioeconômico acabam por converter em descartável e supérfluo tudo o que poderia ser preservado e reorientado, tanto para o atendimento efetivo dos valores de uso sociais quanto para se evitar uma destruição incontrolável e degradante da natureza, do meio ambiente, da relação metabólica entre trabalho e natureza.

E algo similar vem ocorrendo no universo do trabalho, o que nos permite avançar na segunda tese, qual seja: a empresa da *flexibilidade liofilizada* tem uma impulsão intrínseca em direção ao aumento da *superfluidade do trabalho*.

Isso porque o sistema de metabolismo social do capital necessita cada vez *menos* do trabalho *estável* e cada vez *mais* das diversificadas formas de trabalho parcial ou *part-time,* terceirizado, dos *trabalhadores hifenizados,* do *cybertariado* (Huws, 2003), do *infoproletariado* (Antunes e Braga, 2009a), variantes do *proletariado* da era *cyber*, que se encontra em explosiva expansão em todo o mundo produtivo e de serviços.

Como o tempo e o espaço estão em frequente mutação, nesta fase de mundialização do capital, a redução do proletariado taylorizado, especialmente nos núcleos mais avançados da indústria e a paralela ampliação do *trabalho intelectual* nas plantas produtivas onde esta modalidade de trabalho é requerida, caminham em clara inter-relação com a *ampliação generalizada dos novos proletários, mais precarizados, terceirizados e informalizados,* tanto na indústria quanto na agricultura e nos serviços, além de suas áreas de evidente conexão, como a agroindústria, a indústria de serviços e os serviços industriais.

Como o capital só pode reproduzir-se acentuando seu forte sentido de desperdício, é útil a síntese de Tosel, quando afirma que é a própria "centralidade do trabalho abstrato que produz a não centralidade do trabalho, presente na massa dos excluídos do trabalho vivo" que, uma vez (des)socializados e (des)individualizados pela expulsão do trabalho, "procuram desesperadamente encontrar formas de individuação e de socialização nas esferas isoladas do não trabalho (atividade de formação, de benevolência e de serviços)" (Tosel, 1995, p. 210)

Como pude sintetizar recentemente, ao apresentar a revista *Katálysis* (2009b):

"Em verdade, intensificaram-se e ampliaram-se as formas geradoras do valor, articulando um maquinário altamente avançado (de que são exemplo as tecnologias de comunicação e informação que invadiram o mundo da mercadoria) com a exigência, feita pelos capitais, de buscar maiores 'qualificações' e 'competências' da força de trabalho (seja aquela de perfil acentuadamente manual ou a que exercita uma destreza *quase artesanal*) na era informacional do capital, além do contingente de trabalho humano fornecedor de maior potencialidade *intelectual,* aqui entendida em seu restrito sentido dado estritamente pelo mercado, e que se integra no *trabalho social complexo, e combinado...* de que falava Marx" (Antunes, 2009, p. 131).

É como se todos os espaços possíveis fossem *potencialmente convertidos em geradores de mais-valor*, desde aqueles que ainda mantêm laços de formalidade e contratualidade até aqueles que se pautam pela mais pura informalidade, na franja *integrada* ao sistema, não importa que sejam atividades predominantemente *manuais* ou aquelas acentuadamente responsáveis por atividades consideradas (sempre pelo olhar do mercado) como mais "intelectualizadas", "dotadas de conhecimento", o que deu vitalidade e contemporaneidade, em vez de depauperar, a *teoria do valor-trabalho*.[4]

Se no século XX presenciamos a vigência da *era da degradação do trabalho,* nas últimas décadas desse século e início do século XXI estamos diante de *outras modalidades e modos de ser da precarização,* próprias da fase da flexibilidade toyotizada, com

---

4. No que segue, retomo algumas ideias apresentadas na minha Apresentação à revista *Katálysis* (Antunes, 2009b).

seus traços de continuidade e descontinuidade em relação à forma tayloriano-fordista.

A título de hipótese que estamos explorando mais recentemente em nossa pesquisa, podemos sugerir ao menos duas *formas mais gerais* que desenham o que venho denominando como *precarização estrutural do trabalho.*

A primeira, de base tayloriano/fordista, é mais acentuadamente *despótica*, embora mais *regulamentada* e *contratualista*. O trabalho é mais coisificado e reificado, maquinal, embora provido de direitos e de regulamentação social. É uma modalidade de trabalho coisificado de tipo regulamentado, tão ricamente explorada por Lukács em seu *História e consciência de classe*, e por Gramsci em seu ensaio "Americanismo e fordismo", ambos seminais.

A segunda forma de degradação do trabalho advém da implantação do que denomino *flexibilidade liofilizada*, *aparentemente* mais "participativa", mas cujos traços de estranhamento e reificação são mais *interiorizados* do que aqueles vigentes no período precedente. Sem deixar de mencionar o fato de que a era da *flexibilidade liofilizada* é responsável pela desconstrução monumental dos direitos sociais do trabalho e pela generalização das novas modalidades da precarização.

As "responsabilizações" e as "individualizações", os "parceiros" ou "consultores", os "envolvimentos" dos novos "colaboradores", as "metas" e "competências" que povoam o universo discursivo do capital são, portanto, traços fenomênicos, encobridores de uma acentuada informalização e precarização do trabalho.

Sem querer esboçar uma fenomenologia da subjetividade que pudesse tornar mais inteligíveis as bases sócio-históricas do fenômeno da alienação ou do estranhamento na empresa capitalista contemporânea, vale ao menos remeter às inúmeras possibilidades analíticas existentes a partir da diferenciação sugerida por Lukács, na sua obra de maturidade, a Ontologia do ser social, e recuperada por Tertulian, entre as reificações "inocentes" e as reificações "alienantes", que aqui não podemos desenvolver[5] (ver Tertulian, 1993, e Lukács, 1981).

Estamos, portanto, frente a uma nova fase de desconstrução do trabalho sem precedentes em toda era moderna, ampliando os diversos modos de ser da informalidade e da precarização do trabalho. Avançando na formulação, no atual contexto de crise estrutural do capital, parece que estamos adentrando uma nova era de precarização estrutural do trabalho em escala global.[6]

Ou seja, no movimento pendular do trabalho, preservados os imperativos destrutivos do capital, oscilamos crescentemente entre a perenidade de um trabalho cada vez mais reduzido, intensificado e mais explorado, dotado de direitos, e, de outro, uma superflui-

---

5. As reificações inocentes manifestam-se quando ocorre a condensação das atividades em um objeto, em uma coisa, propiciando a "coisificação" das energias humanas, que funcionam como reflexos condicionados e que acabam por levar às reificações "inocentes". A subjetividade é reabsorvida no funcionamento do objeto, sem efetivar-se uma "alienação" propriamente dita (Tertulian, 1993, p. 441). As reificações "alienadas" ocorrem quando a subjetividade é transformada em um objeto, em um "sujeito-objeto, que funciona para a autoafirmação e a reprodução de uma força estranhada. O indivíduo que chega a autoalienar suas possibilidades mais próprias, vendendo por exemplo sua força de trabalho sob condições que lhe são impostas, ou aquele que, em outro plano, sacrifica-se ao 'consumo de prestígio', imposto pela lei de mercado" (ibid.).

6. Uma rápida consulta aos dados acerca do desemprego mundial é sintomática. A OIT projetou mais de 50 milhões de desempregados, ao longo de 2009, em consequência da intensificação da crise que atingiu especialmente os países do Norte. E acrescentou que aproximadamente 1,5 bilhão de trabalhadores sofreria redução em seus salários. (*Relatório mundial sobre salários 2008/2009*). A América Latina não ficou de fora deste cenário assustador: a OIT estimou que "até 2,4 milhões de pessoas" poderiam entrar nas filas do desemprego em 2009, somando-se aos quase 16 milhões hoje desempregados, sem falar do "desemprego oculto" e outros mecanismos que mascaram as taxas reais de desemprego (*Panorama Laboral para América Latina e Caribe*, janeiro de 2009). Nos EUA, Inglaterra, Alemanha, Espanha, Japão, dentre tantos outros países, os índices de desemprego são os maiores das últimas décadas.

dade crescente, cada vez geradora de trabalho precarizado e informalizado, como via de acesso ao desemprego estrutural.

Em outras palavras, labor mais qualificado para um contingente cada vez mais reduzido e um labor cada vez mais instável e precarizado para um universo cada vez mais ampliado de trabalhadores e trabalhadoras. Ora intensificando intelectual e/ou manualmente os trabalhos dos que se encontram no mundo da produção, ora expulsando enormes contingentes de assalariados que não têm mais possibilidade real de serem incorporados e absorvidos pelo capital e que se somam às fileiras do bolsão de desempregados, que, entretanto, cumprem papel ativo no ciclo de valorização do valor, especialmente pela criação de um enorme excedente de força de trabalho que subvaloriza quem se mantém no universo do trabalho assalariado.

Por fim, é preciso enfatizar que a informalidade, em seus distintos modos de ser — que aqui tão somente indicamos alguns exemplos — supõe sempre a ruptura com os laços de contratação e regulação da força de trabalho, tal como se estruturou a relação capital e trabalho especialmente ao longo do século XX, sob a vigência tayloriano-fordista, quando o trabalho regulamentado tinha prevalência sobre o desregulamentado.

Se a informalidade não é sinônimo *direto* de precariedade, *sua vigência expressa formas de trabalho desprovido de direitos e, por isso, encontra clara similitude com a precarização.* Se a boa teoria e a cuidadosa reflexão não devem borrar conceitos e categorias que são assemelhados e similares (mas não necessariamente idênticos), apontar suas conexões, suas inter-relações e suas vinculações torna-se, entretanto, imprescindível.

Assim, neste universo categorial e analítico, poder-se-ia concluir acrescentando que a flexibilização e a informalização da força de trabalho são caminhos seguros, utilizados pela engenharia do capital, para arquitetar e ampliar a *intensificação*, a *exploração* e, *last but not least*, a *precarização estrutural do trabalho* em escala global.

Referências

ALVES, Maria A.; TAVARES, Maria A. A dupla face da informalidade do trabalho: "autonomia" e precarização. In: ANTUNES, Ricardo (Org.). *Riqueza e miséria do trabalho no Brasil*. São Paulo: Boitempo, 2006.

ANTUNES, Ricardo. *Os sentidos do trabalho:* ensaio sobre a afirmação e a negação do trabalho. 11. ed. São Paulo: Boitempo, 2009b.

_____. *O caracol e sua concha:* ensaios sobre a nova morfologia do trabalho. São Paulo: Boitempo, 2005.

_____ (Org.) *Riqueza e miséria do trabalho no Brasil*. São Paulo: Boitempo, 2006.

_____. As configurações do trabalho na sociedade capitalista. *Katálysis*, UFSC, v. 12, jul./dez. 2009.

_____; BRAGA, Ruy. *Infoproletários*: degradação real do trabalho virtual. São Paulo: Boitempo, 2009a.

CASTILLO, Juan J. *Sociología del trabajo*. Madri: CIS, 1996.

DAVIS, Jim; HIRSCHL, Thomas; STACK, Michael. *Cutting edge:* technology, information, capitalism and social revolution. Londres/Nova York: Verso, 1997.

DAVIS, Mike. *Planeta favela*. São Paulo: Boitempo, 2006.

HUWS, Ursula. *The Making of a Cybertariat (virtual work in a real world)*. Nova York/Londres: Monthly Review Press/The Merlin Press, 2003.

KENNEY, Martin. Value creation in the late twentieth century: the rise of the knowledge worker. In: DAVIS, Jim; HIRSCHL, Thomas; STACK,

Michael. *Cutting edge:* technology, information, capitalism and social revolution. Londres/Nova York: Verso, 1997.

LUKÁCS, Georg. *Ontologia dell'essere sociale* II. Roma: Riuniti, 1981. v. 1 e 2.

MARX, K. (1974) *O capital.* Rio de Janeiro: Civilização Brasileira, 1974.

_____. *O capital.* Capítulo VI (inédito). São Paulo: Ciências Humanas, 1978.

MÉSZÁROS, István. *Para além do capital.* São Paulo: Boitempo, 2002.

TOSEL, André. Centralité et non-centralité du travail ou la passion des hommes superflus. In: BIDET, Jacques; TEXIER, Jacques. *La crise du travail, actuel Marx confrontation.* Paris: PUF, 1995.

TERTULIAN, Nicolas. Le concept d'aliénation chez Heidegger et Lukács. *Archives de Philosophie — Reserches et Documentation*, Paris, n. 56, jul./set. 1993.

VASAPOLLO, L. *O trabalho atípico e a precariedade.* São Paulo: Expressão Popular, São Paulo, 2005.

Apêndice II

A crise, o desemprego e alguns desafios atuais*

Ricardo Antunes

I. Uma nota sobre a crise atual

Estamos presenciando, no meio do furacão da crise global do sistema capitalista — que vem atingindo o coração do sistema capitalista, ou seja, o conjunto dos países centrais do Norte do mundo —, a erosão do trabalho contratado e regulamentado, herdeiro da era taylorista e fordista, que foi dominante no século XX e que está sendo substituído pelas diversas formas de "empreendedorismo", "cooperativismo", "trabalho voluntário", "trabalho atípico", formas que mascaram frequentemente a autoexploração do trabalho.

---

* Este texto, que serviu de base para nossa apresentação no 3º Seminário Anual de Serviço Social na Mesa "Cenários da Crise do Capitalismo e Alternativas Econômicas e Políticas", teve algumas de suas ideias publicadas parcialmente na Revista *Participação* (Portugal).

E presenciando também a explosão do desemprego estrutural em escala global, que atinge a totalidade dos trabalhadores, sejam homens e mulheres, estáveis ou precarizados, formais ou informais, nativos ou imigrantes, sendo que estes últimos são os primeiros a serem penalizados.

Recentemente, numa manifestação de trabalhadores britânicos havia um cartaz que estampava os seguintes dizeres: *"Empreguem primeiro os trabalhadores britânicos"*. Esta manifestação era contrária à contratação de trabalhadores imigrantes italianos e portugueses. Na Europa, Japão, EUA e em tantas outras partes do mundo, manifestações semelhantes se espalham.

E, além dessa precarização estrutural do trabalho, aumenta de modo intenso o desemprego mundial. A OIT, com dados que são moderados, em recente Relatório, projetou 50 milhões de desempregados ao longo desse ano. Bastaria que uma das grandes montadoras dos EUA fechasse e teríamos muitos milhares de novos desempregados.

Na Europa, os jornais, diariamente, listam milhares de novos desempregados. Os dados da OIT ainda acrescentam que cerca de 1,5 bilhão de trabalhadores sofrerão forte erosão salarial e aumento do desemprego nesse próximo período, conforme o *Relatório mundial sobre salários 2008/2009*.

Na China, com quase um bilhão de trabalhadores ativos, 26 milhões de ex-trabalhadores rurais que estavam trabalhando nas indústrias das cidades acabam de perder seus empregos e não tem como encontrar trabalho no campo. Uma nova onda de revoltas começa a se espalhar pela China.

Na América Latina a OIT antecipou que, devido à crise "até 2,4 milhões de pessoas" poderiam "entrar nas filas do desemprego regional em 2009", somando-se aos quase 16 milhões hoje desempregados. E isso sem incluir o "desemprego oculto", que esconde as taxas reais de desemprego. (*Panorama Laboral para América Latina e Caribe*, janeiro de 2009)

Nos EUA, Inglaterra, Espanha, Grécia, Portugal, os índices de desemprego que acabam de ser divulgados, são os maiores das últimas décadas. É por isso que empresários pressionam, em todas as partes do mundo, para aumentar a flexibilidade da legislação trabalhista, com a falácia de que assim preservam empregos. Mas seria suficiente lembrar que nos EUA, Inglaterra, Espanha e Argentina, para dar alguns exemplos, essa flexibilização foi intensa e o desemprego só vem aumentando.

II. A precarização estrutural do trabalho

E neste contexto, caracterizado por um processo de precarização estrutural do trabalho, que os capitais globais estão exigindo o desmonte da legislação trabalhista. E, flexibilizar a legislação do trabalho, significa aumentar ainda mais os mecanismos de exploração do trabalho, destruindo dos direitos sociais que foram arduamente conquistados pela classe trabalhadora, desde o início da Revolução Industrial, na Inglaterra e especialmente pós-1930, quando se toma o exemplo brasileiro.

Querem, de todo modo, fazer proliferar as distintas formas de "trabalho voluntário", terceirizado, subcontratado, de fato *trabalho precarizado*. Outra manifestação desse processo de exploração do trabalho é o chamado "empreendedorismo" que frequentemente se configura como forma oculta de trabalho assalariado e instável.

Se estas são algumas das respostas do capital para sua crise estrutural, as respostas das forças sociais do trabalho devem ser radicais.

Vale aqui lembrar uma contradição vital que entrelaça a sociedade do capital de nossos dias: quando os empregos se reduzem, aumenta o desemprego, a degradação social e a barbárie. Se, em contrapartida, o capital retomar os níveis de crescimento, aumentará a destruição ambiental e a degradação da natureza, acentuando a lógica destrutiva do capital. Só esta menção já nos permite visualizar o tamanho da crise estrutural que atinge a (des)sociabilidade contemporânea, afetando mais intensamente a *classe-que-vive-do-trabalho* em escala global.

III. Por um novo sistema de metabolismo societal

Criar um *modo de produção e de vida* radicalmente distinto do atual é, portanto, um desafio vital. A construção de uma nova vida, dotada de sentido, recoloca, portanto, neste início do século XXI, a necessidade imperiosa de construção de um novo sistema de metabolismo social, de um novo *modo de produção* fundado na *atividade* autodeterminada.

Atividade baseada no tempo disponível para produzir valores de uso socialmente necessários, na realização do trabalho socialmente necessário e contra a produção baseada no tempo excedente para a produção exclusiva de valores de troca para a reprodução do capital.

Os seus princípios constitutivos centrais são:

1) o sentido essencial da produção e da vida devem estar voltados exclusivamente para o atendimento das efetivas necessidades humanas e sociais;

2) o exercício do trabalho deverá ser sinônimo de atividade livre, baseada no *tempo disponível*, fundado nas necessidades humano-sociais.

Durante a vigência do capitalismo, o *valor de uso dos bens socialmente necessários subordinou-se ao seu valor de troca*, que passou a comandar a lógica do sistema de produção do capital.

As funções produtivas e reprodutivas básicas foram radicalmente separadas entre aqueles que *produzem* (os trabalhadores) e aqueles que *controlam* (os capitalistas e seus gestores). Como disse Marx, o capital operou a separação entre trabalhadores e meios de produção, entre *o caracol e a sua concha*. (Marx, *O Capital*).

Tendo sido o primeiro *modo de produção* a criar uma lógica que não leva em conta prioritariamente as reais necessidades societais, o capital instaurou um sistema voltado para a sua autovalorização, *que independe das reais necessidades autorreprodutivas da humanidade.*

Desse modo, a construção de um novo modo de vida e de produção, voltado para o atendimento das necessidades humano-societais é o primeiro desafio mais profundo da humanidade, neste novo século que se inicia.

Não deveremos ter nenhuma ilusão em relação às possibilidades de reforma e humanização do sistema sociometabólico vigente: ele tem uma lógica intrinsecamente destrutiva, traço que se acentuou sobremaneira nos últimos quarenta anos, especialmente a partir da monumental reestruturação produtiva do capital e escala global.

E, uma nova forma de sociedade somente será dotada de sentido e efetivamente emancipada quando as suas funções vitais, controladoras de seu sistema de metabolismo social, como tantas vezes indicou István Mészáros, *forem efetivamente exercidas autonomamente pelos produtores associados e não por um corpo exterior e controlador destas funções vitais.*

A crise atual, seu traço agudamente destrutivo, quer no que tange à enorme massa de desempregados que está aumentando a cada dia em escala mundial, quer pela lógica que destrói a natureza num patamar jamais visto anteriormente, tudo isso nos obriga a refletir, imaginar e pensar numa outra forma de sociabilidade autenticamente socialista, capaz de resgatar o sentido humano e social da produção, *desestruturando* o capital e, desse modo, gerando as condições sociais para o florescimento de uma *subjetividade autêntica* e emancipada, o que já seria um começo para o socialismo do século XXI.

Um breve posfácio

Os vinte anos de *Adeus ao trabalho?*

José Paulo Netto

Este livro, publicado em 1995, numa coedição entre a Cortez/São Paulo e a Unicamp/Campinas, com o título *Adeus ao trabalho? Ensaios sobre as metamorfoses e a centralidade do mundo do trabalho*, e originalmente uma tese de Livre-Docência em Sociologia do Trabalho (apresentada ao IFHC/Unicamp), compunha-se então de 155 páginas. Nas edições subsequentes, foi crescendo — na 7ª edição (2000), contava com 200 páginas e, na 15ª (2011), já estava com 213 páginas. Esta, que está nas mãos do leitor, tem 288 páginas. O livro, sempre ampliado, ganhou prestígio e chegou a leitores além-fronteiras, traduzido na Itália e para o castelhano (com edições na Argentina, na Colômbia e na Venezuela) e em galego para a Espanha (Galicia).

Há vinte anos, Ricardo Antunes, ainda que mal-entrado na sua maturidade intelectual, já era conhecido no Brasil, nos meios acadêmicos e nos círculos da esquerda. Na universidade, seus estudos circulavam — *Classe operária, sindicatos e partidos no Brasil (da Revolução de 30 à Aliança Libertadora Nacional)*, de 1982, *A rebeldia do trabalho*, de 1988, e estava saindo *O novo sindicalismo no Brasil*, em 1995. Alguns milhares de militantes de esquerda e sindicalistas leram *O que é sindicalismo*, de 1980 e *O que são comissões de fábrica*, de 1981 (com Arnaldo Nogueira). Assim, quando da publicação de *Adeus ao trabalho?*, Ricardo Antunes tinha percorrido um itinerário significativo: oriundo do grupo de reflexão marxista orientado por José Chasin, partícipe de iniciativas editoriais (*Nova Escrita/Ensaio*), intervinha na imprensa e, então vinculado ao Partido dos Trabalhadores, situava-se como intelectual insubmisso, articulando o seu ofício de pesquisador acadêmico com a paixão da militância política.

Vinte anos depois, nem *Adeus ao trabalho?* nem Ricardo Antunes são mais os mesmos. Como indiquei, o livro de 155 páginas cresceu — mas cresceu também o autor.

O magistério de Ricardo Antunes consolidou na universidade (através da docência, de núcleos de pesquisa, da orientação de dissertações e teses) uma liderança acadêmica e continuou desbordando os muros da academia, com a sua ativa intervenção junto a sindicatos e expressivos movimentos sociais. Ele publicou o seu livro — a meu juízo, o mais importante — *Os sentidos do trabalho* (1999), traduzido depois na Argentina e na Itália e lançado também em Portugal, Holanda, Inglaterra e Estados Unidos, estagiou na Universidade de Sussex, tornou-se membro do conselho editorial de vários periódicos especializados e personalidade presente em seminários e colóquios acadêmico-políticos no Brasil e no exterior, organizou importantes antologias (*O avesso do trabalho*, 2004, e *Riqueza e miséria do trabalho no Brasil I, II e III*, 2006, 2013 e 2014), criou coleções em destacadas editoras brasileiras (Boitempo, Expressão Popular) e, no período de capitulação e renúncia em que parte da esquerda brasileira se convertia ao ideário da ordem, reafirmou sua insubmissão ingressando no *Partido Socialismo e Liberdade*. Também no decurso dessas duas décadas, prosseguiram a sua intervenção na imprensa e o seu ensaísmo, parte dele recolhido em vários volumes (*A desertificação neoliberal no Brasil. Collor, FHC e Lula*, 2004, *O caracol e sua concha*, 2005, e *Uma esquerda fora de lugar. O governo Lula e os descaminhos do PT*, 2006). Em suma: se nestes vinte anos *Adeus ao trabalho?* se adensou, também o protagonismo do seu autor se firmou duradouramente — hoje, Ricardo Antunes é uma referência *imperativa* para todos aqueles que, gostem ou não das suas ideias, estudam o chamado mundo do trabalho.

Atrevo-me a levantar a hipótese de que *este* Ricardo Antunes que reconhecemos no seu perfil atual emergiu com *Adeus ao trabalho?*. Penso que o livro publicado em 1995 assinala o estágio em que o pensamento do autor alcança o plano sobre o qual vai se desenvolver, desde então e com seus traços pertinentes e peculiares, a sua *elaboração teórica* mais decisiva. Entendamo-nos: não estou insinuando que as análises anteriores de Ricardo Antunes carecem de importância, nem, por outro lado, que o livro de que agora comemoramos vinte anos assinala alguma "ruptura" ou "corte" na trajetória ideopolítica e teórica do autor — nesses dois níveis, salvo melhor juízo, a sua orientação está subjacente, por exemplo e pelo menos, no precedente *A rebeldia do trabalho*. O que estou sugerindo é algo diverso: tenho para comigo — e posso estar lavrando em equívoco — que, em *Adeus ao trabalho?*, comparece pela primeira vez, fundadamente, a diretriz *teórica* que constituirá o arcabouço de *Os sentidos do trabalho*: o *tratamento ontológico do trabalho*. Com o que, a mim me parece obviamente, Ricardo Antunes — com o devido perdão da divisão sociotécnica e institucional do trabalho — tem pouco a ver com a disciplina acadêmica Sociologia do Trabalho: a meu modesto juízo, o que Ricardo Antunes tem feito, desde *Adeus ao trabalho?*, é a *crítica do modo de ser do trabalho assalariado e das condições contemporâneas em que ele se realiza*.

A diretriz teórica referida comparece no livro de 1995 e vai sendo mais bem explicitada nas "ampliações" que o texto original foi recebendo — na adição de "apêndices" e na sua estruturação formal creio que definitiva (a partir da 13ª edição, 2008), no que constitui a sua "segunda parte". Já em 1999 (*Os sentidos do trabalho*) tal diretriz está plenamente consolidada. Suponho que a explicitação que emerge em 1995 e a sua subsequente consolidação são implicações de algo que me parece essencial de clarificar: é no *Adeus ao trabalho?* que Ricardo Antunes circunscreveu aquele que seria o *objeto central* da sua atividade teórica — se, nos seus ensaios substantivos anteriores, ele ocupou-se da história do movimento operário-sindical brasileiro, da análise de conjunturas de auge desse movimento e das suas transformações contemporâneas, em *Adeus ao trabalho?* o que se configura como alvo decisivo do seu interesse são as *metamorfoses do trabalho*, do processo de trabalho à subjetividade e à consciência (e à "gestão" delas) do trabalhador pelos dispositivos regulatórios e coesivos da ordem do capital (monopolista e tardia). E é no desenvolvimento do trato *deste* objeto que desde então se desenvolveu o mais denso da sua produção intelectual, conduzida criativamente pelo referencial marxista "clássico" (Marx) e contemporâneo (no qual parece indescartável o peso das formulações de I. Mészáros) — *Os sentidos do trabalho* assinalam a consecução daquele trato.

Se tem procedência esta hipótese, a passagem do 20º aniversário de lançamento de *Adeus ao trabalho?* ganha um significado que transcende o próprio livro.

De uma parte, *Adeus ao trabalho?* tem valor e peso próprios. Deu um novo alento, em meados da década de 1990 — quando ainda eram fortíssimos, sobretudo nos meios acadêmicos, os ventos dos "tempos conservadores" (como dizia o falecido Agustin Cueva) —, ao debate brasileiro, em que marxistas reciclados pela *queda do Muro* e pós-modernos de variada plumagem, alguns sinceros, outros de ocasião, no compasso do "fim da história", apregoavam o "fim do trabalho", da "sociedade salarial", a dissolução do "sujeito revolucionário" e quejandos; oxigenou a esquerda trazendo à discussão, com seriedade, temas como fordismo, toyotismo, acumulação flexível e crise do sindicalismo; arejou as polêmicas, mediante a interlocução com pensadores vinculados a outras vertentes teóricas, então pouco mais que citados. Hoje, vinte anos depois, *Adeus ao trabalho?* vale a leitura e merece a releitura.

Mas, de outra parte e ademais disso (quantos livros publicados entre nós no ano da graça de 1995 valem a leitura e merecem a releitura?), marcou a indescartável inserção, no panorama teórico das ciências sociais brasileiras (e não apenas no espaço do marxismo), desse protagonista destacado que é Ricardo Antunes — que bem conheço, por trinta e tantos anos de afeto e respeito mútuos, construídos sobre divergências adjetivas e confluências substantivas.

Recreio dos Bandeirantes, outubro de 2014

Referências

ANNUNZIATO, Frank. Il fordismo nella critica di Gramsci e nella realtà statunitense contemporânea. *Critica Marxista*, n. 6, 1989.

ANTUNES, Ricardo. *O novo sindicalismo*. São Paulo: Scritta Editorial, 1991.

_____. *A rebeldia do trabalho* (O confronto operário no ABC Paulista: as greves de 1978/80). 2. ed. São Paulo: Ed. da Unicamp, 1992.

_____. *Adeus ao trabalho?* Ensaio sobre as metamorfoses e a centralidade do mundo do trabalho. São Paulo: Cortez/Unicamp, 1995. [8. ed. 2002a.]

_____. *Os sentidos do trabalho*: ensaio sobre a afirmação e a negação do trabalho. São Paulo: Boitempo, 1999. [6. ed. 2002.]

_____. *O caracol e sua concha*: ensaios sobre a nova morfologia do trabalho. São Paulo: Boitempo, 2005.

BERGGREN, Christian. New production concepts in final assembly: the swedish experience. In: WOOD, S. *The transformation of work*. Londres: Unwin Hyman, 1989.

BERMAN, Marshall. *Tudo que é sólido desmancha no ar*: a aventura da modernidade. São Paulo: Companhia das Letras, 1987.

BERNARDO, João. *Capital, sindicatos, gestores*. São Paulo: Vértice, 1987.

_____. *Transnacionalização do capital e fragmentação dos trabalhadores*. São Paulo: Boitempo, 2000.

BERNARDO, João. *Democracia totalitária*: teoria e prática da empresa soberana. São Paulo: Cortez, 2004.

BEYNON, Huw. The changing practices of work. *International Centre for Labour Studies*, Manchester, 1995.

BIALAKOWSKY, Alberto et al. Diluición y mutación del trabajo en la dominación social local. *Revista Herramienta*, Buenos Aires, n. 23, 2003.

BIDET, Jacques; TEXIER, Jacques. *La crise du travail*: actuel Marx confrontation. Paris: PUF, 1995.

BIHR, Alain. Le prolétariat dans tous ses éclats. *Le Monde Diplomatique*, 1990. (Xerox.)

_____. *Du "Grand Soir" a "L'Alternative"*: le mouvement ouvrier européen en crise. Paris: Les Editions Ouvrières, 1991.

BORDOGNA, L. Arcipelago Cobas: frammentazione della rappresentanza e conflitti di lavoro. *Politica in Italia*, Bolonha, Il Mulino, 1988.

CASTILLO, Juan J. *Sociología del trabajo*. Madrid: CIS, 1996.

CHESNAIS, François. *A mundialização do capital*. São Paulo: Xamã, 1996.

CLARKE, Simon. Crise do fordismo ou crise da social-democracia? *Lua Nova*, São Paulo, Cedec, n. 24, 1991.

CORIAT, Benjamin. *El taller y el robot*: ensayos sobre el fordismo y la producción en masa en la era de la electrónica. México/Espanha: Siglo XXI, 1992a.

_____. *Pensar al revés*: trabajo y organización en la empresa japonesa. México/Espanha: Siglo XXI, 1992b.

EL PAIS. La última trinchera. Espanha, ano IX, n. 378, 24 jan. 1993.

FREEMAN, Richard. Pueden sobrevivir los sindicatos en la sociedade pos--industrial. In: SIMPÓSIO INTERNACIONAL SOBRE LAS PERSPECTIVAS FUTURAS DEL SINDICALISMO, Bruxelas, Confédération des Syndicats Chrétiens, dez. 1986. (Mimeo.)

FREYSSENET, Michel. A divisão capitalista do trabalho. *Tempo Social*, dossiê organizado por H. Hirata. São Paulo, USP, v. I, n. 2, 1989.

FREYSSINET, Jacques. Syndicalismes en Europe. *Le Mouvement Social*, Paris, Éditions Ouvrières, n. 162, mar. 1993.

GORZ, Andre. *Adeus ao proletariado*. Rio de Janeiro: Forense, 1982.

_____. The new agenda. *New Left Review*, Londres, n. 184, 1990.

_____. Pourquoi la société salariale a besoin de nouveaux valets. *Le Monde Diplomatique*, Paris, n. 22, 1990a.

_____. O futuro da classe operária. *Revista Internacional Quinzena*, São Paulo, n. 101, 16 set. 1990b.

GOUNET, Thomas. Luttes concurrentielles et stratégies d'accumulation dans l'industrie automobile. *Etudes Marxistes*, Bruxelas, n. 10, maio 1991.

_____. Penser à l'envers... le capitalisme. *Etudes Marxistes*, dossiê toyotisme, Bruxelas, n. 14, maio 1992.

GRAMSCI, Antonio. Americanismo e fordismo. In: GRAMSCI, Antonio. *Maquiavel, a política e o Estado moderno*. Rio de Janeiro: Civilização Brasileira, 1976.

HABERMAS, Jürgen. *Toward a rational society*. Londres: Heinemann, 1972.

_____. A nova intransparência. *Novos Estudos Cebrap*, São Paulo, n. 18, set. 1987.

_____. *The theory of communicative action*: reason and the rationalization of society. Londres: Polity Press, 1991. v. I.

_____. *The theory of communicative action*: the critique of functionalist reason. Londres: Polity Press, 1992. v. II.

HARVEY, David. *A condição pós-moderna*. São Paulo: Loyola, 1992.

HELLER, Agnes. *Sociología de la vida cotidiana*. Barcelona: Península, 1977.

_____. *Teoría de las necesidades en Marx*. Barcelona: Península, 1978.

HELLER, Agnes. Paradigma della produzione e paradigma del lavoro. *Critica Marxista*, Roma, Riuniti, n. 4, 1981.

_____. *La revolución de la vida cotidiana*. Barcelona: Península, 1982.

HIRATA, Helena. Trabalho, família e relações homem/mulher: Reflexões a partir do caso japonês. *Revista Brasileira de Ciências Sociais*, São Paulo, Anpocs, n. 2, v. 1, out. 1986.

HUWS, Ursula. The making of a cybertariat: virtual work in a real world. Nova York/Londres: Montly Review Press/The Merlin Press, 2003.

IANNI, Octavio. *A sociedade global*. Rio de Janeiro: Civilização Brasileira, 1992.

KELLY, John. *Labour and Trade Unions*. Londres/Nova York: Verso, 1987.

KURZ, Robert. *O colapso da modernização*: da derrocada do socialismo de caserna à crise da economia mundial. São Paulo: Paz e Terra, 1992.

LOJKINE, Jean. *A classe operária em mutações*. São Paulo: Oficina de Livros, 1990.

_____. *A revolução informacional*. São Paulo: Cortez, 1995.

LUKÁCS, Georg. *Ontologia dell'essere sociale*, I. Roma: Riuniti, 1976.

_____. As bases ontológicas do pensamento e da atividade do homem. *Temas de Ciências Humanas*, São Paulo, Ciências Humanas, n. 4, 1978.

_____. *Ontologia dell'essere sociale*, II. Roma: Riuniti, v. 1 e 2, 1981.

MAGRI, Lucio. The European left between crisis and refoundation. *New Left Review*, n. 189, 1991.

MALLET, Serge. *The new working class*. Londres: Spokesman Books, 1973.

MANDEL, Ernest. Marx, la crise actuelle et l'avenir du travail humain. *Quatrième Internationale*, n. 20, maio 1986. [Tradução para o português de José Almeida de Souza Jr., xerox.]

MARX, Karl. *O capital*. Rio de Janeiro: Civilização Brasileira, 1971. Livro I, v. 1.

MARX, Karl. *Elementos fundamentales para la crítica de la economía política (Grundrisse) 1857-58*. México: Siglo XXI, 1972. v. II.

_____. *O capital*. Rio de Janeiro: Civilização Brasileira, 1974. Livro III, v. 6.

_____. *O capital*. Rio de Janeiro: Civilização Brasileira, 1975. Livro I, v. 2.

_____. *A ideologia alemã*. São Paulo: Grijalbo, 1977.

_____. Carta a Vera Zasulitch, de 1881. *Cara a cara*. São Paulo: Vozes, 1978. v. I.

_____. *Capítulo VI* (Inédito). São Paulo: Ciências Humanas, 1978.

_____; ENGELS, Friedrich. Prefacio a la edición rusa de 1882. In: MARX, Karl; ENGELS, Friedrich. *Obras escogidas*. Madrid: Ayuso, 1975. t. I.

MAZZETTI, Giovanni. *Quel pane da spartire*: teoria generale della necessità di redistribuire il lavoro. Turim: Bollati Boringhieri, 1997.

MÉDA, Dominique. *Società senza lavoro*: per una nuova filosofia dell'occupazione. Milão: Feltrinelli, 1997.

MÉSZÁROS, István. Il rinnovamento del marxismo e l'attualità storica dell'ofensiva socialista. *Problemi del Socialismo*, Milão, n. 23, 1982.

_____. Poder político e dissidência nas sociedades pós-revolucionárias. *Ensaio*, São Paulo, Ensaio, n. 14, 1985.

_____. The division of labor and the post-capitalist State. *Monthly Review*, Nova York, v. 39, n. 3, jul./ago. 1987.

_____. *A necessidade do controle social*. São Paulo: Ensaio, 1987.

MÉSZÁROS, István. *Produção destrutiva e Estado capitalista*. São Paulo: Ensaio, 1989a.

_____. *The power of ideology*. Nova York/Londres/Toronto/Sidney/Tóquio: Harvester Wheatsheaf, 1989b.

_____ Marxism today: an interview with István Mészáros. *Radical Philosophy*, n. 62, outono de 1992. [Também em *Monthly Review*, v. 44, n. 11, abr. 1993.]

MÉSZÁROS, István. Marxism today: an interview with István Mészáros. *Monthly Review*, Nova York, v. 44, n. 11, abr. 1993.

_____. *Beyond capital*: towards a theory of transition. Londres: Merlin Press, 1995.

_____. *Para além do capital*. São Paulo: Boitempo, 2002.

MURRAY, Fergus. The descentralisation of production: the decline of the mass-collective worker? *Capital & Class*, Londres, n. 19, 1983.

NOGUEIRA, Claudia. *A feminização no mundo do trabalho*. Campinas: Autores Associados, 2004.

_____. *O trabalho duplicado*. São Paulo: Expressão Popular, 2006.

OCDE. *Rapport Annuel*, 1992. Capítulo 4. (Xerox.)

OFFE, Claus. Trabalho como categoria sociológica fundamental? *Trabalho & Sociedade*, Rio de Janeiro, Tempo Brasileiro, v. I, 1989.

_____; BERGER, Johannes. A dinâmica do desenvolvimento do setor de serviços. *Trabalho & Sociedade*, Rio de Janeiro, Tempo Brasileiro, v. II, 1991.

OLIVEIRA, Francisco de. O surgimento do antivalor. *Novos Estudos Cebrap*, São Paulo, Cebrap, n. 22, out. 1988.

_____. A economia política da social-democracia. *Revista da USP*, São Paulo, n. 136, 1992.

PAOLETTI, Grazia. *Dossier* Riduzione dell'orario e disoccupazione. *Marxismo Oggi*, Milão, Teti, n. 2, 1998.

POLLERT, Anna. Dismantling flexibility. *Capital & Class*, Londres, n. 32, 1988.

RIFKIN, Jeremy. *O fim dos empregos*. São Paulo: Makron Books, 1995.

_____. Return of a Conundrum. *The Guardian*, Londres, 2 mar. 2004.

RODRIGUES, Leôncio M. A crise do sindicalismo no Primeiro Mundo. *Folha de S.Paulo*, 22 mar. 1993a.

_____. A sindicalização da classe média. *Folha de S.Paulo*, 24 maio 1993b.

SABEL, Charles; PIORE, Michael. *The second industrial divide*. Nova York: Basic Books, 1984.

SCHAFF, Adam. *A sociedade informática*. São Paulo: Brasiliense/Unesp, 1990.

SOTELO, Adrián. *La reestruturación del mundo del trabajo*: superexplotación y nuevos paradigmas de la organización del trabajo. México: Editorial Itaca, 2003.

STUPPINI, Andrea. Chi sono e che cosa vogliono i nuovi operai, *Dossier* La Condizione Operaia Oggi, *Mondo Operaio*, Roma, ano 44, n. 2, maio 1991.

TERTULIAN, Nicolas. Le concept d'aliénation chez Heidegger et Lukács, *Archives de Philosophie, Recherches et Documentation*, Paris, n. 56, jul./set. 1993.

TOSEL, André. Centralité et non-centralité du travail ou la passion des hommes superflus. In: BIDET, Jacques; TEXIER, Jacques. *La crise du travail*: actuel Marx confrontation. Paris: PUF, 1995.

TOURAINE, Alain. Os novos conflitos sociais. *Lua Nova*, São Paulo, Marco Zero, n. 17, jun. 1989.

VASAPOLLO, Luciano. *O trabalho atípico e a precariedade*. São Paulo: Expressão Popular, 2005.

_____; ARRIOLA PALOMARES, Joaquín. *L'uomo precário nel disordine globale*. Milão: Jaca Book, 2005.

VINCENT, J. Marie. Les automatismes sociaux et le "general intellect". *Paradigmes du Travail, Futur Antérieur*, Paris, L'Harmattan, n. 16, 1993.

_____. Flexibilité du travail et plasticité humaine. In: BIDET, Jacques; TEXIER, Jacques. *La crise du travail:* actuel Marx confrontation. Paris: PUF, 1995.

VISSER, Jelle. Syndicalisme et désyndicalisation. *Le Mouvement Social*, Paris, Editions Ouvrières, n. 162, jan./mar. 1993.

WATANABE, Ben. Toyotismo: um novo padrão mundial de produção? *Revista dos Metalúrgicos*, São Paulo, CUT/CNM, dez. 1993a.

_____. Karoshi, Made in Japan. *Quinzena*, São Paulo, CPV, n. 167, 15 ago. 1993b.

Sobre o autor

Ricardo Antunes é professor titular de Sociologia no Instituto de Filosofia e Ciências Humanas da Universidade de Campinas — Unicamp. Foi *Visiting Research Fellow* na Universidade de Sussex, Inglaterra. Fez concurso para titular (2000) e livre-docência (1994) no IFCH-UNICAMP em Sociologia do Trabalho. Doutorou-se em Sociologia pela Universidade de São Paulo — USP (1986) e fez mestrado em Ciência Política no IFCH-Unicamp (1980). Recebeu o Prêmio Zeferino Vaz da Unicamp (2003) e a Cátedra Florestan Fernandes da CLACSO (2002). É pesquisador do CNPq.

Publicou, entre outros, os seguintes livros:

- The Meanings of Work (Essay on the Affirmation and Negation of Work).Chicago: Haymarket, 2013 (paper back).
- The Meanings of Work (Essay on the Affirmation and Negation of Work).
- Delhi: AAKAR Books, 2015.*The Meanings of Work* (Essay on the Affirmation and Negation of Work). Chicago: Haymarket, 2013 (paper back).
- *O continente do labor*. São Paulo: Boitempo, 2011.

- *Infoproletários*: degradação real do trabalho virtual (coorganizador). São Paulo: Boitempo, 2009.
- *Riqueza e miséria do trabalho no Brasil* (organizador). São Paulo: Boitempo (2006, 2013 e 2014, respectivamente). v. I, II e III.
- *Trabajo y capitalismo entre siglos en Latinoamérica*: El trabajo entre la perenidad y la superfluidad (cocoordenação com Alberto Bialakowsky et al.). Guadalajara: Universidad de Guadalajara (México), 2009. v. I e II.
- *Il lavoro in trappola*. Milano: Jaca Book, 2006. 240 p.
- *Los sentidos del trabajo* — Ensayo sobre la afirmación y la negación del trabajo. Buenos Aires: Editorial Herramienta, 2005 (2. ed. 2012).
- *O caracol e a sua concha*. São Paulo: Boitempo, 2005.
- *Os sentidos do trabalho*. 12. ed. São Paulo: Boitempo, 2010.
- *O avesso do trabalho* (coorganizador). São Paulo: Expressão Popular, 2004.
- *A dialética do trabalho* (organizador). São Paulo: Expressão Popular, 2004. v. I; 2013. v. II.
- *A desertificação neoliberal* (Collor, FHC e Lula). Campinas: Autores Associados, 2004.
- *Uma esquerda fora do lugar*. Campinas: Autores Associados, 2006.
- *A rebeldia do trabalho*. 2. ed. Campinas: Ed. da Unicamp, 1992.
- *O novo sindicalismo no Brasil*. Campinas: Pontes, 1995.
- *Classe operária, sindicatos e partido no Brasil*. 3. ed. São Paulo: Cortez, 1990.
- *O que é sindicalismo?* 19. ed. São Paulo: Brasiliense, 1999.
- *O que são comissões operárias* (coautoria). 2. ed. São Paulo: Brasiliense, 1981.
- *Lukács, um Galileu no século XX* (coorganizador). 2. ed. São Paulo: Boitempo, 1996.
- *Addio al lavoro?* Milano: Biblioteca Franco Serantini, 2002.
- *Adios al trabajo?* Ensayo sobre las metamorfosis y la centralidad del mundo del trabajo: São Paulo: Cortez/Biblioteca Latinoamericana de

Servicio Social, 2001. [Publicado também: Buenos Aires: Editorial Herramienta, 2003 (2. ed.) e também na Venezuela e Colômbia e Espanha (Galícia).]

Coordenou e organizou vários livros e, atualmente, coordena as coleções Mundo do Trabalho, pela Boitempo Editorial, e Trabalho e Emancipação, pela editora Expressão Popular. Colabora regularmente em revistas nacionais e estrangeiras.

LEIA TAMBÉM

TRABALHO E DESGASTE MENTAL
o direito de ser dono de si mesmo

Edith Seligmann-Silva

1ª edição - 1ª reimp. (2012)
624 páginas
ISBN 978-85-249-1756-1

Esta obra apresenta uma notável revisão bibliográfica no campo da Saúde Mental Relacionada ao Trabalho (SMRT). Percorre as Ciências Sociais e as Ciências da Saúde, explicitando suas convergências e contribuições para este campo multidisciplinar. Tendo o trabalho dominado como fio condutor, evidencia os processos de desgaste, sofrimento e adoecimento dos trabalhadores no mundo contemporâneo marcado pela precarização social, mostrando a necessidade de uma clínica contextualizada.

LEIA TAMBÉM

TRABALHO, FAMÍLIA E GÊNERO

impactos dos Direitos do Trabalho e da Educação Infantil

Andréa de Sousa Gama

1ª edição (2014)
256 páginas
ISBN 978-85-249-2290-9

Este livro trata de tema de maior relevância e atualidade: o conflito entre trabalho e responsabilidades familiares. Adepta da crítica feminista à separação entre as esferas da produção e da reprodução social, a autora discute que a feminização dos mercados de trabalho coincidiu com a transformação da organização do trabalho e da produção. Essas mudanças incrementaram as tensões entre trabalho e vida familiar.

GRÁFICA PAYM
Tel. [11] 4392-3344
paym@graficapaym.com.br